Floortje Dessing

365 dagen *onderweg*

KEFF & DESSING PUBLISHING ism PROMETHEUS

'Travelling - it leaves you speechless, then turns you into a storyteller'

Ibn Battuta, 1340

We gaan terug naar het jaar 1325. Abu Abdullah Mohammed Ibn Battuta, een Berber afkomstig uit Tanger, vertrekt vanuit zijn woonplaats richting het oosten om een pelgrimstocht te maken naar Mekka. De reis brengt hem via de Noord-Afrikaanse kust en Caïro, via de Nijl richting Mekka dat hij door een opstand niet kan bereiken. Uiteindelijk blijft hij tijdens de ramadan in Damascus, om uiteindelijk toch in Mekka te belanden.
Het is eigenlijk de bedoeling dat hij daarna meteen terug naar huis gaat, maar hij bedenkt zich en besluit Perzië te bezoeken en dat blijkt het begin van een lange reis, die hem onder meer naar Delhi, Sumatra, Cambodja, Vietnam en zelfs naar de Malediven brengt.
Pas in 1349 keert hij terug naar Marokko; zo'n vijfentwintig jaar nadat hij zijn thuisland had verlaten. Men schat dat zijn reis in totaal vier keer zo lang was als alle reizen samen van de grote ontdekkingsreiziger Marco Polo. Ibn Battuta legt zijn avonturen vast in het boek Rihla (letterlijk: de reis), een boek dat lange tijd de belangrijkste bron van kennis over de uithoeken van de wereld zou blijven. Ibn Battuta wordt ook nog steeds beschouwd als grondlegger van de geografie.
Vijfentwintig jaar was hij onderweg en nog was zijn reislust niet getemperd, want ook tijdens de laatste jaren van zijn leven was Battuta constant op reis, om zich te verbazen over de wereld en haar bewoners.
Voor mij is dit volkomen begrijpelijk: ook ik blijf, als het me gegeven is, het liefst mijn hele leven onderweg. Niet als vlucht, en ook niet als een soort verslaving, maar gewoon omdat de wereld voor mij zo onuitputtelijk fascinerend is. En omdat ik van elke reis terugkom met nieuwe kennis, omdat ik altijd weer bijzondere mensen heb ontmoet en me verbaasd heb over hoe bijzonder de planeet is waarop wij leven.
Dat is mijn motivatie om elke keer weer op pad te gaan: van een paar dagen vlak bij huis, tot een trektocht van weken door verre vreemde streken.
In 365 dagen onderweg reis je een jaar lang met me mee; over eindeloze wereldzeeën, langs bijzondere groene hotels, kleurrijke festivals en hippe wereldsteden, maar ook door vreemde landschappen, vervuilde dorpen en wachtend op vieze vliegvelden.
Hopelijk laat ik je hiermee weer eens zien hoe bijzonder onze planeet is, en hoe zuinig we ermee om moeten gaan...

X Floortje

inhoudsopgave

P 208 | 07. juli

08. augustus | P 242

P 278 | 09. september

10. oktober | P 312

P 346 | 11. november

12. december | P 384

01
januari

Januari is de eerste maand op de Gregoriaanse kalender en telt 31 dagen | **Januari is, met een gemiddelde temperatuur in De Bilt van 2,2°C, meestal de koudste maand van het jaar** | Deze maand is vernoemd naar Janus, de Romeinse god van poorten en deuren | **15 januari is het oogstfestival, het Makara Sankranthi, in India** | Op 6 januari is het kerstavond in Rusland en de Oekraïne, dit heet Svyat Vechir | **Op de derde maandag van januari is het Martin Luther King-dag in de Verenigde Staten** | 1 januari is de Nationale Onafhankelijkheidsdag van Haïti

januari

Ethiopië

long trip

Droge vlaktes, kinderen met dikke buiken en uitgedroogd vee. Dit is zo ongeveer het beeld dat de gemiddelde Nederlander, vooral de dertigplusser, zal hebben bij Ethiopië. En terecht, want door de eeuwen heen heeft dit Noord-Afrikaanse land altijd te maken gehad met grote voedsel- en drinkwaterschaarste.

In 1984 werd de wereld opgeschrikt door de beelden van de Canadese televisiejournalist Brian Stewart en de BBC, die lieten zien hoe meer dan zeven miljoen Ethiopiërs na een lange periode van droogte werden bedreigd met de hongerdood. Dat zorgde onder andere voor de beroemde Live Aid hulpactie van Bob Geldof, waarmee geld werd opgehaald voor de getroffen regio's. Tegen die tijd waren al wel honderd-duizenden Ethiopiërs bezweken door een ramp die vooral veroorzaakt was door een falende overheid, ontkenning van de

problemen, gebrek aan regen en een slechte infrastructuur, waardoor hulp de mensen niet kon bereiken.
Nu, bijna dertig jaar later, kampt Ethiopië nog steeds met voedselproblemen, voornamelijk in een aantal noordelijke provincies. Alleen is er nu veel minder aandacht voor in de pers; het is geen 'nieuw' onderwerp meer.
Toch is Ethiopië een land dat je als reiziger niet moet overslaan, want het is een immens land met heel veel verschillende gezichten. Zo heeft het een bijzondere en unieke cultuur en vind je er ook bouwwerken die nergens anders voorkomen. Je kan als bezoeker een (bescheiden) positieve bijdrage aan een land als Ethiopië leveren door er je euro's uit te geven, mits je gebruikmaakt van lokale gidsen, accommodatie en vervoer. Daarnaast vind ik het, als maker van reisprogramma's, ook heel belangrijk om een land niet te negeren, en behalve aan alle problemen die er zijn, ook aandacht te besteden aan de positieve kanten. Naast alle problematiek is Ethiopië ook een heel kleurrijk, trots en fascinerend land waar veel mensen hard werken om een redelijk bestaan op te bouwen. Door Ethiopië met eigen ogen te zien zal je in ieder geval nooit meer onverschillig zijn als je weer eens iets hoort of ziet over dit land.

Je reis begint vrijwel altijd in de hoofdstad Addis Abeba, gelegen op een hoogte van zo'n 2400 meter. Zo op het eerste gezicht heeft deze plaats meer weg van een stad in Zuid-Amerika dan van een stad in stoffig Afrika, door de vele heuvels waar hij op gebouwd is en de huisjes die er staan.

Zo op het eerste gezicht heeft deze plaats meer weg van een stad in Zuid-Amerika dan van een stad in stoffig Afrika, door de vele heuvels waar hij op gebouwd is en de huisjes die er staan

Addis, zoals het ook wel wordt genoemd, ligt bij het Entotogebergte, waardoor het na La Paz in Bolivia en Quito in Ecuador de hoogste hoofdstad ter wereld is. Deze grote stad, waar ongeveer drie miljoen mensen wonen, is iets frisser qua temperatuur dan waar je op hoopt als je een koud Nederland hebt verlaten. Als ik in Addis Abeba arriveer is het winter en ik ben blij dat ik een paar warme truien heb meegenomen voor de kille avonden.

De eerste shots voor de uitzending draaien we boven op de berg Entoto. Ik kijk uit over de rommelige huizen en kronkelige straten en hoor de drukte van het verkeer. Meteen valt me op dat het hier veel groener is dan ik ooit had verwacht, en her en der zie ik ook frisgroene stukjes in de stad. Vooral opvallend zijn de talloze eucalyptusbomen, die geplant zijn door keizer Menelik II. Addis Abeba werd relatief kortgeleden, in 1887, gesticht door deze keizer, een dynamisch visionair die anders was dan de oorlogszuchtige leenheren die de Hoorn van Afrika (de noordoostelijke punt van het Afrikaanse continent) verscheurde. Zijn doel was de nationale identiteit nieuw leven inblazen en een moderne samenleving opzetten, en daarvoor was een nieuwe, sterke hoofdstad nodig. Hij was daarmee voor de Ethiopiërs wat Atatürk voor de Turkse stammen was.

Een van de eerste gebouwen die hij er neerzette was een huis voor hem en zijn vrouw, keizerin Taytu, vlak naast de hete bronnen van Filwoha waar zij en de rest van de hofhouding graag in baadden. Dit gebouw is nog steeds te bewonderen in Addis Abeba en is tegenwoordig de zetel voor het stadsbestuur. Al snel breidde de

stad zich uit en nu is ze hét commerciële en culturele centrum van Ethiopië.

We stappen in een taxi en rijden naar een van de drukste straten in de buurt van de Merkato, de grootste markt van Afrika. Daar raast een niet-aflatende stroom bussen, taxi's en gammele auto's voorbij, terwijl over het versleten trottoir honderden mensen passeren. Binnen vijf minuten staat er een grote groep nieuwsgierige Ethiopiërs om ons heen, die elke beweging van ons nauwgezet in de gaten houdt. En dat zal de rest van de reis niet veranderen.
De eerste dag besteden we vooral aan het draaien van algemene shots, van de Trinity of Selassie-kathedraal, het mausoleum van Menelik II en de Merkato. We komen ook langs het nationale museum, dat we als filmploeg helaas moeten overslaan omdat we geen vergunning hebben, maar dat zeker de moeite waard is.
Het museum is vooral bekend om Lucy, een van de oudste skeletten ter wereld, waarvan geschat wordt dat het drieënhalf

miljoen jaar oud is. Ethiopië wordt ook wel de bakermat van de mensheid genoemd. Wetenschappers vermoeden dat vanuit dit land de mens zich zo'n honderdduizend jaar over de wereld heeft verspreid, en in dit museum vind je heel veel archeologische schatten die daarmee te maken hebben.
Na die eerste dag ben ik redelijk daas van alle indrukken en we maken het niet al te laat; er ligt nog een lange reis voor ons. Van slapen komt echter maar weinig die nacht, want de Verenigde Staten staan voor een historisch moment: de verkiezing van de eerste Afro-Amerikaanse president, Barack Obama. De televisie op mijn kamertje, die minstens twintig jaar oud is, toont afwisselend kleur en zwart-wit en het beeld is korrelig en onduidelijk, maar ik blijf de hele nacht wakker om deze belangrijke gebeurtenis te kunnen zien.

Uiteindelijk slaap ik niet veel meer dan een uur of anderhalf, want we moeten er vroeg uit. We willen namelijk op tijd op het centrale plein zijn, Meskel Square, waar het elke morgen rond halfzes afgeladen vol is met langeafstandlopers. Ethiopiërs behoren tot de top van de wereld als het om deze sport gaat en het land heeft al heel wat wereld- en Olympisch kampioenen voortgebracht.
Haile Gebrselassie is de beroemdste, hij werd maar liefst tweemaal Olympisch kampioen en acht keer wereldkampioen. Hij wordt nog steeds gezien als een soort halfgod en iedereen doet zijn best om in zijn voetsporen te treden. Veel Ethiopiërs zien de sport als een kans om te ontsnappen aan de armoede, vooral ook omdat, net zoals bij voetbal, zelfs de allerarmsten hem kunnen beoefenen.
Elke morgen barst dit plein bijna uit zijn voegen van alle hardlopers, die hier met of zonder schoenen komen rennen tot een uur of acht, als het te warm wordt. Uiteindelijk weet maar een enkeling door te dringen tot de top en zich te ontworstelen aan de armoede. Het gros van de inwoners van dit land leeft nog altijd ver onder het bestaansminimum. Het Bruto Binnenlands Product (BBP) van Ethiopië per hoofd van de bevolking komt neer op zo'n 120 euro, terwijl dat in Nederland meer dan dertigduizend euro is.
De armoede valt in de hoofdstad nog niet zo op, maar als je Addis Abeba uit rijdt, word je al snel met de realiteit geconfronteerd. Op de stoffige wegen vol gaten rijdt een verzameling aan voertuigen, waarvan sommige best aardig zijn, maar het merendeel in Nederland zo naar de sloop zou gaan. Opvallend is de niet-aflatende stroom voetgangers die, bepakt en bezakt, soms met karren of met oude fietsen aan de hand, langs de weg lopen. Simpelweg omdat de meesten geen openbaar vervoer of ander eigen vervoer kunnen betalen.
Stop je onderweg bij een dorpje, dan is de armoede ook verpletterend aanwezig. Veel huisjes zijn niet meer dan kleine lemen hutten zonder water en elektriciteit, waar ook nog eens gezinnen met meer dan vijf kinderen in wonen. Zoals veel landen kampt Ethiopië met ernstige problemen die deze armoede in stand houden: een grote buitenlandse schuld, slechte sociale voorzieningen, hoge werkloosheid, analfabetisme en ga zo maar door.

Niet veel mensen weten dat Ethiopië een bijzondere circuscultuur heeft en dat er door het hele land een aantal scholen zijn waar kinderen worden opgeleid tot jongleur, acrobaat of muzikant

Het land kent een razendsnelle bevolkingsgroei, meer dan de helft van alle inwoners is jonger dan 21 jaar. Het grootste deel van hen kan geen hoger onderwijs volgen en heeft geen kans op een baan. Toch zijn er hier en daar kleine projecten om mensen een duwtje in de rug te geven. Zo bezochten wij onder meer in Addis Abeba een koffieproject, opgezet door een in Nederland wonende Ethiopiër, die in zijn geboorteland diverse koffiewinkeltjes heeft opgezet die banen creëren.
Daarnaast startte hij een opvanghuis, een koffiebranderij en een muziekschool, allemaal om de allerarmsten in de samenleving te ondersteunen.
Een ander initiatief is het circusschoolproject, waar we ook een middag gefilmd hebben. Niet veel mensen weten dat Ethiopië een bijzondere circuscultuur heeft en dat er door het hele land een aantal scholen is waar kinderen worden opgeleid tot jongleur, acrobaat of muzikant. Op die manier worden hun vaardigheden bijgebracht waarmee ze later eventueel geld kunnen verdienen.
Als toerist kan je dit soort projecten ook bezoeken en er een kleine donatie achterlaten; met een paar euro kan men hier al heel veel doen.

We rijden deze ochtend als eerste naar Bahir Dar, een stad in het noordwesten van Ethiopië aan het Tanameer, het grootste zoetwaterreservoir van het land. In dit prachtige meer ontspringt de Blauwe Nijl, die in Khartoem (de hoofdstad van buurland Soedan) samenkomt met de Witte Nijl om uiteindelijk de beroemde Nijl te vormen die naar Egypte stroomt.
We huren een bootje en vertrekken vroeg in de morgen over het meer richting een klein eilandje dat op zo'n halfuurtje varen ligt. Onderweg passeren we talloze rieten kano's die volgeladen zijn met goederen. Deze bootjes worden eigenhandig in elkaar gevlochten door de eigenaren, waarna ze een volle dag moeten peddelen met hun koopwaar naar de andere kant van het meer, een tocht waar ze omgerekend ongeveer één dollar mee verdienen.
Na verloop van tijd is het riet zo poreus en zwaar geworden dat het vaartuigje zinkt, wat helaas ook wel eens onderweg wil gebeuren.
Bijzonder aan dit meer is dat op de talloze eilandjes prachtige kloosters staan, waarvan sommige meer dan vierhonderdvijftig jaar oud zijn. In Ethiopië is meer dan 60 procent van de bevolking christen en de meesten behoren tot de Etiopisch-ortodoxe kerk. Een klein aantal is protestants. De kloosters zien er heel anders uit dan we gewend zijn in Europa, maar zijn zeker niet minder mooi. De ronde gebouwen hebben daken van stro en binnenin zijn ze oogverblindend mooi versierd met kleurige wandschilderingen die Bijbeltaferelen voorstellen, met als bijzonder detail het feit dat de Christusfiguur hier een donkere huidskleur en een afrokapsel heeft!

Op de terugweg maken we een kleine omweg via een zijrivier, want de gids wil ons nog iets laten zien. Na even gezocht te hebben, wijst hij naar een grijze vlek op het water en als we dichterbij komen zien we opeens wat hier zwemt: een log, massief nijlpaard waarvan alleen de spitse oortjes en de kleine oogjes uit het water steken. We komen niet al te dichtbij, want ondanks zijn aandoenlijke uiterlijk is het een van de gevaarlijkste dieren van Afrika. In Zuid-Afrika bijvoorbeeld is het, na de malariamug, het dier dat de meeste menselijke slachtoffers eist.
Het is vooral gevaarlijk om met je bootje tussen de nijlpaarden en het land in te komen. De dieren voelen zich dan bedreigd en vallen aan. En als je bedenkt dat een volwassen nijlpaard een krokodil in tweeën kan bijten en ze op land meer dan dertig kilometer per uur kunnen rennen, dan weet je dat je uit de buurt moet blijven. Ondanks de naam is het trouwens geen familie van het paard, maar van het varken! Je zou het niet verwachten, maar ook in Nederland kwamen deze dieren ooit voor. Er zijn talloze fossielen van nijlpaarden gevonden in onder meer de modder van de Maasvlakte.
Een dag later rijden we naar een andere bijzondere attractie, die laat zien hoe anders Ethiopië is dan veel mensen denken: de Tissatwaterval. Vanuit het dorpje Tis Abay wandelen we eerst door een prachtig groen landschap naar een eeuwenoude Portugese brug. Daarna klimmen we een heuvel op en horen de tonen van een fluitje. In een boom zit een klein Afrikaans jongetje te spelen voor de toeristen die passeren. Het lijkt wel een scène uit een film, helemaal als ik even verderop de waterval zie, die met donderend geraas naar beneden stort.
De naam van de waterval betekent letterlijk 'water dat rookt', wat slaat op de gigantische opstijgende mist, veroorzaakt door het vallende water. Helaas hebben de lokale autoriteiten in de Blauwe Nijl, die de waterval van water voorziet, een grote stuwdam gebouwd waardoor er veel minder water valt dan voorheen. Toch is het een spectaculair gezicht, helemaal als je over de rotsblokken naar de voet van de waterval klimt.
Ook de volgende dag blijf ik me verbazen over Ethiopië als we Gondar in rijden, de stad die ooit de hoofdstad van het land was. Hier kom je weer een andere, onbekende kant van Ethiopië tegen: de merkwaardige combinatie van middeleeuwse kastelen met Italiaanse art deco. De middeleeuwse overblijfselen stammen uit

de tijd dat de stad op het kruispunt van verschillende handelsroutes lag en keizers er hun kastelen bouwden. Niet voor niets heeft deze plaats de bijnaam 'Afrika's Camelot'. Vooral het kasteel en de baden van koning Fasiladas zijn oogverblindend mooi, met banketzalen, houten balken, kleine torentjes en groene paleistuinen.

De Italianen hebben meer recent hun sporen nagelaten omdat dit het enige westerse land was dat ooit Ethiopië bezet heeft. In 1936 veroverden de Italianen het land, waarna ze een aantal art-deco bouwwerken in de stad neerzetten, zoals het postkantoor. En er zijn meer Italiaanse invloeden. Zo kan je elke morgen in het centrum, in café Abyssinia, nog steeds een prima macchiato drinken.
Een uitgelezen moment om Gondar te bezoeken is tijdens het jaarlijkse Timkat-festival, de viering van de doop van Jezus door Johannes de Doper. In processies in het hele land wordt de Ark des Verbonds uit de kerken meegedragen en na twee dagen weer opgeborgen. Alle priesters dragen felgekleurde gewaden en beschermen zichzelf tegen de brandende zon met prachtige parasols, in mooi contrast met de pelgrims die helemaal in het wit gekleed zijn.
Het hoogtepunt volgt als de priester de bezoekers zegent met heilig water en iedereen in de baden van Fasiladas springt, die alleen voor dit feest gevuld worden.

Dit festijn wordt ook uitbundig gevierd in andere steden, bijvoorbeeld in het meer noordelijk gelegen Lalibela, een stad die je überhaupt niet mag missen als je Ethiopië bezoekt. Hier vind je namelijk een van de bijzonderste bouwwerken die ik de afgelopen jaren heb gezien: de met de hand uitgehakte rotskerken. De afstand erheen is redelijk lang en omdat reisdagen voor ons heel duur zijn (je moet de ploeg en de apparatuur gewoon doorbetalen) nemen we het vliegtuig.

Dit lijkt aanvankelijk goed te gaan, want we kunnen redelijk snel inchecken en aan boord. Als we vervolgens tijdens het taxiën op onze stoel zitten te trillen en blijkt dat we een lekke band hebben, vermoed ik dat onze beoogde tijdwinst in rook zal opgaan. Het blijkt te kloppen; een nieuwe band is wel aanwezig, maar de monteur die hem erop kan zetten helaas niet. We wachten eindeloos op het vliegveld, totdat we naar een hotel worden gebracht. Meer dan vierentwintig uur later arriveert eindelijk de man in kwestie, en nog eens vier uur later stijgen we op.
Lalibela zelf maakt alles meer dan goed. Het dorpje is niet meer dan een kleine nederzetting met lemen huisjes op zo'n 2600 meter hoogte. Maar voor veel orthodoxe christenen is dit een plek die ze minstens één keer in hun leven bezocht moeten hebben. Er zijn in totaal elf rotskerken, die naar schatting meer dan achthonderd jaar oud zijn en tegenwoordig op de UNESCO Werelderfgoedlijst staan.

Het is bijna niet voor te stellen dat men dit zo veel eeuwen geleden voor elkaar heeft gekregen

Opmerkelijk is dat bijna niemand weet hoe deze kerken precies zijn gemaakt en dat begrijp je pas goed als je ze daadwerkelijk voor ogen hebt. Als je het dorp uit wandelt zie je in eerste instantie niet meer dan een rotsplateau, maar eenmaal dichterbij gekomen blijkt er in de vlakke rots een gigantische kerk te zijn uitgehakt, inclusief gangen, ramen en een gebedsruimte.

Het is bijna niet voor te stellen dat men dit zo veel eeuwen geleden voor elkaar heeft gekregen, gezien het feit dat er nog bijna geen gereedschap of machines voorhanden waren. Onderling verschillen de kerken wel; de ene is slechts een losstaande kerk, terwijl de andere weer een uitgebreid complex vormen met diverse gangen, ruimtes en verdiepingen.

Wij dolen er uren rond en draaien de mooiste beelden van kleine altaren, gouden kruizen, prachtig geklede priesters en smalle rotsgangen. Een priester geeft ons, in ruil voor een kleine donatie, toestemming om het gebed te filmen. We stellen ons in een hoekje op en luisteren naar zijn geprevel, terwijl de wanden verlicht worden door flikkerende kaarsjes. Terwijl de zon ondergaat lopen we terug naar ons pension. De avond is warm en ik zie dat de heuvels om mij heen langzaam een roze gloed krijgen. Morgen zullen we alweer doorreizen naar buurland Kenia, maar ik heb het gevoel dat ik nog maar een fractie van dit land gezien heb...

Meer informatie

Beste reistijd
De beste reistijd is buiten het regenseizoen, van juni tot en met september. In de wintermaanden koelt het 's nachts erg af, maar in januari is het Timkat-festival zeker een reis naar Ethiopië waard

Meer informatie
www.reisbijbel.nl/ethiopie

Timkat-festival
www.thecircumference.org

FESTIVAL

La Befana-festival, Venetië

01

La Befana-festival

festival

januari

Meer informatie
www.goitaly.about.com
www.italie.nl

Venetië in de zomer: don't even think about it. In dit seizoen struikel je over de toeristen en kan het er bovendien bloedheet worden. Wil je deze mooie stad bezoeken, ga dan in de winter! Dan is het eindelijk weer het domein van de locals.

Er wordt gezegd dat je in Venetië moet verdwalen om de echte schoonheid ervan te ervaren en dat kan bij uitstek in de winter. San Marco, de Rialtobrug, de Brug der Zuchten en het Dogenpaleis moet je gezien hebben. Maar leuker is het om rond te dwalen over de bruggen en in de smalle straten en steegjes die je leiden naar mooie paleizen, oude huizen, kerken en musea. Slenter door de wijk Cannaregio, met de straten langs het water, en voel creatieve vibes in de buurt Dorsoduro. Opwarmen doe je na een stevige wandeling bij Vizio Virtu in San Polo, met de lekkerste warme chocolademelk ter wereld. 's Avonds eet je natuurlijk superverse vis in een van de vele visrestaurants, zoals Corto Sconta in het Castello-district of Al Gatto Nero op het buureilandje Burano.

Toch zijn er ook in de winter momenten waarbij de stad uit zijn voegen barst en dat is tijdens het carnaval, ieder jaar in februari. Minder bekend dan het Venetiaanse carnaval, maar minstens zo leuk is het Italiaanse volksfeest Epifania op 6 januari. Een uitgebreide viering van Driekoningen kennen wij in Nederland niet, maar in Italië, en dan vooral in Venetië, is dit festijn een jaarlijkse happening. Alles draait om de goede heks La Befana, die in de nacht van 5 op 6 januari door de schoorstenen klimt en cadeautjes en snoep achterlaat in sokken. Wie stout is geweest krijgt kolen of donker snoep. Op deze feestdag wordt traditioneel de La Befana Regatta op het grote kanaal gehouden, een botenwedstrijd waarbij mannen uitgedost als vrouwen en onder luid gejoel van de omstanders, strijden voor de eer. Na de race drink je Italiaanse wijn op straat en eet je zoete, maar lekkere Venetiaanse Galani-koekjes, de traditionele gefrituurde feestspecialiteit. De hele dag zijn er festiviteiten zoals kleurrijke optredens, concerten en vuurwerk. Wil je deze stad zelf meemaken, boek dan ook een tripje voor januari, dan zie je de stad pas echt op een verrassende manier.

januari

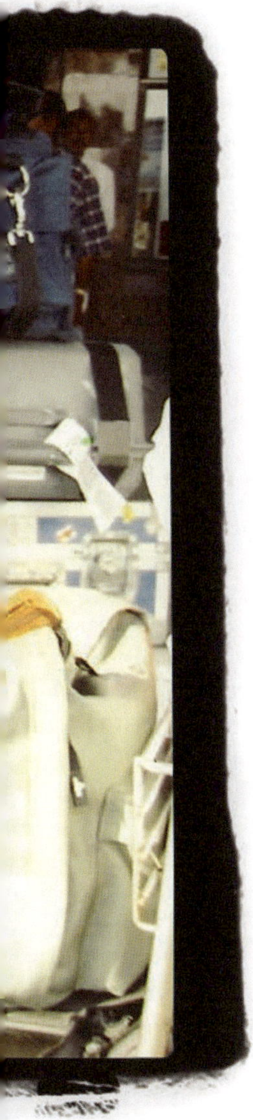

Fit worden op reis

Het blijft een wonderbaarlijk fenomeen: goede voornemens. Die hebben voor veel mensen vooral te maken met hun fysieke staat; in de maand december heeft iedereen zich ongans gegeten, veel gedronken en/of gerookt, waarna men vervolgens in de maand januari collectief spijt heeft.

Maar ook op vakantie kan je aan je goede voornemens werken! Dit kan al heel simpel door bijvoorbeeld een week te gaan skiën of te snowboarden. Let er wel op dat je enigszins in conditie bent voor vertrek, want als je maanden niet gesport hebt is de kans aardig groot dat je met de eerste gipsvlucht weer terugkomt.
Je kan ook een speciale vakantie boeken waar alles draait om afvallen en conditie opbouwen; steeds meer touroperators en resorts storten zich op dit soort trips. Groot voordeel van zo'n sport/fitness/dieetreis is dat je niet afgeleid wordt door zaken als après-ski die alle inspanningen weer tenietdoen, en dat je in een omgeving bent waar alles in het teken staat van gezondheid.
Er zijn tal van speciale reizen die je gezonder, fitter en slanker maken, zowel in Europa als verder weg. Bij deze een paar adressen voor zo'n gezonde vakantie:

01. In Europa is de keuze overvloedig. Ga bijvoorbeeld naar Spanje, waar sinds 2008 het SHA Resort gevestigd is op vijfenveertig minuten rijden van Alicante. Er is een enorme spa waar je onder medische begeleiding speciale detox- en dieetkuren kan volgen. Bijzonder aan dit resort is dat Michio Kushi er werkt, de grondlegger van de moderne macrobiotische keuken. Dit oord is dan ook volledig macrobiotisch.
www.shawellnessclinic.com

02. Van oudsher staat het Oostblok bekend om zijn spa's en kuuroorden. In landen als Tsjechië, Slovenië en in Boedapest zijn er talloze 'gezonde' bestemmingen, alleen hou je altijd wel een beetje die ouderwetse Oostbloksfeer. Prettig is dat kuren hier heel betaalbaar is; een voorbeeld is het Danubius Health Spa Resort, op een eiland in de rivier de Donau in de Hongaarse hoofdstad Boedapest. Hier verblijf je namelijk drie dagen, inclusief behandelingen, voor nog geen 250 euro!
www.danubiushotels.com

03. In de buurt van het voormalige hippiedorp Byron Bay in Australië staat het Gaia Retreat & Spa, een van de milieuvriendelijkste spa's in de regio. Het resort is bedacht door zangeres Olivia Newton-John en vriend Gregg Cave, en in de spa zelf vind je behandelingen met eigen ecologische producten. Wil je helemaal 'groen' zijn, dan kan je ook mee doen aan de tree planting ceremony.
www.gaiaretreat.com.au

04. Een andere bestemming waar het wemelt van de 'gezonde' resorts, is Bali. Wil je niet te veel geld uitgeven, boek dan een kamer in een goedkoop hotel of appartement en ga vervolgens naar een van de talloze day spa's. Je moet wel wat meer zelfdiscipline hebben, omdat er op Bali nogal wat verleidingen op de loer liggen in de vorm van veel goede restaurants en een wild uitgaansleven. Ken je jezelf wat beter, boek dan een verblijf in het Como Shambhala Estate met een holistische inslag, dat vooral gericht is op activiteiten en fitness. Je verblijft in een villa en de hele dag kan je deelnemen aan verschillende fitnesslessen zoals pilates en spinning. Maar je kan ook mee met jungle-trektochten, wild water-rafting of mountainbiketochten door de bergen.
www.cse.como.bz

05. Bezoek eens een ayurveda-resort. Bij zo'n resort wordt uitgegaan van de hindoeïstische ayurveda-gezondheidsleer die zich richt op het totale welzijn van lichaam en geest. Een goed en betaalbaar oord vind je bijvoorbeeld in Sri Lanka: het Barberyn Reef Ayurveda Resort, dat aan zee ligt. De dag begint met yoga waarna 's middags diverse behandelingen volgen zoals massages, stoombaden, acupunctuur en kruidenbehandelingen. Twee vriendinnen van mij komen er al jaren en zweren erbij!
www.barberynresorts.com

06. Ben je op zoek naar een bijzondere oosterse wellness ervaring, ga dan eens naar Japan en boek een verblijf in een ryokan. In heel Japan vind je deze bijzondere familiehotels en pensions waar je slaapt op futon matten op de grond. Belangrijk onderdeel van zo'n ryokan is het gemeenschappelijke bad, waar Japanners voor het avondeten gebruik van maken. Een aantal van deze ryokans ligt in gebieden waar heel veel vulkanische activiteit is, en daarom vind je er prachtige natuurlijke binnen- en buiten baden met verwarmd water. Voor alle adressen:
www.ryokan.or.jp

07. Ook Thailand is vergeven van de wellness-oorden. Eentje pik ik ertussenuit, hoewel je helaas lang moet sparen voor een verblijf hier, want een weekje kuren kost algauw 2500 euro. Het Kamalaya Resort is gevestigd op een rustig strand op het toeristische eiland Koh Samui. Al jarenlang prijkt dit resort op diverse lijstjes van grote reisbladen als Condé Nast Traveller en The Sunday Times Travel Magazine als beste wellnessresort van Azië. Dit centrum is gebouwd rondom de Monk's Cave, dat al eeuwenlang een spirituele plek is voor meditatie. Je kan hier verschillende programma's volgen, waaronder een detox-programma, maar ook een weight loss- of een de-stress-programma. Erg duur maar ook heel goed.
www.kamalaya.com

08. Wil je echt afzien, boek dan een verblijf in een zogenoemde bootcamp. Een van de meest exclusieve en bekendste bootcamps vind je in Californië. In de Santa Monica Mountains ligt The Ashram, een plek waar heel bekend Hollywood verblijft om snel en doeltreffend af te vallen. Je slaapt in een groot huis met maximaal twaalf andere gasten en elke morgen gaat om halfzes de wekker om de dag te beginnen met een yogasessie. Hierna ga je vijf uur wandelen in de heuvels en de rest van de dag ben je druk met pilates, danslessen en wateraerobics. En dat alles op een dieet van net duizend calorieën. Bekendheden als Cindy Crawford, Gwyneth Paltrow, Renée Zellweger en Oprah Winfrey zijn je al voorgegaan.
www.theashram.com

Meer informatie

Bedrijven waar je dit soort reizen kan boeken
www.kuurenpuur.nl
www.fontana.nl

Engels reisbureau voor wellnessreizen
www.wellbeingescapes.co.uk

Oslo

short trip

'Dames en heren, we naderen het vliegveld van Oslo waar we over een kleine vijftien minuten gaan landen. De temperatuur is op dit moment min zeventien graden.'

Vertwijfeld kijk ik naar mijn Nikes. Prima voor een weekendje slenteren over de boulevard van Barcelona of door het hart van het oude Rome, maar dit zijn niet echt de ideale schoenen voor een winters Oslo. En dit is niet de eerste keer; ik neem steevast de verkeerde kleding mee op reis. Of de verkeerde schoenen, zoals vandaag. Toch wonderbaarlijk voor iemand die al meer dan vijftien jaar naar de meest bizarre uithoeken reist.

Ik ben op weg naar Oslo voor een bliksembezoek van slechts één dag en een nacht waarop ik zal langsgaan bij de mensen van een nieuw Noors fair trade kledingmerk dat we graag in onze Nukuhiva-winkels willen verkopen. Meestal handelt Peter – mijn steun en toeverlaat die alle inkoop

> Ondanks het feit dat het al bijna halftien is, heeft de zon nog minstens een uur nodig om een beetje fatsoenlijk boven de horizon uit te klimmen

voor de winkels doet – deze bezoekjes af, maar hij redde het door alle drukte niet en daarom ga ik in zijn plaats.

Als ik uit het vliegtuigraampje kijk, zie ik een stijf bevroren landschap waar langzaam wat licht op valt vanuit het oosten. Ondanks het feit dat het al bijna halftien is, heeft de zon nog minstens een uur nodig om een beetje fatsoenlijk boven de horizon uit te klimmen, om dan na een paar uur alweer net zo traag erachter te verdwijnen. Het is winter en dat betekent dat de dagen heel kort zijn. Toch is dit een prachtige tijd om Noorwegen te bezoeken. Noren hebben er namelijk hun beroep van gemaakt om het zo gezellig mogelijk te maken in de winter, juist om die donkere, lange en koude dagen door te komen.
Wat mij betreft gaat er niets boven een koude, ruige winter en ik ben in Oslo op de juiste plaats, want als ik uit het vliegtuigraampje naar beneden kijk zie ik kleine witte eilandjes die verspreid in de baai liggen, met hier en daar een dappere vissersboot die uitvaart. Even later zijn we boven land en dat is al net zo mooi. Door de kou is alles compleet wit en zijn de wegen zo goed en zo kwaad als het gaat schoongeveegd zodat er wel auto's rijden. Ook zie ik een trein die langzaam door het witte land slingert; in tegenstelling tot Nederland blijven de treinen hier gewoon rijden als het sneeuwt.
Als we geland zijn en ik de roltrappen naar het station onder het vliegveld neem, slaat de kou als een ijzige deken op me neer. Ik hoest van de droge lucht en loop snel richting de trein die me in twintig minuten rechtstreeks naar het Centraal Station van Oslo brengt. Ook vanaf de grond ziet alles er prachtig uit: de bomen zijn dik van het ijs en een lichte mist hangt over het sneeuwwitte landschap. Af en toe rijden we voorbij een typisch Noors huis waar talloze lichtjes branden en rook uit de schoorsteen komt.
In tegenstelling tot een hoop andere steden zijn de buitenwijken van Oslo prachtig. Felgekleurde huizen liggen aan de fjord tegen de heuvel gebouwd, zodat iedereen een prachtig uitzicht heeft.

Oslo zelf is in vergelijking met andere Noorse steden als Bergen en Trondheim, minder 'Noors' omdat je er minder traditionele huizen vindt, maar toch is er genoeg moois te zien. Helaas heeft de stad ook veel grauwe, lelijke gebouwen, fly-overs en parkeergarages, wat te danken is aan een collectieve verstandsverbijstering van stadsbestuurders in de jaren zeventig. De echte schoonheid van de stad schuilt in het feit dat het een van de groenste hoofdsteden ter wereld is.
Oslo is gebouwd aan een groot fjord waarin talloze eilandjes liggen, die je met kleine veerboten kan bezoeken. In de meeste buitenwijken, die als in een amfitheater rondom het centrum tegen de heuvels zijn geplaatst, vind je ook heel veel natuur en direct erachter beginnen de grote natuurparken waar zelfs rendieren voorkomen (officieel maakt Oslo zelf deel uit van het Noorse wolvenreservaat, hoewel die dieren slechts zelden rondom de stad worden gesignaleerd).

Eenmaal in het centrum meld ik me bij het kantoor waar het bedrijfje is gevestigd waarvoor ik hiernaartoe gekomen ben, en de hele ochtend en een deel van de middag bespreek ik alles en bekijk ik de collectie. Om een uur of drie zet ik mijn tas op mijn hotelkamer neer en wandel naar de

oude haven om even rond te kijken. Oslo ligt aan het begin van de 107 kilometer lange Oslofjord en heeft een prachtige natuurlijke haven zoals je er wel meer vindt in Noorwegen. Door de sneeuw ziet alles er nog mooier uit dan gewoonlijk, want alle vissersschepen, zeilboten en ferry's zijn bedekt met een dikke laag.
Achter me staat het beroemde raadhuis van Oslo, een gigantisch vierkant bouwwerk dat zo in het voormalig Oostblok zou kunnen staan. Het gebouw is beroemd vanwege de plechtigheid die er elk jaar plaatsvindt op 10 december, de sterfdag van Alfred Nobel: de uitreiking van de Nobelprijs voor de Vrede. Daar kan je als gewone sterveling trouwens van alles over te weten komen, want je kan het raadhuis bezoeken en er een rondleiding krijgen. Nobel was een Zweedse wetenschapper en zakenman die schatrijk werd met zijn revolutionaire uitvindingen, waaronder zijn beroemdste ontdekking: dynamiet.
Na zijn dood in 1896 liet hij een erfenis van ruim 31 miljoen Zweedse kronen na aan een fonds dat als opdracht kreeg jaarlijks prijzen toe te kennen aan personen die zich inzetten ter verbetering van het welzijn van de wereldbevolking, onderverdeeld in vijf categorieën: natuurkunde, scheikunde, fysiologie of medicijnen, letterkunde en vrede.
Niet ver van dat raadhuis ligt het, in 2005 door koning Harald de Vijfde geopende, Nobel Peace Center. Het is gevestigd in een oud treinstation uit 1872 en bijzonder de moeite waard. Het centrum is gratis toegankelijk en je vindt er op de begane grond wisselende tentoonstellingen. Als ik er ben is Obama net geweest om zijn Nobelprijs op te halen, en daarom is de tentoonstelling From King to Obama

ingericht, waarbij een vergelijking wordt getrokken tussen Martin Luther King en de huidige president van de Verenigde Staten. Op de bovenverdieping is er onder andere een bijzondere galerij waarin alle voormalige winnaars worden geëerd. Hun foto's zijn in een donkere ruimte bevestigd op dunne, flexibele pvc-buisjes met lampjes, waardoor de schemerige ruimte prachtig oplicht.

Dan is het tijd om mezelf weer de kou in te werpen. Het is even afzien aangezien er een snijdende wind staat en de grond stijf bevroren is zodat mijn voeten al snel steenkoud zijn. Gelukkig is het in de bus naar de wijk Grünerløkka lekker warm, waardoor ik weer snel ontdooi. Deze wijk, waar je de beste cafés, restaurants en shops vindt, is een beetje te vergelijken met de Jordaan in Amsterdam. De wijk ontwikkelde zich door de opkomst van de grote industrie in de negentiende eeuw, maar tegenwoordig hebben de arbeiders plaatsgemaakt voor artiesten, yuppen en creatievelingen. Ook studenten omarmen de buurt en verschillende faculteiten, waaronder de Kunstacademie van de universiteit, zijn hier nu gevestigd in oude industriële panden.
Een van de meest opvallende en innovatieve projecten is de transformatie van een voormalige oude graansilo in studentenwoningen. Als je hier in de buurt bent, neem dan echt even een kijkje (vraag desnoods of je bij iemand binnen mag gluren) want de woningen zijn echt schitterend. Het is eigenlijk een klein stadje op zichzelf in het grotere Oslo, met bescheiden, mooi gerestaureerde huizen, industriële gebouwen en veel groen.
De rest van de middag slenter ik door de wijk, bestel hete cappuccino in een van de vele koffietentjes en bezoek winkels om inspiratie op te doen. Noren hebben over het algemeen, net als de inwoners van andere Scandinavische landen, een geweldig goed gevoel voor stijl en dat is te zien in Oslo.

In de hoofdstraat van Grünerløkka, Markveien, zijn de meeste cafés en restaurants gevestigd. Maar kijk ook vooral rond in de kleine straatjes eromheen, waar je deli's, guerrillastores en kleine galeries vindt. Een aanrader is Sjarm, een kledingzaak met vintage spullen, accessoires en kleding van lokale ontwerpers. Ze hebben er tevens stylish tweedehands bruidskleding die je desgewenst op maat kan laten maken.
In de nabijgelegen tweede winkel, met net zo'n stijlvolle inrichting, verkopen ze onder meer meubels en woonaccessoires. Nog een tip is Fretex; een keten van kringloopwinkels waar mensen die lange tijd werkeloos zijn, weer aan het werk kunnen. De winkels zijn onderdeel van het Leger des Heils, maar dat klinkt stoffiger dan het is. In de grote Fretex-zaak op de Markveien koop je zorgvuldig uitgezochte tweedehands tassen, shirts, jurken en meubelstukken waar je iets meer voor betaalt dan in de kleinere Fretex-vestigingen, maar dan heb je ook wat. Elke maand wordt de inrichting van de etalage geveild, waar vaak erg mooie spullen in staan.
Toch zijn er inwoners van de stad voor wie Grünerløkka niet 'hip' genoeg meer is; die kijken alweer naar de next best thing: de wijk Grønland, een buurt waar vooral Noorse immigranten wonen. Grønland staat bekend als Little Karachi en ligt ten oosten van de glimmende flats van het Radisson SAS Hotel.

In een stad met zo veel stijlvolle winkels, café's en restaurants is het opvallend dat er tamelijk weinig goede designhotels zijn. Pas de laatste jaren is er een aantal geopend. Ik slaap in het eerste designhotel

van Oslo dat sinds 2008(!) open is: Grims Grenka. De lobby is indrukwekkend met grote loungebanken, een langwerpige open haard en donkere kleuren. Van hieruit loop je zo door naar restaurant Madu, waar ik die avond heerlijk eet. De 42 kamers hebben een winter- of zomerthema en wil je tot in de late uurtjes doorgaan, ga dan naar het dakterras waar de Q lounge is gevestigd. Dat zit er voor mij niet in, want morgenvroeg vertrekt mijn vliegtuig weer. Mocht je zelf Oslo bezoeken, blijf dan vooral langer dan die ene dag van mij. Ga ook zeker even de stad uit om de Noorse winter echt te beleven. Neem bijvoorbeeld de tram naar Frognerseteren, stap bij de laatste halte uit en pak een slee of desnoods een vuilniszak en glij twee kilometer naar beneden over de Korketrekkeren, de helling daar. Vervolgens neem je weer de tram omhoog om nog een keer omlaag te sleeën. Warm daarna even op met een hete chocolademelk boven bij de tramhalte en voel je weer helemaal die kleuter van vijf. Wil je echt de natuur in, ga dan naar Sognsvann, een natuurgebied ten noorden van de stad. Je komt er met metrolijn nummer 3, uitstappen bij de laatste halte. In de winter is dit de perfecte plek om te langlaufen, ijsvissen of gewoon te wandelen.
Dat bewaren we maar voor mijn volgende bezoek aan Oslo. Hopelijk is het er dan net zo koud en wit want daar kan ik geen genoeg van krijgen. Alleen neem ik dan wel een paar stevige en vooral warme sneeuwlaarzen mee.

Meer informatie

Beste reistijd
Juli en augustus, maar houd je van kou, sneeuw en echte winterse taferelen, dan is het begin van het jaar een aanrader

Fretex
www.fretex.no

Design hotel Grims Grenka
www.firsthotels.com

Restaurant Madu
Kongens Gate 5, Oslo

Q Lounge
www.twitter.com/Q_Lounge
www.facebook.com

Sjarm
www.sjarm.biz

Bird Island

hotel

Slapen in een bungalow op een paradijselijk eiland met hagelwitte stranden en schildpadden die voor je deur in de schaduw liggen, is heerlijk. Maar echt fijn wordt het pas als je bedenkt dat je met een verblijf daadwerkelijk bijdraagt aan het behoud van dit paradijs.

Meer dan 37 jaar geleden werd Bird Island gekocht door een lokale familie. In de jaren die volgden deden ze er alles aan om de vogelpopulatie en de overige dieren op en om het eiland zo goed mogelijk te beschermen. Daarnaast werd een eenvoudig resort gebouwd om bezoekers de kans te geven zelf in dit bijzondere vogel-paradijs te overnachten. Boek je een huisje in het resort, dan wordt een deel van de overnachtingsprijs gebruikt voor onderzoek naar en natuurbehoud van het eiland.

Bird Island ligt op ongeveer dertig minuten vliegen van de hoofdstad van de Seychellen, Mahé. Het eilandje is zo'n 1500 meter lang, niet meer dan 650 meter breed en heeft in totaal bijna vijf kilometer strand, dat je alleen hoeft te delen met de maximaal veertig andere gasten die het eiland kan huisvesten. Dwars over het

januari

eiland ligt een landingsbaan en eenmaal uitgestapt wandel je in drie minuten naar de receptie. Voordat je daar bent zie je al een paar van de vaste bewoners liggen: de gigantische reuzenschildpadden die hier permanent wonen, waaronder Esmeralda, die met haar honderdvijftig jaar een van de oudste op aarde is.
De huisjes zijn heel simpel, maar je vindt er een prima bed, badkamer en muskietennet. Meer heb je hier niet nodig. De eigenaren hanteren een no-nonsensebeleid: geen zwembad op het terrein en op de kamers geen airco, telefoons en televisie. Je eet in de open eetzaal voedsel dat zo veel mogelijk afkomstig is van het eiland zelf. Zonder uitgebreide buffetten, maar met een eenvoudige kaart, zodat ze bijna niets weg hoeven te gooien.

Elke morgen kun je je melden bij de receptie voor een van de vele natuurexcursies. Bijvoorbeeld om op zoek te gaan naar de green turtle, een zeeschildpad die hier veel voorkomt, of om een tocht te maken en alles te weten te komen over de vogels die er broeden. Daarnaast kun je er eindeloos relaxen, boekjes lezen, in het azuurblauwe water snorkelen en over het strand slenteren. Wat mij betreft is Bird Island de ideale manier om de Seychellen (sowieso een van de mooiste plekken op aarde) op een onvergetelijke, maar ook verantwoorde manier te bezoeken.

Prijzen
Huisjes voor 480 euro
per twee pers. per nacht

Meer informatie
www.birdislandseychelles.com

Dominicaanse Republiek

Ga walvissen spotten in de Dominicaanse Republiek: van half januari tot half maart kan je in de baai tussen Samana en het vasteland de walvissen zien die zich hier voortplanten en er hun jongen baren. Bij marinebiologe Kim Beddall kan je speciale trips boeken om de dieren te zien én te horen. Door de trip bij haar te boeken weet je zeker dat je de walvissen niet stoort en de natuur respecteert: ze zorgt er bijvoorbeeld voor dat de boot nooit te dichtbij komt en geen geluidsoverlast veroorzaakt, of dat er te veel boten tegelijk op pad gaan.

www.whalesamana.com

Bulgarije

Voor een betaalbare wintersportvakantie is Bulgarije een aanrader. Aan de voet van het Pirin-gebergte in het zuidwesten van Bulgarije vind je bijvoorbeeld het stadje Bansko, dat met de komst van de splinternieuwe gondel een goede uitvalsbasis voor een skivakantie is geworden. Of Pampovoro, dat niet ver van de Griekse grens midden in het Rhodopen-gebergte ligt. De oudste en grootste wintersportplaats is Borrovets, in het Rila-gebergte, tussen eeuwenoude bossen.

www.balkanski.nl

Venezuela

De stad Mérida in de Andes in Venezuela is een perfecte startplaats voor tochten naar Los LLanos, een tropische moeras- en graslandvlakte waar je apen, anaconda's, krokodillen en rivierdolfijnen kan zien. Ook wordt de stad vaak als vertrekpunt genomen voor voettochten door een van de nationale parken, zoals het Guayabal National Park met zijn prachtige watervallen. Mérida zelf staat bekend als een gezellige studentenstad. Wie deze stad bezoekt moet zeker een tussenstop maken bij IJssalon Coromoto, waar je kan kiezen tussen een smaak of... 850!

www.andesholidays.com

Sri Lanka

Van alle heilige plekken in Sri Lanka is de Adams Peak, of de Sri Pada in het Singalees, een van de belangrijkste. De klim naar de top van deze ruim twee kilometer hoge berg is voor Boeddhisten in Sri Lanka een van de belangrijkste pelgrimstochten die zij kunnen maken. Elke dag beklimmen honderden pelgrims, van kleine kinderen tot hoogbejaarden, de talloze traptreden. Het gebruikelijkste vertrekpunt voor de klim is het dorp Dalhousie. Zorg dat je op tijd vertrekt, zo rond middernacht, zodat je vanaf de heilige top van de berg de zonsopkomst kan zien.

www.sripada.org

Antarctica

Een van mijn mooiste reizen ooit was naar Antarctica. Ooit wil ik nog een keer naar dit bevroren continent, maar dan met het schip 'Europa'. In 22 dagen vaar je van het Argentijnse Ushuaia naar het schiereiland van Antarctica en onderweg maak je diverse stops. De Europa maakt trouwens ook langere reizen, meestal aan het eind van het winterseizoen als het schip weer terug vaart naar Europa. Dan kan je bijvoorbeeld in 52 dagen van Antarctica, via de afgelegen eilanden South Georgia en Tristan da Cunha meevaren naar de Canarische Eilanden. Een reis om nooit meer te vergeten.

www.belugareizen.nl

02 februari

Februari is vernoemd naar Februus, de Romeinse god van de reiniging en van de dood | **In de jaartelling van de oude Romeinen kwam februari niet voor. Het jaar telde toen maar tien maanden** | Februari heeft 28 of 29 dagen; februari is een schrikkelmaand, die om de vier jaar één dag 'verspringt'| **4 februari is de Nationale Onafhankelijkheidsdag van Sri Lanka** | Februari is de maand van de zwarte geschiedenis in de Verenigde Staten en Canada. In deze maand worden allerlei evenementen georganiseerd, waarin de geschiedenis en de hedendaagse situatie van mensen met Afrikaanse roots centraal staan

Rusland

long trip

'Elfstedenkou op komst!' koppen de kranten aan het begin van het nieuwe jaar 2010. En inderdaad, na een paar dagen vriest het flink in ons kleine landje. Het duurt even, maar zelfs het meer voor mijn woonboot vriest dicht, zodat ik de schaatsen kan onderbinden, net als vorig jaar. Als ik 's nachts op de thermometer kijk, is het op een gegeven moment zelfs -8 °C. Een record, want in de negen jaar dat ik op de boot woon is het niet eerder zo koud geweest.

Ik bedenk dat dit voor mij nog maar het begin is. Mijn laatste trip voor 3 op Reis van dit televisieseizoen staat namelijk voor de deur en die brengt me naar een van de koudste streken op aarde: het hart van Siberië.

In oktober filmden we al in Jakoetsk, een plaats in Siberië die officieel wordt gezien als de koudste stad op aarde. Met temperaturen van rond de -5 °C was dat prima te doen; een dikke jas en muts bleken voldoende om de draaidagen goed te doorstaan. Omdat ik een seizoen lang voor 3 op Reis diverse plaatsen rond de poolcirkel bezocht, lijkt het me een goed plan om nu, in februari, nogmaals af te reizen naar Siberië. In Jakoetsk heb ik zo veel verhalen gehoord over hoe het is om in temperaturen van rond de -40 °C te leven, dat ik dit nu ook wel eens zelf aan den lijve wil ondervinden.

Als eerste pak ik de kaart van Rusland erbij om een geschikte locatie te vinden. Wat meteen opvalt is dat er in gigantische stukken van dit immense land eenvoudigweg geen dorpen of steden zijn. Rusland is veruit het grootste land op aarde, met een oppervlakte van meer dan zeventien miljoen vierkante kilometer. Het inwonersaantal bedraagt ruim honderdveertig miljoen; dit lijkt veel, maar bedenk dan dat alleen al in Nederland, dat ruim vierhonderd keer in Rusland past, zeventien miljoen mensen wonen.
Je kan Rusland grofweg in drie stukken opdelen. Het dichtbevolkte westen met grote steden als Moskou en Sint Petersburg, dat loopt tot aan het Oeralgebergte. Vanaf daar begint zo ongeveer Siberië met steden als Novosibirsk, Jakoetsk en Krasnojarsk, dat zich van het zuiden helemaal uitstrekt tot in het hoge noorden. Het derde en laatste deel is vervolgens niet heel groot: Ruslands 'verre oosten', dat alleen de strook land aan de Zee van Ochotsk omvat, met steden als Magadan en Vladivostok, en het schiereiland Kamtsjatka.
Aangezien een groot deel van de Siberische bevolking in het zuidwesten van Siberië woont, betekent dit dat overige stukken van dit enorme gebied bijna uitgestorven zijn. Neemt niet weg dat je in Siberië veel kleine dorpjes vindt, en een aantal grote steden met meer dan een miljoen inwoners. Maar desondanks is het gebied voor een groot deel gewoon leeg.
De grote steden in Siberië zijn middels één grote autoweg met elkaar verbonden, de zogenaamde trassa. Daarnaast heb je natuurlijk de grote spoorlijn die het oosten van het land met het westen verbindt: de beroemde trans-Siberische spoorlijn. Vanuit de grote steden zijn er wegen die afbuigen vanaf de trassa, of hoofdsnelweg, naar het noorden, maar die gaan niet veel verder dan zo'n vijftig graden noorderbreedte. Alleen de stad Jakoetsk, die redelijk dicht bij de poolcirkel ligt, is nog over de weg te bereiken. Andere dorpen en steden, zoals Dudinka en Norilsk, zijn alleen per vliegtuig of per boot bereikbaar.

Ik ben op zoek naar een plek waar ik de echte Siberische kou kan ervaren en mijn oog valt op het piepkleine stipje dat Tura aangeeft, in het hart van Siberië, niet ver van het echte geologische middelpunt van Rusland.
Het stadje (eigenlijk een te groot woord voor Tura, want er wonen slechts achtduizend mensen) ligt letterlijk in the middle of nowhere. Het is dan ook alleen per vliegtuig bereikbaar vanaf Krasnojarsk, een middelgrote stad die zo'n zestienhonderd kilometer zuidelijker

ligt. Elke dag vertrekt er een overjarig Antonov-vrachtvliegtuig naar deze plek, waar voorin een stuk of dertig stoelen zijn geplaatst voor passagiers. Die vluchten gaan het hele jaar door, behalve als de temperatuur zakt tot onder de -50 °C, en dat gebeurt vaker dan je denkt.
Om daadwerkelijk te kunnen filmen op zo'n koude plek moeten er natuurlijk technische voorbereidingen worden getroffen. De camera waarmee we 3 op Reis opnemen bevriest letterlijk bij temperaturen onder de -10 °C en daarom gaat er een polarhoes mee met warmtezakjes, waarin de camera warm blijft.

Rusland is veruit het grootste land op aarde, met een oppervlakte van meer dan zeventien miljoen vierkante kilometer en een inwonersaantal van ruim 140 miljoen

Het lijkt niet al te koud, maar na een kleine vijf minuten merk ik voor het eerst met welk weer we hier echt te maken hebben; onverbiddelijk sluipt de kou mijn botten in

Ook wij zelf moeten goed beschermd worden tegen de extreme temperaturen, dus halen we bij Bever Zwerfsport een dikke jas, vier lagen onderkleding, vier lagen handschoenen, gezichtsbescherming, twee skiebroeken en dikke Sorel-winterlaarzen; alles om maar warm te blijven.

Met twee tassen meer dan normaal sta ik uiteindelijk op Schiphol. Om kosten te besparen reis ik alleen met cameraman Naf en dat betekent iets harder aanpoten, alleen al door alle apparatuur die we constant moeten meeslepen.
De vlucht naar Moskou verloopt verre van soepel. Meteen na het opstijgen

wordt een vrouw onwel, die vervolgens zuurstof krijgt toegediend. Ook zit ik achter een krijsend kind, hebben we zware turbulentie en kan het toestel door de zware sneeuwval niet landen in Moskou, zodat we uitwijken naar het vliegveld van Sint Petersburg. In de aankomsthal daar is het een chaos en de enige Engelssprekende luchtvaartmedewerker heeft als enig advies dat we maar de trein moeten nemen. Een treinreis van zo'n tien uur, en dat is dus het laatste waar we op zitten te wachten.

Vier uur later kunnen we, na veel bloed, zweet en tranen, en de hulp vanuit Nederland van onze redder in nood, productieleider Olav, alsnog aan boord van een toestel naar Moskou en vervolgens door naar Krasnojarsk.

Het is al licht geworden als we de landing op Krasnojarsk inzetten. Onder me zie ik een totaal bevroren, heuvelig landschap dat bedekt is met een laag sneeuw.

In de aankomsthal maak ik een grote inschattingsfout: in plaats van dat ik meteen mijn warme spullen uit mijn tas haal en aantrek, stap ik gekleed in een spijkerbroek de taxi in. Een kwartiertje later zet de taxichauffeur, die geen woord Engels spreekt, zijn oude Toyota aan de kant van de weg met motorpech. En dat terwijl het buiten onder de -30 °C is. We stappen uit en aanvankelijk denk ik dat het wel meevalt. Het is helder weer en het lijkt niet al te koud, maar na een kleine vijf minuten merk ik voor het eerst met welk weer we hier echt te maken hebben; onverbiddelijk sluipt de kou mijn botten in, en het is een kou die ik zelden heb meegemaakt. Een soort onzichtbare kracht lijkt het, die het in tegenstelling tot hitte vooral gemunt heeft op de uitstekende delen van je lichaam: handen, voeten en gezicht. Mijn eerste les wat betreft de kou heb ik geleerd. Nooit en te nimmer moet je hier met maar één laag kleding aan naar buiten, al loop je maar even een klein stukje over straat. Er kan altijd iets gebeuren en dan bevries je al binnen een minuut of vijf. Met de grootste moeite trek ik vier lagen kleding aan en gelukkig arriveert niet veel later de vervangende auto die ons naar het centrum brengt.

De volgende morgen is het tijd om in Krasnojarsk rond te kijken. Dat is nu geen probleem, maar tot 1992 was het als buitenlander nog helemaal niet mogelijk om deze stad te bezoeken! De reden is dat op ongeveer honderd kilometer van deze plaats het project Krasnojarsk 26 ligt; een plutoniumfabriek, diep verborgen in een van de vele heuvels die je in dit gebied

vindt. In 1950 werd de fabriek gebouwd door gevangenen van het Stalinregime en tot op de dag van vandaag wordt er onder de strengste beveiliging gewerkt.
Naast deze installatie ligt een stad met meer dan honderdduizend inwoners die voor het grootste gedeelte in de ondersteunende functies werkzaam zijn. Nog steeds mag niemand dit district in de directe omgeving van de fabriek bezoeken, ook Russen zonder vergunning niet.
Krasnojarsk zelf is na de perestrojka, de hervormingen in Rusland in de jaren tachtig, wel opengesteld. De plaats ligt aan de rivier de Jenisej en heeft een aantal aardige gebouwen, maar echt mooi is het hier niet te noemen. Door de vele industrie, waaronder de grootste aluminiumfabriek van het land, is Krasnojarsk behoorlijk welvarend geworden en dat is er ook aan af te zien; er rijden heel wat dure auto's, er zijn een paar hippe cafés en het is op het oog een redelijk schone stad. Dat laatste is slechts schijn, want niet alleen staat Krasnojarsk in het rijtje van de tien rijkste steden van Rusland, de andere kant van de medaille is dat de stad ook bij de top tien van de meest vervuilde plekken hoort.

Zo werden afvalstoffen van Krasnojarsk 26 lange tijd geloosd in de rivier de Jenisej, en ook de aluminiumindustrie is tot op de dag van vandaag bijzonder vervuilend. De inwoners betalen dus een hoge prijs voor hun welvaart; de gemiddelde leeftijd van de mannen ligt hier niet hoger dan tweeënzestig jaar, veroorzaakt doordat velen van hen in de zware industrie werkzaam zijn.

Wij blijven hier twee dagen en in die tijd krijgen we een aardig beeld van de stad. Niet alleen van de vele fabrieken en industriële complexen, maar ook van de mooie kanten. Zo wandelen we rond in het Stolby Nationaal Park, waar je tachtig bijzondere rotsformaties vindt. We nemen een kijkje bij de beroemde kapel in het centrum, die afgebeeld staat op het biljet van tien roebel, en we gaan met de studente Olga mee naar haar datsja – een buitenhuisje dat veel Russen hebben. Daar maken we kennis met het Russische fenomeen banja; een sauna die tot recordhoogte wordt opgestookt, waarna je naakt in de sneeuw duikt. Fascinerend om binnen vijf minuten van 95 °C in de sauna naar -30 °C buiten in de sneeuw te gaan en te merken dat je lijf dit gewoon aankan!

Na drie dagen is het weer tijd om de tassen in te pakken en ons te melden op het vliegveld. Het toestel ziet eruit alsof het nog gebruikt is tijdens de Koude Oorlog en als we instappen vriest het erbinnen bijna net zo hard als buiten. Dit is de enige luchtvaartmaatschappij waarmee ik ooit gevlogen heb, waarvan de stewardessen bontjassen dragen. Na het opstijgen gaat de dame in kwestie rond met wat glaasjes

> Wijs geworden van mijn eerdere ervaring heb ik mijn complete uitrusting aangetrokken, maar nog sluipt de kou binnen een minuut mijn lichaam binnen en sta ik al snel te blauwbekken

limonade, waarna ze zich op een stoel bij de nooduitgang nestelt en bijna de rest van de vlucht zit te slapen. Een nooduitgang die trouwens geblokkeerd is door talloze koffers; vermoedelijk verwacht men hier een noodlanding toch niet te overleven. Twee uur later landen we godzijdank veilig en wel op de landingsstrip van Tura.

Het landschap is precies zoals ik me heb voorgesteld: lage glooiende heuvels bezaaid met dennenbomen, compleet bevroren en bedekt met een dikke laag sneeuw. De Evenk-regio, waar we nu zijn, is immens. Het gebied is net zo groot als Frankrijk, maar telt niet meer dan achttienduizend inwoners. Dat heeft vooral te maken met het klimaat, want 's winters is het hier gemiddeld -40 °C. Even heb ik nog het idee dat ik niet zo veel verschil zal voelen tussen de -30 °C van Krasnojarsk en de -40 °C hier, maar dit blijkt vijf seconden na het uitstappen al een volkomen foute veronderstelling want de kou slaat genadeloos toe. Wijs geworden van mijn eerdere ervaring heb ik mijn complete uitrusting aangetrokken, maar nog sluipt de kou binnen een minuut mijn lichaam binnen en sta ik al snel te blauwbekken. Ik heb drie paar handschoenen over elkaar aan, maar ondanks dat schieten de tranen in mijn ogen als ik onze kisten en tassen naar de auto sleep. Morgen maar een extra paar aandoen.
Na een rit van twintig minuten door de uitgestrekte wildernis zien we in de verte Tura opdoemen. Doordat de stad vlak bij de poolcirkel ligt, komt de zon er drie maanden niet boven de heuvels uit. Het valt me meteen op dat veel mensen nog in oude houten Siberische huizen wonen en niet in de Sovjet-huizenblokken die je overal in Rusland ziet; daar staan er hier

maar een paar van. Het dorp heeft verder een mooie, recent gebouwde kerk, een apotheek, een bank, een ziekenhuis en een aantal winkels, en dan heb je het zo ongeveer wel gehad.

Bij Tura komen twee rivieren samen: de Beneden Toengoeska en de Kotsjetsjoem. Bijna zes maanden per jaar zijn deze rivieren stijf bevroren en leggen ze er de zogenaamde 'winterweg' over aan; een rijstrook inclusief verkeersborden die de hele winter sneeuwvrij wordt gehouden zodat de bevolking per auto en vrachtwagen naar andere, compleet geïsoleerde dorpen kan reizen. Je kan zelfs het hele eind naar Krasnojarsk, zo'n tweeduizend kilometer, afleggen via alle omwegen over de rivier. Dit mag alleen in konvooi omdat je anders bij eventuele pech volledig op jezelf aangewezen bent en gemakkelijk dood kan vriezen.

Grote vraag is natuurlijk hoe mensen het hier in vredesnaam kunnen uithouden in deze barre omstandigheden? Het antwoord is simpel: men gaat gewoon zo weinig mogelijk naar buiten. Het leven speelt zich hier in de winter grotendeels binnen af en aangezien de huizen over het algemeen bloedheet worden gestookt, is dat goed te doen. Moet je toch naar buiten, voor je werk of voor een boodschap, dan doe je dat zo snel mogelijk en het liefst met de auto. Die laat men ook de hele dag stationair draaien: als je hem uit zou zetten, zou hij binnen een paar uur bevriezen. 's Nachts staan de auto's in de garage en als je die niet hebt, kan je je auto simpelweg de hele winter niet gebruiken.
We slapen in het enige hotel van de stad, een verrassend goed en modern hotel (voor Siberische begrippen) met twaalf kamers. Eten doe je ook daar, omdat er verder in heel Tura maar één restaurant te vinden is dat slechts open is voor speciale gelegenheden, zoals een huwelijk. Niemand spreekt Engels, maar gelukkig hebben we onze gids Ludmilla uit Krasnojarsk meegenomen, die ons veel kan vertellen en alles voor ons vertaalt. Er werken in het hotel alleen maar vrouwen, van wie eentje eruitziet alsof ze zo uit het nachtleven van Moskou gestapt is. Het blijkt dat ze, zoals velen in Tura, hier niet vandaan komt. Ze komt uit het zuidwesten van Rusland en verblijft hier alleen om in een paar jaar veel geld te verdienen waarmee ze dan een eigen flatje in haar oorspronkelijke woonplaats kan kopen. Het noorden van Siberië is altijd al een plek geweest waar de salarissen veel hoger liggen dan in de rest van Rusland, juist door de barre omstandigheden.

Ondanks al deze import-Russen is dit het gebied van de Evenken, de oorspronkelijke nomadenbevolking. Je herkent ze op straat duidelijk, omdat ze veel meer Aziatische trekken hebben en zo door kunnen gaan voor bewoners van bijvoorbeeld Mongolië. De Evenken leefden zoals zo veel nomadenvolkeren; in kleine groepen trokken ze met hun rendierkuddes door Rusland, 's zomers in het noorden en als dit te koud werd, trok men verder naar het zuiden. Men sliep in tenten die snel op- en afgebouwd konden worden om zo altijd met de seizoenen mee te kunnen reizen. Heel bijzonder was onder meer de kleding van de Evenken: in de zomer droegen ze kleurige jassen en jurken die versierd waren met kralen, en in de winter hadden ze dikke jassen van rendierhuid aan om de barre kou te weerstaan. Eeuwenlang leefden de Evenken ongestoord in dit gebied, waarbij ze zich op wonderbaarlijke wijze wisten aan te passen aan de extreme omstandigheden. Maar aan die levensstijl kwam voor velen van hen een einde in de jaren twintig van de vorige eeuw, met de stichting van Tura. De plaats werd gebouwd in 1927, een paar jaar na de oprichting van de Sovjet-Unie, met één belangrijk doel: controle krijgen over de Evenken, die tot dan toe door niemand bestuurd werden. Dit gebeurde trouwens overal in het noorden van Rusland, omdat de leiders van de Sovjet-Unie de diverse volkeren in dit immense gebied wilden overheersen.

Vanaf het moment dat de Russen Tura bouwden, werden de Evenken aangemoedigd hun kinderen naar school te sturen en hun oude levensstijl los te laten. De definitieve omslag kwam toen de kinderen, die vanaf dat moment onderwijs kregen, als ze wat ouder waren niet langer kozen voor een leven als rendierhoeder,

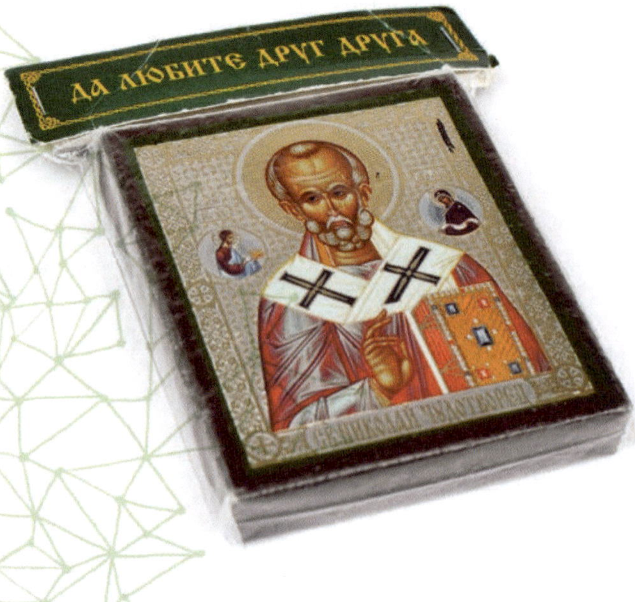

maar het leven in de stad verkozen, met een baan in de industrie of bij de overheid.
Zo verdween de nomadencultuur en maakten de tenten plaats voor houten huizen, in Tura maar ook in de kleine dorpjes die in het weidse gebied ontstonden. Tegenwoordig wonen er 3800 Evenken in deze streek, ongeveer 18% van de bevolking.
Als je in Tura over straat loopt, is er op het eerste gezicht niet veel te merken van de Evenken-invloed, maar als je er wat langer bent zie je het wel degelijk. Zo zijn er Evenken die nog traditionele kleding dragen, bijvoorbeeld rendierlaarzen versierd met kralen en kleurige shawls. Ook wordt er op de enige school die het dorp telt, lesgegeven in de oude Evenken-taal en leren de scholieren hoe je de traditionele kleding maakt.

Omdat het redelijk zeldzaam is dat er een filmploeg langskomt en al helemaal één van buiten Rusland, is er voor de dagen dat wij er zijn een heel dagprogramma samengesteld.
We bezoeken achtereenvolgens de gouverneur van het gebied, een cultureel jeugdcentrum, een fabriek waar rendiervlees verwerkt wordt, een bedrijf dat handelt in sabelbont, een pleegmoeder met zes pleegkinderen, een lokale schrijfster die alles weet van de traditionele kunstpatronen, een bejaardenhuis, en nogmaals een bestuurder die we ook weer braaf een handje geven. Overal worden we ontvangen door mensen die ons vriendelijk thee met koekjes en snoep aanbieden en telkens weer haal ik een Delfts blauw bordje of klompje tevoorschijn als cadeautje.

Overal worden we ontvangen door mensen die ons vriendelijk thee met koekjes en snoep aanbieden en telkens weer haal ik een Delfts blauw bordje of klompje tevoorschijn als cadeautje

Na twee dagen ben ik tureluurs van al die bezoekjes en is het tijd om de mensen voorzichtig duidelijk te maken dat ik nu heel graag gewoon bij iemand thuis zou willen filmen, het liefst bij een Evenk die hier al zijn hele leven woont. Gelukkig kan dat geregeld worden en dus klimmen we de volgende morgen op een sneeuwscooter om de rivier af te rijden richting de hut van Wasili. Die manier van vervoer klinkt overigens leuker dan het is. Bij -40 °C is het sowieso moeilijk om warm te blijven, maar op de scooter geeft de wind je een extra 'chill factor' zodat het een ondraaglijke -55 °C wordt. Uiteindelijk draag ik twee gezichtsmaskers, om mijn neus niet te verliezen, en zeven broeklagen en zo arriveren we, alsnog geheel verkleumd, bij Wasili.

Wasili is een prachtig type: hij draagt een dikke hoornen bril, heeft een verweerd bruin gezicht, vriendelijke ogen en een groot gehoorapparaat in. Desondanks buigt hij constant voorover om je te kunnen verstaan. Door zijn kleding ziet hij eruit alsof hij een weekend gaat jagen in de Ardennen; een dunne legerbroek, iets dikkere groene legerjas, dunne gebreide handschoenen en een paar stevige laarzen.

Doordeweeks woont hij samen met zijn vrouw in een huis in Tura, maar elk weekend vertrekt hij met haar naar zijn houten blokhut aan de rivier, waar hij alles heeft waar hij van houdt. Netten om te vissen in de zomer, vallen om kleine dieren te vangen, een jachtgeweer voor de jacht op onder meer vossen, en een echte Russische banja waar hij kan opwarmen als het te koud wordt.

Als zeventienjarige koos hij ervoor bouwvakker te worden, onder druk van de Sovjet-mentaliteit die op zijn school heerste. Diep in zijn hart heeft hij die beslissing altijd betreurd, want hij is een echte Evenk, die het liefste in volledige vrijheid leeft. We worden welkom geheten in het kleine houten hutje dat bloedheet gestookt is met een grote houtkachel. Op tafel staat de lunch al uitgestald: een stoofpot van rendiervlees, dikke plakken bruin brood, augurken en uien in het zuur, gekookt rendierhart ('vol vitamine C' en met de bijnaam 'chocolade', omdat het vlees op je tong smelt, aldus Wasili), een grote schaal met wilde bessen en de onvermijdelijke fles wodka. We eten de hele middag uitgebreid terwijl Wasili ons vertelt over zijn leven en de liefde voor de natuur. Dit voelt als het echte Siberische leven en we krijgen hier in de hut een heel klein beetje een idee van hoe het er dagelijks aan toe gaat.

Het is al bijna donker als we teruglopen naar de rivier en ik vraag Wasili of het hem ook wel eens te veel wordt, die kou. Lachend zegt hij dat -40 °C voor hem prima te doen is. Pas bij -60 °C krijgt hij het zwaarder. Dan worden 'gewone zaken' als houthakken en jagen wel erg moeilijk. Maar dat weerhoudt hem er niet van toch naar buiten te gaan, want hij wil niets liever dan jagen en vissen.

Het is allerminst zeker dat Wasili het leven waar hij zo van houdt in de toekomst kan voortzetten, en dat geldt voor alle inwoners van Tura.
De Russische regering heeft namelijk plannen ontwikkeld om in de rivier bij Tura een gigantische waterkrachtcentrale aan te leggen. Dat zou betekenen dat dit dorp en een groot gebied eromheen volledig onder water komen te staan.
En dat is niet de enige bedreiging. De laatste tijd is er steeds meer interesse vanuit het Westen voor dit gebied, omdat men vermoedt dat er grote olievelden te vinden zijn. In 2009 is het eerste olieveld in de regio al geopend, op zo'n driehonderdvijftig kilometer van het dorp. Terwijl we terugrijden naar Tura bedenk ik hoe wrang dit is. Eeuwenlang heeft men weten te overleven in dit land, dat eigenlijk niet bestemd is voor mensen, zonder hulp van buitenaf. En nadat men al zo veel van de identiteit heeft moeten inleveren na de komst van de Sovjet-overheersing, dreigt Tura nu helemaal van de kaart te verdwijnen. De toekomst zal leren of dat ook daadwerkelijk zal gebeuren...

Meer informatie

Beste reistijd
Mei tot september. Als je voor de kou komt, zoals ik, de periode december tot en met februari.

Stolby Nationaal Park
www.stolby.ru

Tiara Tours
www.tiaratours.nl

Carnaval de Barranquilla

festival

Meer informatie
www.carnavaldebarranquilla.net
www.carnivalbarranquilla.com

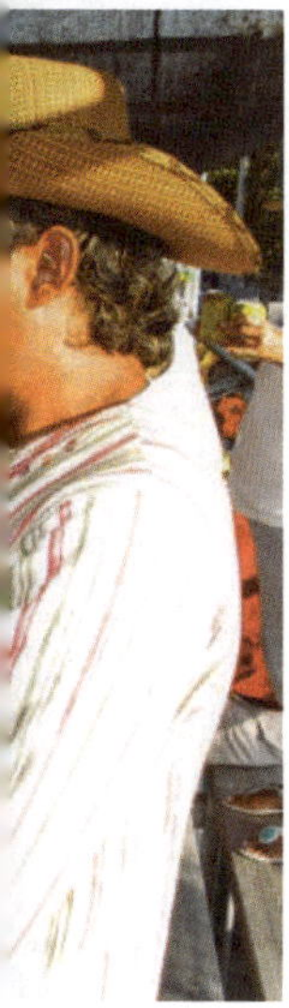

Carnaval en Brazilië horen bij elkaar, dat is een ding dat zeker is. Maar Brazilië is niet de enige plek in Zuid-Amerika waar je kan feesten tot je erbij neervalt en je je kan verbazen over prachtige optochten en danseressen. Er zijn heel wat meer steden waar het volledig los gaat tijdens het carnaval.

Barranquilla is zo'n plek, een stad in Noord-Colombia met ruim één miljoen inwoners. Onbekend voor bijna iedereen, maar wel de geboorteplaats van een van de bekendste sterren van Zuid-Amerika: Isabel Mebarak Ripoll, oftewel Shakira.
Barranquilla ligt aan de rivier de Magdalena, niet ver van de Caribische zee en heeft de grootste haven van Colombia.
Een keer per jaar stopt alle bedrijvigheid en gaat het dak eraf tijdens het grootste carnaval van heel Colombia (en op Rio de Janeiro na het grootste van heel Zuid-Amerika). Dit feest is zo bijzonder dat het zelfs op de lijst van meesterwerken van het 'orale en immateriële erfgoed van de mensheid' staat, een register dat dans- en zangtradities over de hele wereld beschermt.
Al vanaf half januari is er elk weekend voorpret. Echt los gaat het pas tijdens het officiële carnaval, dat vier dagen duurt. Dit carnaval is een overweldigende mix van verschillende culturen, kleurige parades, oude Colombiaanse dansen en gezang en feesten door de hele stad.

Hoogtepunt op zaterdag is de Batalla de las Flores (het gevecht van de bloemen), een indrukwekkende en meeslepende parade van praalwagens. Met de koningin van het carnaval als belangrijk middelpunt, die gevolgd wordt door kleurig uitgedoste dansgroepen met ontelbare mooie vrouwen. Op zondag trekt El Desfile de la Gran Parada over de belangrijkste weg van de stad en zie je vooral veel traditionele folkbands en dansers die een prachtig beeld geven van het echte Colombia.
De derde dag is gevuld met nog meer parades en feesten, waarbij iedereen doordanst tot de volgende morgen. Op de laatste avond wordt 'Joselito Carnaval' symbolisch begraven. Een figuur die staat voor vrolijkheid en feestelijkheid 'sterft' na vier dagen feesten. Dan begint het normale leven in Barranquilla weer, maar telt iedereen wel stiekem af tot het opnieuw half januari is.

februari

KOREAN AIR
Economy Class
Boarding Pass 193
DESSING/FLOORTJ
SEOUL
PARIS
Royal Dutch Airlines
12F
SILVER - ELITE
DEPARTURE TIME:14.00
NATIONALITY:
Boarding Pass
KLM Ground Services
DESSING/FLOORTJE
CABINE NON FUMEUR
MADRID 2
IBIZA
UX 6127 Y 28SEP 2030
19H45
21F
AIR FRANCE
KLM
DESSING/FLOORTJEM
DUBAI
TERMINAL: 1
LONDON
TERMINAL: 3
COPENHAGEN
KL 1125 M
Scandinavian Airlines
Carte d'accès à bord
Boarding pass
DESSING
CABINE NON FUMEUR
CHARLES DE G 2
SEYCHELLES
Y 06SEP 19H30
18H45
15C
ECONOMY
SA 357
JOHANNESB
CAPETOWN
Y 10JUN
1630
22C
www.flysaa.com
SR 784
ZURICH
AMSTERDAM
Y 05AUG2010
ECONOMY
Boarding pass
DESSING/FMRS
ETKT
AirEuropa
BOARDING PASS
VARIG
MP122
Y 17APR
0805
42A

Goedkope tickets

Een goedkoop vliegticket vinden is niet altijd even makkelijk. Als je niet zoveel vliegt en je gaat op zoek naar een goedkoop ticket, kan je soms door de bomen het bos niet meer zien, want er zijn zo veel prijzen en zo veel aanbieders. Ticketprijzen zijn nogal variabel en vaak hebben passagiers op een en dezelfde vlucht totaal verschillende tarieven betaald.

Toch is het niet al te moeilijk om geld te besparen op je volgende reis, mits je voor het boeken van je ticket even de tijd neemt. Eén ding is zeker: hoe flexibeler je bent qua reisplannen, hoe goedkoper. Je kan dan namelijk de meest voordelige dag om te vliegen uitzoeken, of bijvoorbeeld uitwijken naar een goedkopere (kleinere) luchthaven in de buurt van je vertrek- en/of aankomstpunt. En daarvoor moet je even zoeken. Het handigste is om dat via het internet te doen. Bij deze een lijstje van mijn eigen tips, vergaard na nachtenlange sessies op het internet, om een zo gunstig mogelijk tarief te vinden:

01. Eerder boeken betekent minder betalen, al gaat dit niet altijd op. Soms veranderen de tarieven per dag, vooral bij low cost-maatschappijen. Ook bij traditionele maatschappijen kunnen tickets enkele weken voor vertrek opeens goedkoper worden. Check dus regelmatig de tarieven, maar wacht ook weer niet tot het laatste moment want luchtvaartmaatschappijen verdienen juist veel aan last minute-boekingen van mensen die geen keus hebben om wat voor reden dan ook.

02. Kijk goed naar de voorwaarden voor je boekt. Met een goedkoop ticket kan je bijna niets wijzigen. Als je je vlucht bijvoorbeeld mist of je kan die dag niet vertrekken, moet je een nieuw ticket kopen. Dit geldt ook voor de goedkope tickets van grote maatschappijen als de KLM.

03. Hoe duurder het ticket, hoe meer flexibiliteit. Bij de KLM kan je kiezen voor de optie 'andere tariefklasse'. Je betaalt meer, maar je bent wel flexibeler in het wijzigen van je ticket. Handig als je voor je werk veel reist en nogal eens je schema moet omgooien (en je spaart ook dubbele Air Miles).

04. Let op de extra kosten. Bij sommige low cost-maatschappijen betaal je extra voor je bagage, voor eten en drinken aan boord en voor het meenemen van sportattributen zoals surfplanken en golftassen. Dit kan aardig oplopen.

05. Budget vliegmaatschappijen zijn niet altijd goedkoper dan de grote luchtvaartbedrijven, vooral niet als je kort van tevoren boekt. Check de prijzen op vergelijkingssites als

www.skyscanner.nl
www.prijsvergelijk.nl
www.farecompany.com
www.kayak.com
www.orbitz.com

06. Vluchten van en naar regionale vliegvelden zijn soms goedkoper omdat je daar minder luchthavenbelasting betaalt. Check bijvoorbeeld qua vertrek de prijzen vanaf regionale luchthavens in Duitsland of België. Je kan er ook vaak voordelig parkeren, er zijn kortere wachttijden en je kan sneller boarden. Dat geldt ook voor de plek waar je heen wilt: veel grote steden hebben meerdere luchthavens die soms voordeliger zijn, zoals Girona in de buurt van Barcelona.
Let wel op de extra kosten die een verder weg gelegen luchthaven met zich meebrengt; je moet er met eigen vervoer naartoe en/of arriveert verder van je eindbestemming. Nadeel is ook dat het vaak charters of budgetmaatschappijen betreft die soms op 'goedkopere' tijden vertrekken, zoals 's morgens vroeg of 's avonds laat.

07. Sommige regio's, landen of zelfs delen van de wereld zijn altijd prijzig. Een goed voorbeeld daarvan is Afrika. Omdat het aanbod niet al te groot is en er relatief veel zakenverkeer is in verhouding tot het toeristische deel, betaal je daar vaak hogere tarieven. Andere relatief dure vakantiebestemmingen zijn onder

andere de Malediven, de Seychellen, Mauritius, delen van het Caribisch gebied en de eilanden in de Stille Zuidzee, zoals Paaseiland en Tahiti.
Ook niet goedkoop zijn moeilijk bereikbare bestemmingen ver van de bewoonde wereld, bijvoorbeeld het noorden van Rusland, Canada en Alaska, Groenland en andere koude gebieden, onder andere omdat het veel geld kost om de kerosine erheen te vervoeren. Daarnaast is er vrijwel geen concurrentie van andere maatschappijen.
De duurste bestemming op aarde, voor zover ik heb kunnen achterhalen, is trouwens South Pole Station, het vliegveld op de Zuidpool, waar je alleen met een charter vanaf Punta Arenas in Chili kan komen. Kosten: 38.950 euro per persoon (maar daarvoor mag je wel vijfentwintig kilo extra bagage meenemen).

08. Let op de aanbiedingen van luchtvaartmaatschappijen. Geef jezelf op voor de e-mailnieuwsbrief, want dan ontvang je de scherpste aanbiedingen. Dat doe je door naar hun website te gaan en daar jezelf aan te melden, iets wat je ook elk moment weer ongedaan kan maken.

09. Op internet je ticket boeken is over het algemeen goedkoper dan telefonisch of via het reisbureau, maar let op de extra kosten. Grote online-ticketbureaus geven je een bepaald tarief, maar doen daar voor je gaat afrekenen nog een extra bedrag bovenop. Daar hebben ze vaak vage termen voor als ‘service tax’ of ‘afhandelingkosten’, maar in feite gaat het om de winst die ze zelf maken op het ticket.

10. Vliegen rond grote feestdagen als Kerstmis of oud en nieuw is bijzonder prijzig. Maar op de dag zelf, bijvoorbeeld op 25 december, is het weer veel goedkoper omdat niemand dan wil vliegen.

11. Volgens experts is woensdag de beste dag in de week om een ticket te boeken. Dat heeft ermee te maken dat op vrijdag de nieuwe ticketprijzen worden vastgesteld door de grote maatschappijen, waarna de kleinere volgen in de dagen erna. In de nacht van dinsdag op woensdag, om één uur, zijn de prijzen uiteindelijk het meest voordelig.
De minst gunstige tijd om een ticket te boeken is overigens in het weekend.

12. Qua reisdagen zijn de dinsdag en de donderdag de goedkoopste dagen (vaak moet er dan wel een zaterdag binnen je reis vallen), omdat dan de minste mensen onderweg zijn.

13. Voor Europa geldt: ochtendvluchten aan het begin van de week zijn relatief prijzig omdat dan veel zakenmensen vliegen (bijvoorbeeld naar Londen of Barcelona). Ook is het vaak duurder om aan het eind van de dag weer terug te vliegen, en helemaal aan het eind van de week.

14. Vergeet niet je vlucht te compenseren qua CO_2-uitstoot. Dat kan bij de meeste maatschappijen heel gemakkelijk met je creditcard. Dit kost je niet veel; de compensatie voor een ticket Amsterdam-San Francisco is nog geen twintig euro. Maar daarmee doe je wel iets terug als het gaat om de uitstoot van CO_2 die je vlucht veroorzaakt.
www.greenseat.nl

Londen

short trip

De laatste jaren wordt het steeds populairder om, als je een weekendje weg wil, een stedentrip naar een bijzondere stad te maken, zoals Nantes in Frankrijk, Warschau in Polen of plaatsen in de Balkan als Zagreb en Ljubljana. En wat te denken van Glasgow en Dublin? Door de vele budgetvliegmaatschappijen zijn deze steden steeds makkelijker te bereiken.

Toch kiezen de meeste mensen nog altijd graag voor klassiekers als Parijs, Barcelona, Berlijn en natuurlijk... Londen.
Het moet gezegd worden: die steden gaan nooit vervelen. Londen is zo'n stad die je duizend keer kunt bezoeken en waar je toch iedere keer iets nieuws ontdekt.

Dat is ook niet zo verwonderlijk aangezien hier meer dan 7,5 miljoen mensen wonen, bijna de helft van Nederland. De stad is, naast het politieke, economische en culturele centrum van het Verenigd Koninkrijk, ook nog een van de vier traditionele alfa-wereldsteden (meest belangrijke steden op aarde) waar verder Parijs, Tokio en New York bij horen. Door de jaren heen is de stad als een inktvlek alle kanten op gegroeid, waarbij zij diverse stadjes en dorpen heeft opgeslokt. Londen is dan ook één grote verzameling van buurten, waarvan de meeste mensen alleen de belangrijkste in het centrum kennen, zoals Covent Garden, Soho, Chelsea en Notting Hill. In veel wereldsteden zijn bezoekers en inwoners regelmatig op zoek naar nieuwe plekken waar 'het gebeurt'. Vaak zijn bestaande wijken te duur geworden en verhuizen hippe restaurants, winkels en hotels naar onbekendere buurten, die voorheen door iedereen over het hoofd werden gezien.

East End is zo'n wijk; voor velen alleen bekend als de plek waar de langstlopende soap van Engeland zich afspeelt, East Enders. De wijk ligt, zoals de naam al zegt, ten oosten van het oude ommuurde district City of London en ten noorden van de rivier de Theems.
East End groeide vooral in de negentiende eeuw, toen de stad Londen uit haar voegen barstte en vooral de armen zich er vestigden. Al snel kwam de buurt dan ook bekend te staan als een arme, overbevolkte plek die zuchtte onder talloze epidemieën en zware criminaliteit.
East End werd pas echt wereldberoemd, in negatieve zin, omdat seriemoordenaar Jack the Ripper hier in 1888 vijf vrouwen vermoordde. Mary Kelly, zijn laatste slachtoffer, was klant van The Ten Bells,

aan Commercial Street. Een pub die je nog steeds kunt bezoeken en waar je niet alleen veel krakende tafels, maar ook veel Jack the Ripper-memorabilia vindt.

In de twintigste eeuw breidde de wijk zich verder uit met een grote instroom van immigranten, onder wie veel Ieren en Aziaten. East End bleef bekend als de buurt waar armoede een gezicht kreeg in het welvarende Verenigd Koninkrijk. Het was de wijk met bijna het hoogste percentage werklozen, criminaliteit en sociale woningbouw.

Begin jaren tachtig van de vorige eeuw begon East End langzaam te veranderen met de bouw van Canary Wharf. Een groot project op het eiland Isle of Dogs, waarbij oude flats tegen de grond gingen en plaatsmaakten voor dure woningen en appartementen.

Door de jaren heen is de stad als een inktvlek alle kanten op gegroeid, waarbij hij diverse stadjes en dorpen heeft opgeslokt

Langzaam trokken de hippere figuren uit het centrum naar East End, aangetrokken door de lage huizenprijzen. Ook kunstenaars ontdekten het gebied en vestigden zich vooral in de buurt rond Hoxton Square. Toen ook het beroemde kunstenaarsduo Gilbert & George zich er begin jaren tachtig vestigde, was de artiestenreputatie van de wijk helemaal gevestigd. Tegenwoordig is het gebied rond Hoxton Square een centrum voor moderne Britse kunst met onder andere de bekende White Cube Gallery, waar de kunstenaar Damien Hirst exposeerde.
In navolging van deze ontwikkelingen volgden al snel nachtclubs, bars en restaurants. Het is nu een plek waar je gezien mag worden. Ook celebs hebben de wijk ontdekt, zo heeft onder meer zangeres Amy Winehouse er een huis.
In de komende jaren zal deze buurt in de schijnwerpers komen te staan tijdens de Olympische Zomerspelen van 2012. Op deze plaats legt men namelijk het Olympic Park met een groot stadion aan, bij de rivier Lee. Dat neemt niet weg dat East End nog steeds tot een van de armste wijken van Londen behoort en dat er nog een lange weg te gaan is voor veel van haar inwoners.

Wil je East End bezoeken, vlieg dan vanuit Nederland naar London City; veruit de makkelijkste manier om naar Londen te reizen. In nog geen kwartier ben je met de metro in het centrum of in East End. Het beste kan je naar het deel Shoreditch gaan, daar is het meeste te beleven. Wat overnachten betreft zit je hier ook goed, want er zijn aardig wat fijne hotels. Een plek die bijzonder aan te raden is, is het Hoxton Hotel in het hart

van het uitgaansgebied. Prachtige kamers, een goede bar en, heel belangrijk, zeer betaalbaar (ze hebben zelfs een actie waarbij kamers voor 1 pond per nacht worden 'geveild', check de website voor meer info).
Vind je dit designhotel toch te duur, dan kan je in een easyHotel slapen, met kamers vanaf 25 pond per nacht. Net zoals bij luchtvaartmaatschappij easyJet is het er heel basic, maar je hebt wel een schoon bed in het centrum van Londen. Ben je iemand die ervan houdt er een beetje goed uit te zien, zorg dan dat je de juiste outfits bij je hebt, want in Shoreditch ben je al heel snel underdressed. Loop je hier rond, dan verbaas je je over de grote hoeveelheid goedgeklede mensen, die er bijna allemaal uitzien alsof ze zo van een fotoshoot komen. Wil je een goede outfit ter plekke aanschaffen, dan kan je onder andere terecht in Cheshire Street, Een kleinezijstraat van Brick Lane, waar een paar leuke winkeltjes zitten, waaronder Beyond Retro.
Qua eten en drinken is er heel veel keuze. Ga bijvoorbeeld naar Brick Lane voor een van de talloze Indiase restaurants (wist je trouwens dat niet fish and chips, maar chicken tikka masala het populairste gerecht van Engeland is?). Het gebied rond deze straat heet Banglatown. Bij de ingang van de straat is, net als bij Chinatown, zelfs een heuse poort opgetrokken die aangeeft dat men vanaf hier in een andere wereld terechtkomt.

Met je nieuwe disco-outfit meld je je vanaf negen uur 's avonds bij de rollerdisco, waarna je helemaal los kan gaan op oude discostampers

In Brick Lane, die traditioneel door veel Indiërs, Pakistanen en Bengalen bewoond wordt, vind je de beste curry's van de hele stad. Om de hoek en op loopafstand van het Hoxton Hotel zit ook een goede pizzeria, Pizza East. Drankjes kan je onder meer bestellen in de Truman Brewery, een oude bierbrouwerij die is omgebouwd tot een uitgaanscomplex met winkels, bars en restaurants. 's Avonds is het er afgeladen en tot laat blijft iedereen hier hangen om te eten en te drinken.

Nog een leuk restaurant annex bar is de Vibe Bar, aan Brick Lane, iets voorbij de Truman Brewery. Er staan allemaal lange tafels buiten, er wordt regelmatig een barbecue aangestoken en ieder weekend is er een dj. De weekends in de Vibe Bar zijn doorgaans erg druk. Veel Engelsen gaan hier op vrijdag na het werk rechtstreeks naartoe om het weekend in te luiden.

Een enorme hype is tegenwoordig de rollerdisco, die niet al te ver van East End ligt. Er zijn meerdere rollerdisco's in Londen, maar de leukste ligt in Vauxhall, in de Renaissance Rooms (de drukste dagen zijn vrijdag en zaterdag). Om daar in stijl naartoe te gaan bezoek je eerst de Spitalfield-markt waar je veel vintage kleding vindt. Deze markt is voornamelijk op zondag erg populair en naast kleding tref je er ook kunst, antiek en biologische voeding aan. Met je nieuwe disco-outfit meld je je vanaf negen uur 's avonds bij de rollerdisco, waarna je helemaal los kan gaan op oude discostampers.

East End is te groot om in één weekend te kunnen bekijken. Maar ben je nog nooit in Londen geweest en van plan erheen te gaan, sla deze wijk dan in ieder geval niet over. Boek hier een hotel en je zal er geen spijt van krijgen...

Meer informatie

Beste reistijd
Groot-Brittannië is door het natte klimaat het populairst in het voorjaar en in de zomer. Maar een stad als Londen kan je het hele jaar bezoeken.

Beyond Retro
www.beyondretro.com

Easy hotel
www.easyhotel.com

Hoxton hotel
www.hoxtonhotels.com

Info East End
www.visitlondon.com
www.newsweek.com

Pizza East
www.pizzaeast.com

Rollerdisco
www.rollerdisco.com

Spitalfield Market
www.visitspitalfields.com

The Ten Bells
84 Commercial Street, London

Truman Brewery
www.trumanbrewery.com

Vibe Bar
ww.vibe-bar.co.uk

White Cube Gallery
www.whitecube.com

Lakaz Chamarel

hotel

Sinds ik vier jaar geleden mijn eerste kite opliet op het strand van Muiderberg ben ik verkocht. Het kost even wat moeite om te leren kitesurfen, maar als je eenmaal de slag te pakken hebt, is het een geweldige sport.

Elke keer als ik in de zomer aan het werk ben op kantoor en er wind voorspeld wordt, betrap ik mezelf erop dat ik om de zo veel tijd naar de bomen gluur om te zien of de toppen al heen en weer zwiepen. Is het eenmaal zover, dan spring ik zo snel mogelijk de auto in en rij met mijn spullen naar het dichtstbijzijnde strand. Met een beetje geluk hang ik twintig minuten later onder mijn kite op mijn board.
Helemaal leuk is het om in het buitenland te kiten. Een aantal spots is uitermate geliefd bij kiters, omdat de wind er altijd goed is, het weer prettig en de omgeving prachtig. Mauritius is zo'n bestemming en tijdens het seizoen komen hier heel wat surfers om op een van de vele stranden hun kite op te laten. En dan moet je natuurlijk ook ergens overnachten!

Voor veel mensen is Mauritius een bestemming om te bezoeken tijdens een huwelijksreis en daarom vind je overal langs de kust grote resorts waar vooral stellen hun vakantie doorbrengen.
Dit klinkt best oké, maar zelf vind ik het altijd jammer om in een groot,

onpersoonlijk hotel te verblijven. Leuker is het om kleine designhotels te vinden die in handen zijn van lokale ondernemers. Lakaz Chamarel is er zo één. Dit kleinschalige resort vind ik na lang zoeken op een site met kleine hotels op Mauritius. De foto's zien er zo prachtig uit dat ik op goed geluk een week boek. In werkelijkheid is het nog veel mooier dan ik heb durven dromen.
Lakaz Chamarel ligt in een kleine tropische vallei, niet ver van een van de mooiste kitespots op de uiterst zuidwestelijke punt van het eiland. Het Black River Gorges Natural Park en een aantal prachtige stranden liggen nabij, dus hou je helemaal niet van kiten, dan zijn er talloze andere mogelijkheden om je te vermaken.
In het hoofdgebouw vind je naast de receptie een restaurant en een bibliotheek, allemaal prachtig ingericht. Op het terrein ligt tussen de tropische planten een spa waar je goede massages kan krijgen en diverse andere schoonheidsbehandelingen.
De keuken is erg goed en elke dag eet je andere specialiteiten, zo veel mogelijk van lokale, biologische seizoensproducten die de kok diezelfde morgen heeft ingekocht op de markt.
De twaalf huizen staan verspreid over een groot terrein waar je ook twee zwembaden en een natuurlijke vijver vindt. Ze hebben ieder een eigen stijl en zijn stuk voor stuk prachtig ingericht. Boek je een suite (een grote bungalow), dan heb je zelfs je privé-dompelbad.
Ik heb er in ieder geval een onvergetelijke week: elke morgen wakker worden en de papegaaien horen schreeuwen, ontbijten met vers fruit op de veranda, overdag kitesurfen, 's avonds uitgebreid dineren en voor het slapengaan nog even ronddobberen in het zwembad, terwijl boven je miljoenen sterren schitteren waarvan er af en toe eentje naar beneden valt...

Prijs
Kamers vanaf 157 euro voor 2 pers. incl. diner
Suites vanaf 240 euro voor 2 pers. incl. diner

Meer informatie
www.lakazchamarel.com

Brazilië

Ga in februari naar Brazilië en stort je in het grootste straatfeest van de wereld: het carnaval van Salvador de Bahia. Een week lang draait alles hier om dansen, geluk, lachen, muziek en liefde. De Brazilianen op hun best, en dat delen ze graag met iedereen die van feesten houdt. Je kan bepaalde T-shirts kopen waarmee je een plekje krijgt op een paradewagen, de zogenaamde bloco, een balkonnetje huren of in de springende massa staan, die de Brazilianen heel toepasselijk pipoca, popcorn, noemen.

www.salvadordebahia.net

Cambodja

In Cambodja vind je het hindoeïstische tempelcomplex Angkor Wat, gebouwd tussen 1113 en 1145. In de vijftiende eeuw werd Angkor Wat door de Siamezen veroverd, en het tempelcomplex werd verlaten en overwoekerd door het oerwoud. Pas rond 1900 werd het opnieuw ontdekt door een Franse expeditie. Nu staat het hele complex op de UNESCO Werelderfgoedlijst en kun je er een brommer of fiets huren - met of zonder gids - en er dagen rondzwerven.

www.angkorwhat.net

Maine

Ga skiën in dit deel van Amerika, iets wat niet veel Europeanen doen. Het wordt helemaal leuk als je een trekking maakt: overdag cross country skiën en 's nachts slapen in blokhutten die verwarmd worden door een grote open haard.
Je kan je spullen op je rug dragen of op de traditionele manier meenemen op een slee. Een aanrader is de Maine Huts and Trails-route in het westen van deze staat, die zo'n tweehonderdvijftig kilometer lang is.

www.mainehuts.org

Nieuw-Zeeland

Je ziet ze veel in grote steden als Londen en New York: de zogenaamde hop on hop off-bussen. Je stapt in en uit waar je maar wilt, en zo kan je op een snelle en handige manier veel van je bestemming zien.
Op dezelfde manier kan je Nieuw-Zeeland verkennen. Klinkt misschien in eerste instantie niet heel avontuurlijk, maar je bepaalt zelf je tempo en het is een ideale manier van reizen als je bijvoorbeeld niet heel veel tijd hebt of geen rijbewijs hebt. Je kan kiezen uit twee maatschappijen: de Kiwi Experience of de Magic Bus. Vooral die eerste is gericht op mensen die wel van een feestje houden. Dus kom je voor je rust, dan ben je beter af in de Magic Bus.

www.magicbus.co.nz
www.kiwiexperience.com

Marokko

Ga in Marrakech, en dan het liefst zonder vooropgezet plan, de wijk Medina in. In dit oude stadcentrum kan je uren ronddwalen door smalle straatjes, steegjes, paleizen, moskeeën en over de soeks (markten) met ontelbare kraampjes. Je kan overnachten in verschillende riads: traditionele Marokkaanse huizen of paleizen met een binnentuin, die zijn omgetoverd in de meest charmante hotelletjes. Een aanrader in de Medina is de riad Chambre des Amis, waar je na je rondzwervingen kan bijkomen in het zwembadje. Ze zijn hier overigens ook goed in mezzes, de beroemde Marokkaanse hapjes!

www.marokko-info.nl
www.chambresdamis.com

03

maart

Deze maand is vernoemd naar Mars, de Romeinse god van de oorlog | **In het oude Rome was het de eerste maand van het jaar en noemde men de maand 'Martius'** | Tot het einde van de vijftiende eeuw begon in Rusland het kalenderjaar op 1 maart | **Ook de Engelsen en hun koloniën gebruikten tot 1752 maart als de eerste maand van het jaar** | Veel culturen en religies vieren nog steeds het nieuwe jaar aan het begin van deze maand | **In Oekraïne heet maart березень, dat berkenboom betekent** | Maart is de lentemaand en buienmaand

maart

Sint-Maarten

long trip

Een van mijn eerste televisieklussen ooit was het presenteren van Regatta Time. Een programma dat helemaal gewijd was aan, juist ja, regatta's. En voor wie niet weet wat dat is: een regatta is een zeilwedstrijd verdeeld over een aantal dagen, veelal gesponsord door horloge-, designerkleding- en drankmerken. Bij voorkeur georganiseerd in een bijzonder fijne tropische omgeving met prachtige schepen, veel gebruinde zeilmannen en feestjes op het strand.

Niet bepaald een zware opdracht dus om daar een programma over te maken. Helemaal niet als je, zoals ik, een bijzondere voorliefde voor de zeilsport hebt. Probleem was alleen dat ik erg weinig van de reglementen wist en mezelf in de eerste aflevering nogal voor schut zette door een gebrek aan kennis.

Heel wat keren stond ik tot diep in de nacht met een Carib-biertje in de hand

Zo had ik bijvoorbeeld niet helemaal door dat in regatta's diegene die als eerste over de finishlijn komt, niet per definitie de winnaar van de race hoeft te zijn (omdat niet alle boten in de verschillende klassementen even snel zijn, werken ze met het systeem waarbij iedere boot een bepaalde 'handicap' heeft. Hoe sneller, hoe meer aftrek van tijd je krijgt). En dus feliciteerde ik enthousiast in beeld een bemanning, die helemaal niet gewonnen bleek te hebben, met de eerste plaats.
Maar al doende leert men en zo had ik na een aantal regatta's wel door hoe de vork in de steel zit. Helemaal omdat ik het programma maakte met een heel leuk en professioneel team.
Een van de meest bekende zeilwedstrijden in het Caribisch gebied, althans voor ons Nederlanders, is de Heineken Regatta. Elk voorjaar wordt deze wedstrijd, waarvoor de beroemde Nederlandse bierbrouwer haar portemonnee trekt, georganiseerd op het Nederlands-Caribische eiland Sint-Maarten. Volgens het blad Quote is het een evenement dat met een acht wordt gewaardeerd voor het prestige en poengehalte, en met een negen voor plezier. Nou, dan weet je wel wat je ongeveer te wachten staat. Drie dagen lang zeilen, bier drinken, feesten, mooie vrouwen en nog meer zeilen. En dat allemaal onder de brandende Caribische zon. Drie jaar lang bezocht ik de regatta op Sint-Maarten en ook ik hield me niet alleen met zeilen bezig. Heel wat keren stond ik tot diep in de nacht met een Carib-biertje in de hand ergens op het strand (toen had ik nog de gave en de leeftijd om de volgende morgen weer zo fris als een hoentje voor de camera te verschijnen).
In die jaren vloog ik heel wat keren op en neer naar de Antillen, omdat ik ook nog eens een vriendje had die in de zeilbusiness zat. Nadat we daar samen een zeilboot hadden gekocht was ik er helemaal niet meer weg te slaan. Ik vierde er zelfs de millenniumwisseling en zo werd Sint Maarten zo ongeveer mijn tweede thuis.
Zoals dat gaat in het leven veranderen de dingen. Ik stopte met Regatta Time, ging voor het eerst een reisprogramma presenteren en de verkering ging uit, dus was het opeens gedaan met mijn vaste bezoekjes aan het eiland.

Tien jaar lang kwam ik er niet meer terug. Tot in het voorjaar van 2010 mijn goede vrienden Guido en Joost voorstellen om een weekje te kitesurfen in Sint-Maarten.

Het vliegtuig is propvol en bestaat voor vijfennegentig procent uit mannen in kleine clubjes van zo'n vier tot acht personen, met dezelfde (polo) shirtjes.

Erg lang hoef ik niet na te denken en voor ik het weet koop ik dezelfde ochtend nog een ticket. Zonder te denken aan de regatta, maar dat verandert snel als ik die middag een appartement probeer te boeken. Werkelijk elk bed op het eiland lijkt bezet te zijn vanwege de race! Na dertig vruchteloze pogingen is het eindelijk raak. Ik kan een klein appartementje boeken in Orient Bay, aan de Franse kant van het eiland.

De afgelopen weken in Nederland zijn redelijk zwaar geweest, want na tweeënhalf jaar is mijn relatie voorbij en dat heeft er stevig ingehakt. Doordat we elkaar door alle drukte te weinig gezien hebben, zijn we langzaam uit elkaar gegroeid en na talloze gesprekken besluiten we dan toch maar de handdoek in de ring te gooien. Gelukkig gaan we wel 'als goede vrienden' uit elkaar, zoals dat zo mooi heet, maar toch is het allemaal best pijnlijk. Zo'n tripje naar Sint-Maarten komt dan ook precies op het juiste moment en in de weken voor vertrek word ik steeds blijer door het vooruitzicht weer even die kant uit te kunnen.
Als ik begin maart aan boord van de KLM-vlucht stap, wordt die blijdschap even getemperd als ik me meld bij de gate. Het vliegtuig is propvol en bestaat voor vijfennegentig procent uit mannen in kleine clubjes van zo'n vier tot acht personen, met dezelfde (polo)shirtjes. Daar is op zich helemaal niets mis mee, maar jammer is wel dat een aantal van hen besluit zich tijdens de vlucht al volledig laveloos te drinken en dat wij daar acht uur lang naast zitten.
Heelhuids bereiken we Philipsburg, de hoofdstad van de Nederlandse kant van het eiland. Als eindelijk de deur van het vliegtuig opengaat en ik, terwijl ik de trap afloop, de warme lucht van het eiland weer voel en in de verte de bekende heuvels en de prachtige azuurblauwe lagune zie, is het leed snel vergeten.
Sint-Maarten ligt veel noordelijker dan bijvoorbeeld Curaçao en behoort als eilandgebied tot de zogenaamde Bovenwindse Eilanden van de Nederlandse Antillen. Erg groot is het niet: slechts 87 vierkante kilometer en het land is ook nog eens in tweeën verdeeld. Het noorden is een zogenaamde 'Franse overzeese gemeenschap' met zelfbestuur, en het zuiden is Nederlands. Zoals alle Caribische eilanden is ook Sint-Maarten pas relatief kort bewoond. Vanaf vierduizend voor Christus vestigden de eerste mensen zich op het eiland.

Aan de Franse kant is de boel, zoals bij zo veel Franse overzeese gebiedsdelen, toch een stukje 'beschaafder'

Eeuwenlang werd het bewoond door de Arawak-indianen, die in de veertiende eeuw verjaagd en vermoord werden door de roofzuchtige en kannibalistische Carib-indianen. Zij noemden het eiland Soualiga (zout eiland).
Niemand minder dan Christoffel Columbus ontdekte het eiland in 1493 en noemde het naar de heilige Sint-Maarten. Rond 1630 vestigden de Nederlanders en de Fransen zich er, vooral om de grote hoeveelheden zout die op het eiland te vinden waren, en in 1817 werd de officiële deling tussen het Franse en het Nederlandse deel een feit. Het eiland was toen al zestien keer van eigenaar gewisseld. Officieel was Sint-Maarten vanaf die tijd een land binnen het Nederlandse koninkrijk, maar op 2 november 2006 werd een akkoord gesloten tussen Nederland, Curaçao en Sint-Maarten. De twee eilanden kregen een status aparte binnen het koninkrijk, waarmee ze niet volledig politiek onafhankelijk werden, maar wel als aparte landen werden beschouwd.
Twee jaar later zouden de Nederlandse Antillen worden ontbonden, maar dat ging destijds niet door. Op het moment van schrijven, moet de Eerste Kamer de ontmanteling van de Nederlandse Antillen nog goedkeuren. De Tweede Kamer is al wel akkoord gegaan met het feit dat Curaçao en Sint-Maarten binnen het Koninkrijk verder gaan als autonome landen. Bonaire, Saba en Sint Eustatius zullen een soort gemeenten worden.

Als je als toerist op Sint-Maarten rondrijdt, heb je in eerste instantie niet direct door dat je halverwege het eiland de grens overgaat behalve als je de weg over het midden neemt, waar een soort van grenspostje staat. Als je goed kijkt zie je wel degelijk de verschillen. De Nederlandse kant is behoorlijk Amerikaans met veel taxfreewinkels, casino's, fastfoodzaken en toeristen voorzieningen.
Aan de Franse kant is de boel, zoals bij zo veel Franse overzeese gebiedsdelen, toch een stukje 'beschaafder', als ik het zo mag uitdrukken. De wegen zijn er beter, je vindt er Franse postkantoren, apotheken, restaurants, supermarkten en dat soort zaken, waardoor ik persoonlijk de Franse kant beter kan waarderen. Vandaar ook dat ik voor deze trip een appartement heb gehuurd bij Orient Bay, aan diezelfde Franse zijde.
Eerlijkheidshalve moet ik erbij vermelden dat dit ook de beste streek is om te kitesurfen.

En we zijn juist voor het kitesurfen naar Sint-Maarten gekomen! Als ik met Guido en Joost de taxi neem naar Orient Bay vraag ik de taxichauffeur naar het verschil tussen de twee zijden. 'Alles is een stuk beter georganiseerd bij de Fransen,' zegt hij. 'Alleen al als je met pensioen gaat ben je veel beter af aan die kant. En dat is best zuur voor mij, want ik ben vierenzestig en woon op het Nederlandse deel.'

Ons appartement ligt op een heuvel aan de zijkant van Orient Bay, een van de bekendste stranden aan deze zijde van het eiland. De langgerekte baai strekt zich in een halvemaan uit over een afstand van zo'n twee kilometer. Je vindt er heel wat strandtenten en restaurants. Het meest zuidelijke gedeelte is bestemd voor naturisten. Als je meer houdt van recreëren met je kleren aan op een kitesurfplank, kun je beter naar de noordkant gaan. Er zijn natuurlijk nog veel meer mooie

Opeens zijn de casino's van Philipsburg zo ver weg en heb je echt het gevoel om midden in de natuur terecht te zijn gekomen

stranden op Sint-Maarten. Niet voor niets komen de meeste toeristen hier om op het strand te liggen, op Anse Marcel Beach bijvoorbeeld, een kleine baai ten westen van Orient Bay. Tien jaar geleden lag ik er een week in de Marina met mijn vriend en de boot. In de tussentijd is op Anse Marcel Beach het een en ander veranderd, want er staan nu ook twee grote en vooral prijzige resorts. Een beetje jammer, maar als bezoeker kan je er gelukkig nog wel op het strand liggen (alle stranden op Sint-Maarten zijn publiekelijk toegankelijk). Een andere favoriet van mij is Friar's Bay Beach, een klein, maar prachtig wit strand met rode rotsen die een beschutte baai vormen. Dit ligt naast Grand Case en Bay Rouge en heeft een goede strandtent. Let wel op als je hier gaat zwemmen, want er staat een sterke stroming.
Nog een aanrader is Ilet Pinel, een klein eilandje in het noorden, vlak voor de kust, waar je met een watertaxi kan komen. Het geheel is een natuurgebied, dus je kan

er goed wandelen, snorkelen en duiken.
Er zijn zelfs een paar restaurantjes waar je kreeft kan eten (doe ik zelf trouwens nooit: ik vind het altijd zo treurig om zo'n prachtig dier levend te koken voor die paar happen kreeftenvlees die erin zitten).
Over eten gesproken: dat kan vooral aan de Franse kant prima op het strand. Onze favoriet na twee dagen is de strandtent Bikini. Foute naam, maar een goede keuken met specialiteiten als een Thaise salade met kleine hele inktvisjes, koriander, pinda's en komkommer, en een perfecte gazpacho.
De keuken van Sint-Maarten is een combinatie van de Creoolse keuken waarbij je moet denken aan veel kip, rijst, bonen en fruit, met Europese invloeden. Vooral aan de Franse kant vind je veel kleine tentjes waar je prima kan eten voor niet te veel geld. Heel leuk is het kleine dorpje Grand Case, tussen Orient Bay en de Franse hoofdstad Marigot. Het dorpje heeft een smalle hoofdstraat met gekleurde Caribische huisjes die pal achter het strand liggen. Aan de zeezijde vind je een groot aantal restaurants met een terras aan het water, sommige zelfs met stoelen op het strand. Een van de leukste vind ik Calmos Café, een barbecuerestaurant waar je op loungestoelen aan het water zit met stormlantarens op tafel. Je eet er bijvoorbeeld gegrilde mahi mahi (een lokale vis) met mangosaus en gepofte aardappelen. Ze serveren er de beste pina colada-cocktails van het hele eiland en elke vrijdagavond gaat het eenvoudige golfplaten dak eraf als er een lokale (salsa) band optreedt. Het publiek bestaat vrijwel alleen uit Franse expats die hier al tijden op het eiland wonen. Een avondje hier en je hebt het gevoel alsof je al jaren op Sint-Maarten woont.
Nog een tip: de Loterie Farm, midden op het eiland vlak bij de berg Pic Paradis. Je komt er via een smalle weg die eindigt op de top van de berg, bij het telefoonhuisje van France Telecom. Het restaurant dankt zijn naam aan de eigenaar, die ooit een loterij won en als prijs het land kreeg waar het geheel op staat. Het mooie aan dit stukje Sint-Maarten is dat je je opeens op een landgoed vol tropische planten, palmen en fruitbomen bevindt. Ineens zijn de casino's van Philipsburg heel ver weg en heb je echt het gevoel midden in de natuur terecht te zijn gekomen.
De Loterie Farm is onderdeel van een heel natuurconcept. Je kan er een tocht maken met een soort safarivoertuig, fruit plukken of het uitzichtpunt bezoeken voor een groots uitzicht over het eiland. Ook leuk is de kabelbaan die er aangelegd is, vanaf dit punt kun je van boom tot boom zweven, waardoor je een heel eind afdaalt door het tropische deel van Sint-Maarten.
In het centrum van dit natuurgebied staat een groot stenen complex met daarin het restaurant en de loungebar, die sinds een paar jaar open zijn. Het restaurant zelf is redelijk eenvoudig, maar de setting is prachtig. Je eet onder de bananenbladeren en tropische bloemen. De kaart is eveneens bescheiden maar smakelijk en, niet geheel onbelangrijk, prima betaalbaar.
Het loungegedeelte is een stuk moderner met witte banken met kussens, lange fauteuils om uitgebreid een boek in te lezen en overal natuurlijke details, zoals bijzettafels gemaakt van boomstronken.
Wij eten er verrukkelijke kleine hapjes: spinazie-kaasfondue met krab, pitabrood en een mousse van geitenkaas met jalapeñopepers. Na het eten zijn er genoeg

bars en clubs waar je heen kan. Erg leuk is Karakter, een bar in een oude schoolbus die op het strand staat en in handen is van twee Nederlandse jongens.
Ook bijzonder is de Sunset Bar, een plek waar iedereen zich verzamelt die wel eens een landende Boeing 747 van heel dichtbij wil meemaken. De landingsbaan van Juliana Airport begint namelijk pal achter het strand waarbij deze bar ligt. Omdat de baan vrij kort is, komen de vliegtuigen zo laag aanvliegen dat je uit je schoenen geblazen wordt als je eronder blijft staan. Heb je hier geen behoefte aan, dan kan je bij de beachbars verderop een drankje bestellen zonder gezandstraald te worden. De bekendste club van Sint-Maarten is trouwens Bliss, direct naast de Sunset Bar. De eigenaren zijn waarschijnlijk vaak op vakantie geweest naar Ibiza en Miami, want het heeft al die elementen; witte ronde loungebanken aan het water, wapperende witte doeken die kleine privéhoekjes creëren, een zwembadje, een grote open bar en dansvloer, en veel lantarens en gedempte verlichting.

Maar ik ben hier toch vooral om te kiten. De maand maart heeft over het algemeen goede windperiodes. Helaas hebben wij niet zo veel geluk deze dagen want de wind is maar matig, dus kunnen we maar drie keer het water op; bij Orient Bay zelf en het naastgelegen strand, Gallion Beach. Die laatste plek is trouwens ook geschikt voor mensen die nog niet zo veel kite-ervaring hebben. Het is er redelijk ondiep en je kan het daardoor makkelijker leren.

Bij dit strand is ook een goed restaurantje waar je 's middags kan lunchen met verse vis en broodjes.
Let wel op je spullen! In mijn enthousiasme omdat het eindelijk waait, laat ik een tas in de auto staan die we naast het strand hebben geparkeerd. Als ik twee uurtjes later terugkom, is de auto opengebroken en de tas weg.
Let er ook op dat je geen waardevolle spullen en kites op het strand laat liggen. Van de politieman, bij wie ik later die dag aangifte doe, hoor ik dat deze plek bekendstaat om het feit dat er zo vaak spullen worden gestolen. Zelfs als het strand vol met mensen is.
Mijn laatste dag op het eiland is ook meteen de finaledag van de regatta. Het evenement beslaat in totaal drie dagen waarbij men verschillende routes vaart. De schepen zijn in diverse categorieën ingedeeld en het gaat erom dat men zo tactisch mogelijk zeilt om de dagwinst binnen te halen. Elke avond is er een feest op de locatie waar de race die dag geëindigd is, waarna de volgende dag de karavaan weer verder om het eiland zeilt. Diegene die alle dagen het snelst is geweest, wint uiteindelijk het eindklassement in zijn of haar categorie.

Vroeg in de ochtend melden Guido en ik ons bij de haven, waar we op het schip stappen van drie vrienden die hier voor

de regatta zijn. We hebben geluk want zij zijn bijzonder professionele zeilers die maar één ding willen: winnen. Wij dienen vandaag als gewicht om de boot beter in balans te houden en braaf kruipen we elke keer naar de andere kant van het schip als we overstag zijn gegaan. Er wordt heel wat geschreeuwd en nagels gebeten. Ondanks het feit dat je hier niets kunt winnen behalve de eer en een bokaal, is het voor de meeste zeilers heel belangrijk om de race te winnen. Daarvoor wordt soms maanden getraind in Nederland en eenmaal hier in Sint-Maarten wordt er gestreden om elke meter. Uiteindelijk gaat ons schip als eerste de finish over. We hebben alleen maar als gewicht gediend, maar voelen ons toch een klein beetje winnaars. Die avond vindt het slotfeest plaats op het strand van Philipsburg. Omdat er altijd optredens zijn van bekende bands en de toegang gratis is, is het er bomvol met zowel deelnemers als locals. Terwijl Maxi Priest op het grote podium staat te spelen worden er honderden liters Heineken gedronken. Ik ontmoet ondertussen een aantal mensen die ik nog ken van tien jaar geleden, toen ik hier voorhet laatst was. We hebben een memorabele avond die eindigt in club Bliss, als de zon al lang weer boven de horizon is verschenen. De volgende dag lig ik volledig uitgeput op het strand bij Orient Bay, mezelf enigszins voorbereidend op de vlucht naar huis. Het was een prettig weerzien met dit eiland; ik denk dat het niet weer tien jaar zal duren voor ik terugkom...

Meer informatie

Beste reistijd
December tot juni.

Bliss
Beacon Hill Road 2

Calmos Café
www.calmoscafe.com

Heineken Regatta
www.heinekenregatta.com

Karakter
www.karakterbeach.com

The Loterie Farm
www.loteriefarm.net

Strandtent Bikini
www.bikinisme.com

Sunset Bar
www.sunsetsxm.com

Pole of Cold-festival

festival

Meer informatie
www.planetyakutia.com

'The Pole of Cold' heet het; het gebied rond de Russische stad Jakoetsk, in het noordoosten van Rusland. Arriveer je in de wintermaanden op het vliegveld van deze stad, dan weet je meteen wat ze daarmee bedoelen, want de kou is zo immens en overweldigend dat die je letterlijk de adem beneemt.

Het is officieel het koudste bewoonde gebied op aarde, met een landklimaat dat zorgt voor lange hete zomers en barre koude winters. Diverse dorpjes in deze streek strijden om de titel 'koudste dorp op aarde' en tot nu toe gaat de strijd tussen Verkhojansk en Ojmjakon. Deze laatste plaats is vooralsnog de winnaar met een gemeten temperatuur van -71 graden °C, wat voor ons bijna niet voor te stellen is.

Zelf bezoek ik Verkhojansk in oktober. Vlak voor de barre kou begint en met een temperatuur van rond het vriespunt is het er prima uit te houden. Iedereen die ik spreek raadt me aan terug te komen in de maand maart, tijdens het Pole of Cold-festival. Dan zal ik pas echt meemaken hoe koud het er kan worden.
Dit festival, dat elk jaar eind maart plaatsvindt in het nabijgelegen Ojmjakon, is een prima moment om deze barre, afgelegen plek te bezoeken. Tien dagen lang wordt er feestgevierd om de lange winter te doorbreken en dus kan je dan concerten bezoeken, tochten per rendierslee maken, Chyskhaan ontmoeten (een soort Russische versie van de kerstman) en, last but not least, heel veel wodka drinken.
Helemaal speciaal wordt het als je meedoet aan de Pole of Cold-rally. Deze autotocht is alleen voor de diehards; in vijftien dagen tijd rijd je over de uitgestrekte bevroren vlaktes van Siberië. Onderweg passeer je rivieren, meren, eindeloze bossen en rendierkuddes, terwijl 's avonds het noorderlicht aan de horizon danst. De route begint in Jakoetsk, de hoofdstad van de regio, en eindigt 1270 kilometer verder in Ojmjakon, waar je snel een wodka achteroverslaat om weer warm te worden zodat het feest kan beginnen. Ik weet in ieder geval zeker dat ik dit festijn een keer mee wil maken!

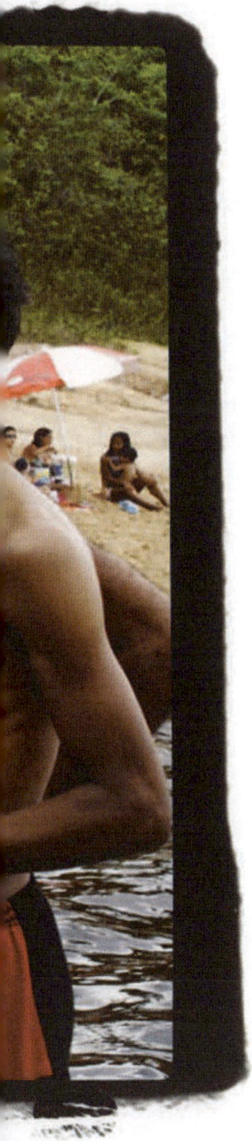

Snel je bestemming leren kennen

Veel reizen voor een televisieprogramma betekent heel veel wachten. Meestal is dat op vliegvelden: in de rij bij de douane, de security of voor vertraagde vluchten. Maar dat is niet het enige, ook grensovergangen kunnen eindeloos lang duren.

Zo hebben we eens acht uur moeten wachten voor de grensovergang tussen Turkije en Syrië omdat we volgens de douanier een stempeltje in ons paspoort misten. Reuze irritant, want je wilt niets liever dan het land in en aan het werk. En dan zijn er natuurlijk nog de uren die je doorbrengt in vliegtuigen, bussen, minibusjes, auto's enzovoort.

Als ik eindelijk aankom op de plaats van bestemming, is het in één klap gedaan met de rust: aan de slag! Meestal zitten we niet al te ruim in onze tijd, want bij televisie geldt de ijzeren regel van tijd=geld. Dus gaan we als een gek aan het werk om direct na aankomst alles vast te leggen. Gelukkig wordt er vooraf al veel werk gedaan door de redactie en daardoor weten we ongeveer wat ons te wachten staat. Onze redacteuren struinen al maanden van tevoren het internet af op zoek naar interessante verhalen en bellen eindeloos met mensen die er wonen en/of werken. Met al die informatie maken ze uiteindelijk een draaiboek met alle gegevens, adressen en afspraken. Daarnaast lees ik vooraf altijd een reisgids zoals de Lonely Planet, en andere reisliteratuur over de plek waar ik heen ga. Los daarvan heb ik ook enkele trucs ontwikkeld om zo snel mogelijk het beste uit de trip te halen, zelfs als ik ergens kom waar ik nog nooit geweest ben. Sommige tips zijn redelijk voor de hand liggend, maar ze werken wel, zeker als je de plek niet kent en weinig tijd hebt. Hiermee haal je het maximale uit je verblijf.

01. Begin in vliegtuig/bus/trein al met je voorbereiding. Dit betekent dat je een 'gezellig' gesprek begint met je buurman of buurvrouw. Niet zelden komen ze zelf uit de plaats van je bestemming of ze kennen er iemand. Vraag hem of haar naar de beste spots en plekken waar zij hun eigen gasten mee naartoe zouden nemen.

02. Check de stewardessen of de purser. Ik ben regelmatig met ze aan de praat geraakt in een vliegtuig en meteen konden zij goede tips geven. Steden als São Paulo, Vancouver, Singapore of Kaapstad hebben ze vaak meerdere malen bezocht en ze weten altijd leuke adressen, goede restaurants en mooie uitstapjes (ik zou een moord doen voor een boek met alle tips van stewardessen).

03. Ga couchsurfen! Dit idee komt van de Amerikaan Casey Fenton, die in 1999 een bezoek bracht aan IJsland en een mailtje stuurde aan vijftienhonderd studenten om gratis te kunnen overnachten. Hij kreeg hier zo veel positieve reacties op dat hij besloot een website te maken waarop mensen gratis hun logeerbed of bank aanbieden aan reizigers. Nu, meer dan tien jaar later, heeft de site meer dan twee miljoen leden die allemaal gratis hun diensten aanbieden en je vaak ook nog mee op sleeptouw kunnen nemen. Het idee erachter is niet alleen dat je op deze manier heel betaalbaar de wereld over kan reizen, maar vooral ook om culturen kennis met elkaar te laten maken, en waarden als 'tolerantie' en 'begrip' uit te dragen.

www.couchsurfing.org

04. Voor een goed hotel moet je echt van tevoren werk verzetten. Het beste kun je een zoekterm opgeven in Google zoals 'affordable accommodation' en dan de naam van de stad. Nog een tip: zoek van tevoren uit in welke wijk je het beste kunt verblijven. Daarvoor moet je even het internet afstruinen en googelen op wat de favoriete wijken van een stad zijn. Ook handig zijn artikelen die in de reisbijlages van grote

kranten zijn gepubliceerd. Denk bijvoorbeeld aan de Engelse The Guardian of The Times, maar ook The New York Times en de Volkskrant zijn prima. Google de naam van de krant in combinatie met de stad en de woorden 'design' en 'hotel' (want die zitten uiteraard in de beste wijken) en je hebt snel beet.

05. Als je aankomt zonder hotelreservering, is het aan te raden op het vliegveld op zoek te gaan naar het internetcafé en sites als hotels.com te checken, want vaak zijn de leuke kleine hotelletjes lang van tevoren volgeboekt.
Een hotel bij een vliegveld is, zeker in de Verenigde Staten, vaak goedkoper dan in het centrum van de stad. Als je niet zo veel geld te besteden hebt en je wilt toch een luxekamer, dan is dit de oplossing. Met het openbaar vervoer reis je gemakkelijk naar de stad. Als je niet al te lang ergens verblijft en je bent op weg naar een andere bestemming, is zo'n hotel ideaal.
Meer internetadressen voor het boeken van hotels vind je in de maand december op pagina 402

06. Tot slot: als je eenmaal in de stad bent, zoek dan een willekeurige persoon uit die gekleed is op een manier die jou het meest aanstaat en waar je een goed gevoel bij hebt. Spreek hem of haar vriendelijk aan en leg uit dat je korte tijd op deze bestemming verblijft en op zoek bent naar een smakelijk restaurant/goede club/mooie winkel. Grote kans dat ze je naar iets sturen wat je leuk vindt. Als iemand jou op straat zo'n vraag stelt in je eigen stad, weet je toch ook vaak meteen wat je moet antwoorden?

07. Ga bij aankomst direct naar de informatiebalie op het vliegveld en bekijk de beste manier om in de stad te komen. Vaak zijn er goedkope shuttlebussen, waardoor een dure taxi je bespaard blijft.

08. Handig als je een grote stad gaat bezoeken zijn de reisgidsen die je op je iPhone kan downloaden. Op die manier heb je meteen een plattegrond bij je, maar ook nuttige adressen, ideeën voor goede restaurants, tips voor bijzondere bezienswaardigheden enzovoort.
Download ze voordat je van huis gaat en je weet precies waar je moet zijn. Te koop via onder andere:

www.lonelyplanet.com

08. Ga je naar een Europese stad en ben je op zoek naar goede adresjes van mensen die in de stad zelf wonen, check dan ook eens de website van Spotted by Locals. Deze Nederlandse site werkt met meer dan honderd Europese bloggers die hun favoriete spots van hun eigen stad met je delen. Het leuke is dat ook de wat minder bekende steden aan bod komen, zoals Ljubljana, Helsinki en München. De site bestaat nog niet zo lang, maar er staan nu al dertig steden op en dat aantal wordt alleen maar meer.

www.spottedbylocals.com

La Rosière

short trip

Er zijn van die momenten dat ik me echt oud voel. Bijvoorbeeld als ik bedenk hoe lang geleden ik voor de allereerste keer op een snowboard stond. Zeventien jaar geleden alweer! Voor mijn gevoel ben ik pas een paar jaar aan het boarden, maar als ik dan terug-reken, weet ik weer dat de tijd niet stil heeft gestaan.

Ik kom tot deze conclusie als we bij mijn vriendinnetje Sylvia thuis, met nog zes andere goede vrienden, langdurig aan het tafelen zijn. Sylvia organiseerde het snowboardevenement waar ik mijn eerste voorzichtige meters heb gemaakt (en talloze blauwe plekken heb opgelopen van het vallen).

Tijdens dit etentje realiseren we ons dat het überhaupt te lang geleden is dat we met zijn allen in de sneeuw te vinden waren. Daarom besluiten we ter plekke dat we deze winter gaan boarden!
Als ik de volgende morgen weer enigszins helder ben na de vele glazen gin tonic, besluit ik meteen actie te ondernemen. Ik heb al zo vaak dergelijke wilde plannen voorgesteld, maar telkens niet de daad bij het woord gevoegd. En dus hang ik even later aan de telefoon met Michel, die samen met Josée het Frankrijk Huis bestiert, een in Frankrijk gespecialiseerd reisbureau waar we met 3 op Reis veel mee samen hebben gewerkt. Of hij niet iets leuks weet voor een weekje boarden in maart.

De volgende dag vind ik in mijn mailbox al twee voorstellen. Het eerste is een verblijf in een hotel in Val Thorens, het andere een appartementencomplex in een onbekender gebied: La Rosière. Ik hoef niet lang na te denken, want niet alleen willen we graag met elkaar in een huisje verblijven, zodat we 's avonds samen kunnen koken, het lijkt me ook leuk om eens een nieuwe bestemming te bezoeken in de Franse Alpen waar ik altijd zo graag heen ga. Drie maanden later start ik de motor van mijn auto en draai de A10 op richting de Belgische grens. De helft van de groep is gisteren al per TGV richting de Franse sneeuw gegaan, maar ik pak de auto, omdat ik vanuit Frankrijk door zal rijden richting Italië waar ik voor werk heen moet. Omdat ik zo veel maanden per jaar in het buitenland ben heb ik geen auto, want daar maak ik veel te weinig gebruik van en dus huur ik een auto als ik in Nederland ben. Met zijn drieën plus een stapel bagage

rijden we in een stevige terreinwagen richting La Rosière, een rit van een uurtje of tien.

Onderweg stoppen we even bij een gigantische Carrefour-supermarkt waar ik een half uurtje doorheen dwaal, want bijna nergens in Europa is het aanbod in de supermarkt zo groot als hier. We vullen onze achterbak met boodschappen voor de hele week en vervolgen onze reis richting de bergen.
Na negen uur komen de eerste 'reuzen' in zicht en arriveren we bij Bourg Saint Maurice. Reis je met de snelle TGV, dan is dit het station waar je uitstapt. Vervolgens kan je zo doorlopen het busstation in, waar vandaan je vervolgens een van de vele pendelbussen kan nemen die je in minder dan een uur naar je wintersportbestemming brengen.

In tegenstelling tot een jaar eerder is er dit keer in maart maar weinig sneeuw gevallen, en dus moeten we tot net onder La Rosière wachten tot de eerste witte velden verschijnen. Niet veel later parkeer ik de auto in de parkeergarage van Les Eucherts waar onze appartementen staan. Het complex waar we verblijven is behoorlijk nieuw en luxe; dit ben ik niet gewend als ik ga snowboarden. Op een of andere manier heb ik al die jaren nooit echt een duur hotel geboekt voor de wintersport; waarschijnlijk vanwege die Hollandse mentaliteit: 'je bent toch de hele dag buiten'. Ik moet toegeven: dit is ook wel eens prettig.
Het oord Les Cimes Blanches bestaat uit zes grote appartementencomplexen die in een zo traditioneel mogelijke stijl zijn gebouwd, met veel houten balken, balkons, puntdaken gemaakt van leisteen

> Daar zie je in de verte de Mont Blanc liggen, die met zijn 4811 meter de hoogste berg van Frankrijk is en boven alle andere heuvels uittorent

en robuuste deuren en ramen. Wij hebben een vierkamerappartement, waarbij iedereen zijn eigen badkamer heeft, inclusief ligbad. Erg belangrijk als je een week lang met zo veel mensen bij elkaar bent en je elke dag bezweet in je appartement terugkomt. Ook heel fijn: de bedden zijn warm, schoon en stevig, want hoe vervelend is het als je elke avond in een kuil in slaap moet vallen. Verder is er een goede keuken waardoor we elke avond met elkaar kunnen eten, en mocht je zin hebben in raclette of kaasfondue dan kan je bij de receptie de apparaten daarvoor ophalen. En er zijn nog meer extra's: een spa bijvoorbeeld, met een groot zwembad (wel altijd helemaal vol met kinderen), jacuzzi's, diverse stoombaden, sauna's en behandelkamers waar je onder andere gemasseerd kan worden. Uiteindelijk kom je toch voor de bergen en de pistes, en die zijn er genoeg! Recht boven het appartement kan je al op je board stappen en naar de stoeltjeslift glijden. Dit is nog maar het begin, want via een smalle pas en een klein dal kan je met een lift een berg oversteken. Daar zie je in de verte de Mont Blanc liggen, die met zijn 4811 meter de op één na hoogste berg van Europa is en boven alle andere bergen uittorent.

Via een prachtige blauwe piste daal je vervolgens af naar de Col du Petit Saint-Bernard; de grens tussen Frankrijk en Italië. Als je even later je snowboard of je ski's voor de deur van een van de bergrestaurants parkeert, kan je binnen een echte caffè macchiato drinken. Je bent immers in Italië!
Omdat sinds niet al te lange tijd het Franse en het Italiaanse deel aan elkaar gekoppeld zijn, is het mogelijk de hele dag in beide gebieden te skiën met zo'n honderdvijftig kilometer aan piste en 37 liften. Je kan via een aantal lange bospaden ook helemaal afdalen naar La Thuile, een Italiaans skidorp dat overigens een stuk minder mooi is dan buurdorp La Rosière, door veel jaren tachtig-hoogbouw.

Elke dag maken wij de tocht naar Italië om daar 's middags koffie te drinken, een prachtige route met heel wat mooie afdalingen. Al na één dag hebben we een favoriet koffietentje waar ze zelfs bombardino's serveren: een laagje advocaat met espresso en slagroom. Het interieur van het café is uniek en heeft meer weg van een bric-à-bracwinkel dan van een restaurantje op een piste. Overal knusse Perzische tapijtjes, kleine tafels en schilderijen aan de muur. Dat zal je niet snel vinden in een willekeurig ski-oord in bijvoorbeeld Oostenrijk.
De eerste dag dat we met onze pas door het gebied boarden, voelen we ons nog een beetje verloren. De pistekaart is niet helemaal duidelijk waardoor we minstens een uur bezig zijn om de weg terug te vinden naar het Franse deel van het skigebied. Na een paar dagen zijn we echter helemaal gewend en boarden we in de ochtend in Frankrijk en vermaken we ons in de middag op de pistes aan de Italiaanse kant. Ideaal!
Ondanks het feit dat we redelijk laat in het seizoen zijn, hebben we geluk met de sneeuw. De eerste paar dagen is het niet optimaal, maar halverwege de week vallen 's avonds de eerste dikke witte vlokken. De rest van de nacht blijft het sneeuwen en ook de volgende morgen houdt het niet op; een reden voor veel mensen om binnen te blijven, maar wij kleden ons extra dik aan en stappen in de lift. Als we niet veel later onze eerste afdaling maken, is het echt feest want er ligt een laag van minstens vijftien centimeter verse poeder.
De volgende ochtend is het nog steeds raak en blijft het sneeuwen, maar 's middags trekt de grijze lucht langzaam weg om plaats te maken voor een mooie blauwe hemel. Die middag dartelen we

dan ook als lammetjes door de pasgevallen sneeuw. We zijn met een klein groepje, onder wie Natasha die zich al een paar dagen niet zo goed voelt. De hele week heeft ze al last van hoofdpijn en duizeligheid door de hoogte waarop we verblijven.
Als we met slecht zicht een afdaling maken, wordt het alleen maar erger.
Al na vijf minuten raakt ze volledig haar oriëntatie kwijt en wordt ze misselijk. Met een slakkengang gaan we samen de piste af om zo snel mogelijk een restaurant te bereiken, maar voor we daar aankomen moet Natasha overgeven. Ik help haar het restaurant in, in de hoop dat ze snel opknapt. Een kwartier later zit ze vlak bij de kachel nog te beven en te rillen, en ze voelt zich hondsberoerd. Ik vertrouw het niet helemaal en besluit de pistedienst te bellen. Het is nu niet verantwoord om haar straks in de lift te zetten om terug te boarden naar het dal, ze is veel te zwak en kan nauwelijks op haar benen staan.
Tien minuten later staat de reddingsbrigade voor onze neus die op de ski is gearriveerd, inclusief de welbekende banaanslee.
Ze onderzoeken Natasha snel en besluiten haar mee te nemen naar de medische post.
Niet veel later ligt ze stevig ingepakt op de banaan en wordt door een sneeuwscooter in tien minuten teruggebracht naar het dorp.
Als ik drie kwartier later bel, is ze onderzocht en begint ze zich langzaam beter te voelen. Volgens de dokter is het een combinatie van de grote hoogte, de kou en een evenwichtsorgaan dat van slag is. Niets ernstigs en met rust kan ze redelijk snel herstellen. Dit doet je weer eens beseffen dat het in de bergen altijd oppassen is; het weer kan omslaan en voor je het weet kan je je opeens een stuk minder goed voelen.

De volgende dag is het gestopt met sneeuwen, maar het zicht is nog steeds beroerd. Wel staat er een stevige wind en dus besluit ik me op onze laatste dag hier in Frankrijk te wagen aan een experiment: sneeuwkiten! Al sinds een paar jaar ben ik een fanatiek kitesurfer en in La Rosière bieden ze de mogelijkheid om op de sneeuw te kiten.

Er zijn zelfs sneeuwkiteleraren en dus meld ik me om één uur 's middags halverwege het gebied bij de Espace San Bernardo, de brede pas waar in de zomer de auto's overheen rijden richting Italië. Ik meld me bij de leraar, een veertigjarige Fransman met dikke dreadlocks, die weinig Engels spreekt (en helaas is mijn Frans ook wat roestig), dus de communicatie is niet al te best. In principe is kiten op de sneeuw bijna hetzelfde als de waterversie. Je gebruikt dezelfde kites en harnassen waarmee je met je lichaam aan de kite, de vlieger, vastzit. De bedoeling is de kite op te laten, waarna je je door de wind op je snowboard laat voorttrekken. Groot voordeel ten opzichte van gewoon boarden is dat je eigenlijk geen lift meer nodig hebt, want met de juiste wind kan je de hele tijd op en neer blijven kiten, heuvel op en af. Alleen echt steil omhoog is niet goed mogelijk, het is vooral te doen op een niet te steil stuk piste.

Als eerste rollen we de kite uit en legt de instructeur me uit hoe die precies op te laten. Daarna oefenen we met de kite zelf: ik laat me heen en weer slepen door naar links en naar rechts te sturen. Meteen kom ik er achter dat het toch best verschilt van het kiten op water zoals ik gewend ben. Zo krijg je bijvoorbeeld geen tegendruk bij het starten en is ook het bochten maken anders.
Na twee uur krijg ik het een beetje door en maak ik mijn eerste lange stukken over de sneeuw. Wanneer de les om vier uur is afgelopen kan ik, met enige moeite, een minuut of tien achter elkaar over de sneeuw kiten. Ik ben helemaal kapot, want hoogte houden zit er nog niet echt in en dus moet ik elke keer met mijn plank onder mijn arm en de kite in de lucht teruglopen. Die avond eten we bij L'Ancolie, een geweldig restaurant onder aan de piste in La Rosière. We proosten op deze week in Frankrijk, op de poedersneeuw en op de vriendschap. Volgend jaar weer!

Meer informatie

Beste reistijd
Voor de wintersport ga je natuurlijk in de winter naar Frankrijk, maar het land is het hele jaar door geschikt als vakantieland.

Restaurant l'Ancolie
Les Eucherts 73700

Cimes Blanches
www.cgh-residences.com

Frankrijk huis
www.frankrijk.nl

TGV
www.tgv-europe.nl

Banana House

hotel

Zodra je geland bent op het piepkleine vliegveldje van Lamu, weet je dat dit niet het Kenia is dat je ervaren hebt op het vasteland. De drukte, de wilde dieren, de chaotische markten, het hectische verkeer: het heeft allemaal plaatsgemaakt voor een totaal nieuwe wereld.

Lamu is nog steeds Afrika, maar heeft soms meer weg van het Midden-Oosten. Het eiland is sterk beïnvloed door deze streek, wat je terugziet in de architectuur, de kleding en het geloof. In tegenstelling tot de rest van Kenia is het overgrote deel van Lamu islamitisch en dus domineren minaretten de kleine hoofdstad. Die stad is trouwens een prachtige wirwar van kleine straatjes met hoge muren, waarachter schitterende oosterse huizen schuilgaan. Achter één zo´n muur vind je een heel bijzonder hotel, gerund door de Nederlandse Monika. Al bijna tien jaar geleden arriveerde ze op het kleine eiland en werd ze verliefd op een van de lokale vissers.

Na een aantal jaren in het kleine huis van haar schoonfamilie te hebben gewoond, verhuisde ze samen met haar man en de twee kinderen die ondertussen geboren waren, naar een prachtige oude villa met een grote tuin en een zwembad. Maandenlang verbouwden ze het pand volledig naar eigen smaak, waardoor er zes gastenverblijven werden gecreëerd. Die zijn verdeeld over twee verdiepingen, waarbij de mooiste kamer nummer 6 is; niet alleen heb je daar twee eigen slaapkamers (je kan er met maximaal zes personen overnachten), maar ook een flink dakterras met eettafel en hangmatten. Ook haar liefde voor oosterse ontspanningstechnieken vind je terug in het hotel van Monika. Ze organiseert regelmatig yoga-workshops in de tuin, van een paar dagen tot twee weken. En natuurlijk kan je je op elk moment van de dag in je eigen kamer laten masseren door een van de masseuses uit de stad. Vergeet niet een avondje mee te gaan op een van de traditionele vissersboten. Nadat de zon is ondergegaan, legt het schip aan op een van de eindeloos lange zandstranden waar grote manden met eten en drinken tevoorschijn worden getoverd. Het enige wat dan nog ontbreekt is een goede fles wijn, want het eiland is zoals gezegd islamitisch. Maar je kan niet alles hebben...

Prijzen
Kamers vanaf 70 euro per nacht

Meer informatie
www.bananahouse-lamu.com

Valencia

In het Spaanse Valencia vindt halverwege maart het geweldige Las Fallas-vuurfestival plaats. Gigantische poppen van papier-maché worden geofferd op grote vuren. Overal wordt feestgevierd en vuurwerk afgestoken. In maart is de temperatuur in Valencia ook prima, dus is het een geweldige tijd om de stad te bezoeken.

www.fallasfromvalencia.com

Borneo

Dit is het eiland van de bergen, rivieren en eindeloze oerwouden. Ik was er slechts een kleine week, maar was er stil van: zo mooi is het daar. Borneo is vooral een bestemming voor avonturiers die van klimmen, duiken, raften en trekkings houden. De vochtigheid in maart is redelijk uit te houden, zodat je Mount Kinabalu kan beklimmen, een van de relatief 'gemakkelijke' megahoge bergen op aarde.

www.mount-kinabalu-borneo.com

Chicago

Ga naar Chicago voor de Saint Patrick's Day-viering, een verrassend alternatief voor Ierland waar dit een nationale feestdag is. Er is een grote parade, overal in de stad zijn feesten en het Guinness-bier vloeit rijkelijk. Een opmerkelijk fenomeen in Chicago is het groen verven van de rivier, ter ere van deze feestdag. Dit gebeurt vanuit kleine bootjes op de Chicago River op de dag van de parade.

www.chicagostpatsparade.com
www.chicago.about.com

Domenica

Dit kleine eilandje in het Caribisch gebied wordt door veel mensen nogal eens over het hoofd gezien. Huur een jeep of trek je wandelschoenen aan en verbaas je over dit prachtige eiland met zijn dichte regenwoud, donderende watervallen en verscholen 'kokende' meren. Je vindt er heel wat eco-lodges waar je verantwoord kan slapen. Daarnaast heeft Domenica prachtige stranden aan de noordkust, die te zien waren in de Pirates of the Caribbean-films, die er deels zijn opgenomen. Heel bijzonder: je vindt op dit eiland nog Caribs, de laatst overgebleven originele indianenstam in de Cariben. Zij hebben hier hun eigen beschermde zone.

www.discoverdominica.com

Sichuan

De maand maart is qua temperatuur ideaal om in dit deel van China de reuzenpanda te bekijken, die met uitsterven wordt bedreigd. Het zeldzame dier, dat alleen in dit deel van China in het wild voorkomt, is moeilijk te spotten, maar in deze maand heb je de grootste kans. Bekijk ze bijvoorbeeld in het Chengdu Panda Breeding and Research Centre, op slechts tien kilometer van de stad Chengdu.

www.panda.org.cn
www.wnf.nl

04

april

April wordt ook wel de paasmaand of de grasmaand genoemd | **April is afgeleid van het woord 'aperire', dat Latijn is voor 'openen', een verwijzing naar de lente** | Regen in april en wind in mei maakt de boerkens blij | **April doet wat hij wil: in Nederland kan het aan het begin van de maand nog vriezen, terwijl tegen het einde van de maand soms temperaturen gehaald worden van 25 °C** | 30 april is het Koninginnedag. De verjaardag van koningin Beatrix wordt dan gevierd, maar eigenlijk is dit de geboortedag van haar moeder Juliana (koningin van 1948 tot 1980)

04

LONG TRIP
Argentinië

april

Argentinië

long trip

Volgens mij heeft iedereen wel eens een moment in zijn carrière waarop hij weet: nu gaat het gebeuren, dit is het moment waarop ik heb gewacht!

Voor mij kwam dat moment in 1997, toen mijn toenmalige baas bij Veronica Televisie me belde met de vraag of ik dat jaar het programma over de Camel Trophy, een reis van een maand door het ruige Mongolië, wilde presenteren. Ik weet nog dat ik een dag lang door mijn huis gestuiterd heb van blijdschap. Eindelijk kwam mijn lang gekoesterde droom uit om voor mijn werk de wereld te gaan ontdekken en avonturen te beleven.

In realiteit was het net zo geweldig als ik had gehoopt en misschien nog wel beter. Een maand lang zwierven we met journalisten en deelnemers over de eindeloze vlaktes, kampeerden we in kleine tentjes, zaten rond het kampvuur en reden we de volgende morgen verkreukeld en stoffig weer verder.

De eerste avond gaan we veel te laat slapen. We hebben een goede reden, want om twaalf uur knalt de champagnekurk: ik ben jarig!

Drie edities heb ik meegemaakt en allemaal waren ze even bijzonder. Toen ik een paar jaar geleden werd gebeld, ditmaal door het bedrijf Landrover, met de vraag of ik mee wilde met een bijzondere trip naar Argentinië, was de keuze snel gemaakt. Het Camel Trophy-evenement bestaat al lang niet meer, maar voor de lancering van nieuwe modellen organiseert het merk af en toe nog zogenoemde persreizen en omdat ik af en toe voor bladen schrijf, mocht ik deze keer mee.

Drie maanden later wurm ik me in het stoeltje van het piepkleine Embraer-vliegtuigje dat ons van de Argentijnse hoofdstad Buenos Aires naar de Calchaqui-vallei brengt, een regio in het noordwesten van Argentinië. Deze streek is nog niet zo bekend bij toeristen, maar erg bijzonder. Je vindt er onder meer de precolumbiaanse ruïnes van Quilmes, die als een van de belangrijkste archeologische vondsten van Argentinië worden beschouwd (hoewel de meeste Argentijnen de naam vooral associëren met

het gelijknamige bier). Markant zijn de oeroude rotstekeningen en fossielen in het Parque Nacional Talampaya, en de diepe kloven van de Quebrada de Humahuaca, die op de Unesco Werelderfgoedlijst staan.
Na drie uur hobbelen en schudden – je moet geen vliegangst hebben bij dit soort toestellen – zet de piloot de daling in. Beneden me zie ik de kale, maar indrukwekkende, gekleurde hellingen liggen met hier en daar een klein dorpje. Hoewel we tijdens de rit in tentjes zullen slapen, is de eerste overnachting uiterst geriefelijk: in het Patios de Cafayate Hotel & Spa. Dit oude landhuis ligt meer dan 1700 meter boven zeeniveau, en door de speciale ligging met het gematigde klimaat en de zanderige grond maakt het de ideale plek voor het verbouwen van druiven. Rondom het hotel staan rijen met wijnranken en op het terrein vind je ook de El Esteco Winery, waarvan de wijnen 's avonds in het restaurant geserveerd worden. Dit is niet de enige plek waar je de wijn tegenkomt; bezoek je namelijk de, overigens geweldige, Wine-spa dan kan je zelfs een bad in cabernet sauvignon nemen. Redelijk decadent wat mij betreft, ik drink het liever op.
En wijn drinken doen we! De hele middag liggen we in de tuin in een hangmat, drinken de lokale wijn en genieten van de koele wind die zachtjes waait. Ik ben op pad met twee Nederlandse journalisten en Mark, de directeur van Landrover; een geweldig leuk gezelschap en al de eerste avond gaan we veel te laat slapen. We hebben een goede reden, want om twaalf uur knalt de champagnekurk: ik ben jarig! Dat vieren we uitbundig en tot diep in de nacht met gezelligheid en veel te veel drank. Als ik de volgende morgen met een brak hoofd de gordijnen opentrek zie ik beneden op de oprit een rij terreinwagens staan, waarmee we op pad gaan. Verschillende journalisten zijn uit de hele wereld ingevlogen en iedereen krijgt een auto mee voor de vijf dagen durende trip waarbij we elkaar alleen 's avonds zullen zien.

Het thema van deze trip is Road to the Clouds, afgeleid van de beroemde Train to the Clouds, die vanuit de stad Salta, hier niet ver vandaan, naar Chili gaat. Deze treinrit is een van de meest spectaculaire ter wereld, omdat je niet alleen negentien tunnels, negenentwintig bruggen, dertien viaducten en talloze haarspeldbochten

tegenkomt, maar vooral omdat de trein tot maar liefst 4220 meter hoogte komt en dwars door de Andes rijdt.
Wij gaan de rit per auto maken en zullen ook delen van de beroemde Route 40 rijden. Deze weg loopt in totaal zo'n vijfduizend kilometer dwars door Argentinië en is onder meer bekend van de beroemde film Motorcycle Diaries, gebaseerd op de reisverhalen van de Argentijnse revolutionaire strijder Ernesto 'Che' Guevara en de Argentijns-Cubaanse schrijver Alberto Granado.
We rijden maar een klein stuk van deze route, maar wel een mooi gedeelte omdat we de hoogste pas op aarde passeren waar je met de auto kan komen, op maar liefst 4895 meter hoogte. Om te zorgen dat iedereen de reis goed doorstaat, gaat er zelfs een team van twee artsen mee in een als ambulance ingerichte Landrover.
Dit lijkt misschien een overbodige luxe, maar hoogteziekte kan redelijk ernstig zijn als je er niets aan doet, en daarnaast neemt een aantal (auto)journalisten deel die niet helemaal in topconditie zijn. Een beetje extra zuurstof van de dokter zou daarom van pas kunnen komen.

De eerste dag rijden we door een prachtig landschap van wijngaarden, spaarzaam begroeide valleien en stoffige wegen, die langzaam plaatsmaken voor oranje gekleurde, diepe kloven met ontelbare metershoge cactussen.
We maken een korte stop bij een bijzonder kunstwerk in the middle of nowhere: een meer dan tien meter lange spiegel langs de kant van de weg, waarin we onszelf prachtig weerspiegeld zien.

Die avond arriveren we bij het eerste kamp. We 'gooien' onze tentjes uit (een ideaal systeem, tenten zonder stokken) terwijl ondertussen grote barbecues worden aangestoken waarop gigantische stukken vlees worden geroosterd. Als vegetariër heb ik het zwaar in Argentinië, omdat iedereen er een sport van maakt zo veel mogelijk vlees weg te werken, maar gelukkig hebben ze rekening met me gehouden en krijg ik een bord vol geroosterde groentes met zeezout en kruiden.

Als ik 's nachts op mijn matje naar de sterren staar voel ik me intens gelukkig; wat een bijzondere plek om jarig te zijn!

De volgende dag rijden we door de streek met slechts enkele kleine dorpjes. Lama's grazen op de uitgestrekte vlaktes en af en toe scheert een grote roofvogel langs.

In de middag stoppen we even in een

klein dorpje. Nadat we een klein deurtje zijn doorgegaan, blijken we ineens in een kleine bakkerij te staan waar het versgebakken brood nog ligt af te koelen op houten planken. We kopen er een paar en lopen weer terug naar buiten. Tientallen kinderen hangen nieuwsgierig om de auto's heen en raken ze voorzichtig aan. Zittend op een klein muurtje eten we het warme brood op.

Lama's grazen op de uitgestrekte vlaktes en af en toe scheert een grote roofvogel langs

De rest van de dag rijden we over de lege weg terwijl we langzamerhand hoger klimmen. We passeren hoge rotsen, kleine stroompjes en smalle kloven en als we die avond ons kamp opslaan, kan iedereen ook

nog een proef met de auto's doen, over de hoge rotsen om uit te testen wat de auto's aankunnen. Altijd leuk om te zien hoe volwassen mannen weer kleine jongens worden als het gaat om stoere auto's op ruig terrein.
We worden de volgende morgen duidelijk geïnstrueerd: het hoogste gedeelte van de route ligt voor ons en daarom moeten we goed letten op eventuele symptomen van hoogteziekte. Eigenlijk geeft die naam een verzameling van ziekteverschijnselen aan die kunnen optreden als je je te snel naar grote hoogte verplaatst. Hoogteziekte kan al 'toeslaan' vanaf 2500 meter (bijvoorbeeld als je gaat skiën), maar meestal begint het boven de 3500 meter.

Op grote hoogte bevat de lucht veel minder zuurstof en dat kan het lichaam ernstig van slag maken. Hoofdpijn, ademhalingsmoeilijkheden, coördinatieproblemen en bewusteloosheid kunnen optreden en als je niets doet kan je er zelfs aan overlijden. Er is een medicijn voor dat in ernstige gevallen kan worden gebruikt, maar de enige echt goede remedie is zo snel mogelijk weer dalen, dan verdwijnen de symptomen vanzelf. Overigens is het heel belangrijk om genoeg water te drinken, dat verkleint de kans op problemen. Een gewaarschuwd mens telt voor twee en enigszins gespannen stap ik de auto in. De Paso Abra del Acay is een prachtige bergpas: over lege heuvels met slechts hier en daar een cactus, slingert hij zich omhoog door de ruige Andes. Er leven hier bijna geen dieren meer, behalve talloze lama's. Als je geluk hebt zie je een condor of zelfs, in uitzonderlijke gevallen, een poema, daarvoor moet je wel een trektocht maken ver weg van de bewoonde wereld.
Op deze hoogte is er nauwelijks verkeer en slechts af en toe komen we langs een afgetrapte auto of vrachtwagen. Een van de instructeurs heeft ons verteld dat niet alleen mensen, maar ook auto's moeite hebben met de hoogte. De motor in een auto verliest ongeveer vijf procent van zijn vermogen bij elke vijfhonderd meter die je stijgt, en dat betekent dat de wagen op het hoogste punt van deze route maar liefst vijftig procent minder kracht heeft.

Dat is te merken, want hoe hoger we komen, hoe trager we rijden. Ik voel het ook aan mijn lichaam; ademen gaat duidelijk moeizamer en ik voel een lichte roes in mijn hoofd. Onderweg passeren we een terreinwagen met drie Duitse journalisten die langs de kant van de weg staan. De oudste van het stel, een kleine gedrongen man, zit op de achterbank terwijl de dokter een zuurstoffles uit zijn auto haalt. Na een paar minuten extra zuurstof inademen door het mondkapje begint de man langzaam weer wat kleur op zijn wangen te krijgen en kunnen ze hun weg vervolgen.
En dan zien we eindelijk na een rit waar geen einde aan lijkt te komen, langs afgronden, scherpe bochten en onvoorstelbaar mooie panorama's, in de verte het bord dat aangeeft dat we het hoogste punt hebben bereikt! Ik stap uit en wil naar het bord hollen voor een foto, maar ik merk dat ik beter rustig aan kan doen; elke stap voelt hier drie keer zo zwaar als aan het begin van de trip.

Ik voel het aan mijn lichaam; ademen gaat duidelijk moeizamer en ik voel een lichte roes in mijn hoofd

G4
CHALLENGE

We maken talloze foto's van onszelf en de omgeving, we bewonderen het uitzicht dat zelfs zicht biedt op buurland Bolivia, en stappen dan weer in de auto.
Nog twee dagen rijden we door het eenzame en verslavend mooie landschap. We luisteren over de speakers naar elkaars iPods, bespreken het leven, drinken talloze wijntjes, staren in de vlammen van het kampvuur en proeven de lokale gerechten in kleine restaurantjes langs de weg.

Na een overnachting in een voormalig mijnwerkersdorp, waar het 's nachts zo koud is dat we wakker worden met ijs op de tent, dalen we weer af naar de stad Salta, waar de reis eindigt. Deze stad, ook wel genoemd 'Salta, la Linda,' wat zoveel betekent als 'Salta, de mooie', ligt op maar 1150 meter hoogte en dus zakken we in twee dagen bijna vierduizend meter.
Salta zelf is een bekende toeristenbestemming door de prachtige koloniale architectuur en de ligging in een glooiende vallei. Het is de meest 'Spaanse' stad van Argentinië, die wel vergeleken wordt met steden in Andalusië en er is genoeg te zien en te beleven. Wij blijven er slechts één avond, waarin we de smaak te pakken krijgen, want in Salta kan je geweldig eten en tot diep in de nacht dansen.
Moe maar voldaan en een jaartje ouder stap ik de volgende dag in het vliegtuig, dat gelukkig een stuk groter is dan het toestel tijdens de heenreis. De hele weg naar huis slaap ik, wat me niet vaak gebeurt, dromend over poema's die 's nachts aan mijn tentje komen snuffelen...

Meer informatie

Beste reistijd
Oktober tot half december
en april tot half juni.

El Esteco
www.elesteco.com.ar

Starwood Hotel
www.starwoodhotels.com

Patios de Cafayate
www.patiosdecafayate.com

Trein
www.trenalasnubes.com.

Autoverhuur
www.welcomeargentina.com

Je kan deze trip prima zelf ondernemen, bijvoorbeeld via de route: Cafayate-Molinos-La Poma-San Antonio de los Cobros-Santa Roca de Tastill-Salta.
Huur een auto in Cafayate en trek er minstens drie dagen voor uit om de hele rit te maken.

Toonik Tyme Spring-festival

festival

Meer info festival
www.tooniktyme.com

Meer info stad
www.city.iqaluit.nu.ca

Er zijn maar weinig plekken waar je zo snel vergeet dat je in een westers land bent als in de Noord-Canadese provincie Nunavut.

Want in welk westers land zijn de temperaturen 's winters zo extreem dat je minstens drie lagen handschoenen moet dragen omdat anders je vingers bevriezen? Waar vliegtuigen die de verbinding met de buitenwereld vormen, regelmatig uitvallen omdat het kouder dan -45 °C is en je buiten de stad op je hoede moet zijn voor agressieve ijsberen?

Ik bezoek Nunavut in 2009 op mijn reis langs de poolcirkel en zelden ben ik zo verrast. Deze regio is dan ook een heel speciaal gebied, met een eigen bevolking, de Inuit, die in weinig lijken op de gemiddelde inwoners van het land. Zelfs Canadezen komen nauwelijks in deze regio: te koud en te afgelegen.
Zo bizar is dit echter niet. Er is bijna geen infrastructuur, waardoor de mogelijkheden om rond te reizen bijzonder gelimiteerd zijn. De enige manier om het gebied te bereiken is per vliegtuig. De meeste vluchten gaan eerst naar de hoofdstad Iqaluit en vandaar kun je verder naar Nunavut. Een van de eerste dingen die je ziet als je landt, is het bordje met de naam van de stad in de Inuittaal: ᐃᓄᒃᑎᑐᑦ), een totaal onbekend schrift voor ons westerlingen. Net als de rest van de regio is deze stad de hele winter gedompeld in een diepe kou, waarbij de zon een paar maanden zelfs helemaal niet te zien is. De mensen hebben leren overleven in deze barre omstandigheden. Desondanks verlangt iedereen aan het einde van de winter naar licht, het smelten van de sneeuw en het langzaam opleven van de natuur.
Rond die tijd wordt ieder jaar het Toonik Tyme-festival georganiseerd, waar mensen van heinde en verre naartoe komen. Tijdens dit festival, dat een week duurt en sinds 1965 bestaat, draait het allemaal om het vieren van de naderende lente met muziek, sport en dans. Traditionele onderdelen van de festiviteiten zijn onder meer het bouwen van iglo's, competities met sneeuwmobielen, sleehondenraces en viswedstrijden.
Het Toonik Tyme-festival is niet alleen een feest voor de in -woners van de regio, maar ook bedoeld om bezoekers te trekken die anders niet zo snel naar deze afgelegen plek komen. En dat lijkt te lukken, want elk jaar bezoeken meer en meer mensen dit festival.

GMC
ALASKA
3377BY

Veiligheid onderweg

"Is dat niet gevaarlijk, al die reizen die jij maakt?" Minstens één keer per maand wordt mij die vraag gesteld, meestal door mensen die ik ergens op straat in Nederland tegenkom. En eerlijk gezegd weet ik nooit zo goed wat ik nou moet antwoorden. Feit is dat me nooit iets ernstigs is overkomen, hoewel ik dat wel meteen moet afkloppen. Maar er zijn natuurlijk wel genoeg momenten geweest dat ik wist dat ik niet ver van echte ellende af was.

Bijvoorbeeld die keer dat ik in mijn eentje in een taxi door de donkere buitenwijken van Beijing reed, koortsachtig op zoek naar een discotheek waar ik mijn vrienden zou treffen. Met mijn stomme kop stapte ik uit in een verlaten steeg bij een obscuur pand waar de discotheek zou moeten zijn. Gelukkig bleek er achter een roestige deur wel degelijk een club te zijn, maar heel slim was deze actie niet.

En dat was niet het enige: ik heb wel vaker domme dingen gedaan die ik nooit vertelde als ik weer thuiskwam. Op m'n tweeëntwintigste al liftend met een vriendin door het noorden van de Verenigde Staten reizen bijvoorbeeld, of een tas met al mijn geld en papieren laten staan op het vliegveld van Tokio. Midden in de nacht wiet kopen in een obscure wijk in São Paulo was ook niet bijster slim, net als die keer dat ik achterop een motor klom bij een dronken Brit om over de smalle straatjes van nachtelijk Bali te crossen. En zo kan ik nog wel even door gaan.

Gelukkig heb ik er wel wat van geleerd, dus bij deze een lijstje om wat veiliger op reis te gaan dan ik dat de eerste jaren deed...

01. Weet waar je heen gaat! Het klinkt misschien voor de hand liggend, maar bereid je reis goed voor: struin het internet af, lees reisgidsen, check reisverslagen over de plaatsen waar je heen wilt, enzovoort. Zo voorkom je (onaangename) verrassingen ter plekke. Kijk ook altijd even voor de zekerheid op de website van het ministerie van Buitenlandse Zaken: www.minbuza.nl/reisadviezen; daarop staat up-to-date informatie over alle mogelijke problemen die je in een land kan tegenkomen.

02. Laat je bagage sealen als je naar bestemmingen buiten Europa vliegt. Daarmee voorkom je niet alleen dat er zaken uit je tas gestolen worden, maar ook dat je bagage gebruikt wordt om spullen zoals drugs te smokkelen. Een goedkopere en 'schonere' optie is een zogenaamde flightbag plus een hangslotje, die je onder andere in buitensportzaken kan kopen. Je stopt je bagage in de zak, waarna je het geheel afsluit.

03. Het is waarschijnlijk algemeen bekend, maar ga altijd goed verzekerd op reis! Uit een onderzoek uit 2008 blijkt dat één op de vier Nederlanders geen reisverzekering had afgesloten voor een vakantie naar het buitenland. Van de Nederlanders die maar een paar dagen op vakantie gingen, bleek zelfs 48 procent geen reisverzekering te hebben.
Velen denken dat een gewone ziektekostenverzekering voldoende is, maar dat klopt niet. De ANWB krijgt veel te maken met Nederlanders die ondanks hun ziektekostenverzekering toch hoge kosten moeten maken en niet vergoed krijgen, zeker als iemand vanuit het buitenland naar huis vervoerd moet worden. Ook dekken ziektekostenverzekeringen lang niet alle ziektekosten die op vakantie worden gemaakt.
Check voor vertrek je verzekeringsmaatschappij, sluit een reisverzekering af en lees ook vooral de polis. Vergeet niet om risicovolle activiteiten als duiken en parachutespringen extra te verzekeren.

04. Neem je mobiele telefoon altijd mee en zet het plaatselijke alarmnummer onder een voorkeurstoets. Als er wat gebeurt kan je snel bellen en hulp inschakelen.

05. Probeer er niet uit te zien als een toerist, vooral niet in werelddelen waar je veel sneller een doelwit bent. Kijk ook uit met een rugzakje voor je spullen; iedereen kan wel raden dat daar je portemonnee en je fototoestel in zitten. In een vreemde, niet helemaal veilige stad neem ik altijd gewoon een plastic tas van een lokale winkel mee waar ik mijn belangrijke spullen in stop, dat valt veel minder op.

06. Neem altijd een extra creditcard of bankpas mee, die je van tevoren bij je bank aanvraagt. Die gebruik je alleen in noodgevallen en stop je ergens ver weg van je portemonnee, bijvoorbeeld in een sok, schoen of beter nog: tussen je vuile was in je tas of koffer. Mocht je portemonnee gejat worden, heb je altijd nog een kaart over.

07. Kopieer je belangrijke passen en paspoort. Mijn paspoort werd ooit gestolen op een klein eilandje voor de kust van Mexico (niet goed opgeborgen, stom dus), maar omdat ik een fotokopie van de pas had kon ik sneller een nieuwe krijgen. Neem daarnaast een kopie mee met al je vluchtgegevens, verblijfsgegevens, enzovoort.

08. Stop in je portemonnee en tas een briefje met de gegevens van mensen die gealarmeerd kunnen worden, mocht je wat overkomen, zoals een ongeluk. Vermeld eventuele belangrijke medische informatie, bijvoorbeeld of je astmatisch of diabetespatiënt bent.

09. Als je je geld verliest, reken er dan niet te snel op dat je bij het consulaat of de ambassade wel wat kan lenen. Men is daar al druk zat met het helpen van mensen met grotere problemen, zoals verloren papieren en arrestaties. De ambassade kan je altijd wel tips en adviezen geven; in risicolanden is het belangrijk het nummer altijd bij je te hebben. Creditcardorganisaties kunnen je snel, vaak binnen vierentwintig uur, helpen aan een vervangende kaart of, indien nodig, aan cash geld.

10. Neem een hangslot mee met een dunne ketting of draad. In risicolanden kan je er bijvoorbeeld handig je tassen mee vastbinden als je 's avonds in de trein zit. Je kan er ook deuren extra mee op slot doen tegen inbrekers.

11. Loop over straat alsof je precies weet waar je heen gaat, zeker in steden als Kaapstad, Mexico City of Rio de Janeiro. Een stevige pas, zelfverzekerde blik en een stoïcijnse houding als iemand tegen je aan begint te bazelen, doen wonderen.

12. Wees alert! Uit onderzoek blijkt dat mensen die op straat bellen een grotere kans lopen overvallen te worden. Kijk om je heen en wandel geen straten in met weinig winkels of mensen als je het gevoel hebt in een verkeerde buurt te zijn. Zelf blijf ik altijd in de buurt van andere mensen lopen als ik me niet veilig voel, ook al moeten ze een andere kant uit.

13. Het klinkt raar, maar ga je voor een lange periode weg naar bijvoorbeeld Zuid-Amerika of Afrika, dan loont het – vooral voor vrouwen - de moeite een paar zelfverdedigingstrucs te leren. Bij verschillende buurthuizen en sportscholen in Nederland kan je een korte cursus volgen; met als groot voordeel dat je met een paar simpele bewegingen daadwerkelijk iemand kan uitschakelen die lastig of vervelend is.

14. Als je alleen reist, maar ook als je met anderen een lange wandeling door de natuur gaat maken, zorg dan dat er altijd mensen op de hoogte zijn van je activiteiten. Mail vrienden en/of familie waar je heen gaat en spreek af dat je op een bepaald moment contact met ze opneemt.
Dit soort afspraken kunnen letterlijk je leven redden!

Bilbao

short trip

Nederlanders houden van Spanje. Al zolang ik me kan herinneren staat dit land steevast in de top vijf van meest bezochte vakantiebestemmingen. Hele vrachtladingen Nederlanders reizen elk jaar weer af naar dit Zuid-Europese land. Het grappige is dat ze vrijwel allemaal naar dezelfde plekken gaan: de costa's, Barcelona, de Canarische Eilanden en de Balearen (waar Mallorca en Ibiza toe behoren), en in mindere mate ook naar steden als Madrid, Málaga en Valencia.

Echt verwonderlijk is dat natuurlijk niet. De meeste toeristen die Nederland bezoeken, komen ook niet veel verder dan de highlights als Amsterdam, de Bollenstreek en Volendam. Ik kom in plaatsen als Assen of Sittard tenminste niet echt vaak een Spaanse toerist tegen.

Omdat Spanje zo ongelofelijk groot is, twaalf keer zo groot als Nederland, heb je nogal wat alternatieven als je eens iets anders wilt zien.
Ook ik had in Spanje een beetje de neiging om steeds weer naar dezelfde plaatsen te gaan. Dat had vooral te maken met mijn vriend, een Italiaan die op Ibiza woonde. De afgelopen twee jaar ging ik gemiddeld één keer per twee maanden op en neer naar Spanje, waarbij ik niet veel verder kwam dan Madrid, Barcelona en Ibiza Stad. Heel erg leuk, maar elke keer als ik op het vliegveld zat te wachten en al die Spaanse bestemmingen als Jerez, Zaragoza, San Sebastián of Santiago de Compostela op het bord zag staan, werd ik toch nieuwsgierig.
Dit weekend is het zover: Air France heeft een aanbieding voor Bilbao, een stad die al een tijdje op mijn verlanglijstje staat. En dus stap ik het vliegtuig in om dit voor mij nog onbekende stukje Spanje met mijn eigen ogen te gaan bekijken.
Bilbao is voor veel mensen, ook voor mij, alleen bekend als de stad van het beroemde en prachtig gebouwde Guggenheim Museum. Als je even in de boekjes duikt, kom je er al snel achter dat dit maar een klein deel van alle bezienswaardigheden is.

Bilbao is de grootste stad van het Spaanse deel van Baskenland. Een regio die deels in Spanje en deels in Frankrijk ligt, aan de voet van de Pyreneeën. Baskenland, of el País Vasco, roept helaas altijd direct associaties op met de terreurbeweging ETA die in het verleden diverse bloedige aanslagen heeft gepleegd. ETA staat voor Euskadi Ta Askatasuna, wat Baskisch is voor 'vaderland en vrijheid'. Deze afscheidingsbeweging strijdt sinds 1959 voor een onafhankelijk Baskenland in Noord-Spanje en het zuidwesten van Frankrijk en wil er een socialistische staat vestigen. Het ontstaan van de terreurorganisatie heeft alles te maken met de geschiedenis van de regio. De inwoners van dit gebied, de Basken, zijn waarschijnlijk het oudste volk van Europa en spreken dan ook de oudste taal van dit werelddeel. Tot de vijftiende eeuw was het een onafhankelijke staat, maar daarna ging het deels bij Spanje en deels bij Frankrijk horen. De ETA was aanvankelijk een vreedzame beweging die inging tegen het fascistische regime van dictator Franco en streed voor eigen rechten. Zo mocht men tijdens de dictatuur bijvoorbeeld de eigen taal niet spreken. Vanaf eind jaren zestig nam het geweld de overhand en sindsdien pleegde de organisatie regelmatig aanslagen in Spanje en Frankrijk.

De steun voor de ETA is onder de Baskische bevolking tegenwoordig veel minder groot dan in de beginjaren. In Spanje zijn er meerdere maatschappelijke bewegingen actief die protesteren tegen het geweld van de organisatie, bijvoorbeeld ¡Basta Ya!, wat 'genoeg is genoeg' betekent. Deze beweging organiseert demonstraties tegen het geweld van de ETA en heeft een grote aanhang onder de bevolking.
In september 2010 kondigde de ETA aan geen gewapende aanvallen meer uit te voeren. De toekomst zal uitwijzen of ze zich hier ook daadwerkelijk aan zal houden.

Bilbao is goed te bereiken want vanuit Nederland is het een kleine twee uur vliegen, meestal met een overstap in Parijs, Barcelona of Madrid. De laatste jaren groeit de populariteit van de stad en met de bouw van een nieuw vliegveld zijn er steeds meer budgetvliegmaatschappijen die op Bilbao vliegen.
Vanuit de lucht heb je het gevoel alsof je in de Alpen terechtkomt, door de hoge groene heuvels, uitgestrekte bossen en witte vakwerkboerderijen die her en der in het landschap staan. Niet zo verwonderlijk, want Bilbao ligt in de uitlopers van de Pyreneeën en dus ben je niet ver verwijderd van de echt hoge bergen. Als je in de winter komt, kan je op een uurtje van de stad skiën of snowboarden, iets waar ik persoonlijk altijd erg blij van word.
Het vliegveld zelf zou zo in het blad Wallpaper kunnen. Het is een prachtig wit gebouw dat, met een beetje fantasie, enigszins lijkt op een Concorde en op de luchthaven Charles de Gaulle in Parijs. Het vliegveld ligt tussen de heuvels en om de stad te bereiken zit je een kwartiertje in

taxi of pendelbus. Bilbao ligt eveneens in de heuvels en het leuke is dat je, als je door de tunnel richting stad rijdt, ineens in het centrum bent. Direct zie je aan je rechterhand het befaamde Guggenheim Museum. Dit bijzondere gebouw ligt aan de rivier Ría de Bilbao, die dwars door de stad loopt en uiteindelijk uitkomt in de Atlantische Oceaan.

Bilbao is niet al te groot, ongeveer te vergelijken met Utrecht, en daardoor is het redelijk gemakkelijk om de hele stad te verkennen. Ik hou er wel van als een stad compact is, dan heb je niet zo snel het gevoel dat je tachtig procent van de bezienswaardigheden mist. Het hotel waar ik vannacht slaap, het Silken Gran Hotel Domine Bilbao, heeft een bijzondere ligging. Het Guggenheim staat er namelijk pal naast en dus wandel je vanaf de uitgang van het hotel binnen twee minuten naar de entree van het museum. Het interieur van het hotel is ook de moeite waard: een strak ontwerp met veel licht door de patio midden in het gebouw, waar een immense zuil van keien is neergezet. De inrichting is redelijk sober, met grote designfauteuils in de lobby, rode strakke lampen, een witte ruime bar waar je tot in de late uurtjes terechtkan, en een bijzonder restaurant op de begane grond, Beltz the Black, dat een vermelding in de Michelingids heeft. Ook de moeite waard is het dak-

terras, waar je rechtstreeks uitkijkt op het Guggenheim en waar je 's morgens een uitermate goed ontbijt kan nuttigen met streekspecialiteiten zoals de bekende jamón Ibérico en speciale kazen.

Vanuit het hotel ben je dus in een mum van tijd bij het Guggenheim Museum. Voor het luttele bedrag van elf euro mag je hier de hele dag binnen rondwandelen, maar begin vooral eerst met een rondje om het gebouw zelf, want dat is oogverblindend. Letterlijk zelfs, door de glanzende aluminium panelen die het hele gebouw bekleden. Het beroemde 'golvende' museum werd in 1997 geopend en is ontworpen door de architect Frank Gehry. Buiten vind je al een aantal kunstwerken, onder andere de bekende metershoge spin van Louise Bourgeois, maar het mooiste is toch wel de twintig meter hoge puppy van Jeff Koons, die volledig begroeid is met viooltjes. Eenmaal binnen krijg je een audiotour omgehangen, waardoor je bij elk kunstwerk een uitgebreide toelichting kan beluisteren. Het museum telt drie verdiepingen en heeft naast een permanente collectie met beroemde werken van Warhol, Mondriaan, Kandinsky en Chagall, regelmatig wisselende exposities. Zo was er begin 2010 een grote overzichtstentoonstelling te bewonderen van de architect Frank Loyd Wright, die het Guggenheim in New York heeft

ontworpen. Ook als je niet al te vaak een museum bezoekt is dit gebouw echt de moeite waard, doordat het niet te groot is en er veel prachtige werken te zien zijn.

Weer buiten wandel je in een kwartiertje naar het oude centrum van Bilbao, Casco Viejo. Als ik die kant uit ga, langs de haven, begint het net lichtjes te regenen. Het weer in Bilbao is een stuk grilliger dan bijvoorbeeld dat aan de Spaanse costa's. Vooral in de winter kan het er nogal eens regenen en kan het kwik gemakkelijk zakken tot zo'n 5 °C. Gelukkig kan het ook weer snel opklaren, hoewel dat nu bij mij even niet opgaat. Omdat ik geen paraplu bij me heb besluit ik ergens te schuilen, en dan zie ik onder aan de kade een groot motorschip liggen met 'Bilboat' op de zijkant. Niet veel later zit ik voor tien euro op het achterdek onder een afdakje, terwijl we de rivier stroomafwaarts afvaren. De toer duurt ongeveer een uur. Onderweg kom je via een audiogids alles te weten over de gebouwen aan het water en de verschillende wijken waar je langs vaart. Heb je meer tijd? Dan kan je voor zestien euro ook een tocht maken die helemaal naar zee gaat.
Zover kom ik niet vandaag, ik ga maar tot de rand van de stad. Bilbao is, hoewel het niet direct aan zee ligt, een havenstad. Net buiten het centrum vind je kades met grote rode hijskranen en stapels oud ijzer die in de buik van vrachtschepen verdwijnen. Je ziet vooral vergane glorie, want de meeste havens zijn buiten gebruik. Veel mooie oude gebouwen staan leeg, raken langzaam in verval en dus zijn de ramen ingegooid en woekeren de planten over de stenen. Mocht er ooit een slimme, gefortuneerde projectontwikkelaar in geïnteresseerd raken, dan kan die de mooiste appartementen, hotels of winkels in dit gebied bouwen. Een beetje zoals het stuk haven in Rotterdam, dat ooit vervallen was, maar waar nu onder andere Hotel New York is verrezen.

Terug in de stad is het inmiddels opgehouden met regenen en loop ik verder langs het water richting Casco Viejo. In het oudste deel van Bilbao tref je mooie, smalle weggetjes en de belangrijke winkelstraten met veel Spaanse ketens, maar ook een groot aantal barretjes en restaurants.
Vlak bij de rivier vind je ook een enorme overdekte markt, een van de grootste van Europa. Hier kan je van dinsdag tot en met zaterdag groente, fruit, vlees, vis en een groot aantal lokale specialiteiten kopen. Heb je ondertussen trek gekregen, dan hoef je alleen maar rond etenstijd een van de vele pintxos-barretjes binnen te wandelen. In dit deel van Spanje noemen ze tapas 'pintxos': sneetjes stokbrood met alle mogelijke soorten uitermate smakelijk beleg. De bereiding ervan hebben ze tot een ware kunst verheven, en elke bar heeft zijn eigen specialiteiten die er zo goed uitzien dat je het liefst de hele dag alleen maar deze hapjes eet. Op het Plaza Berria, in de oude stad, vind je erg veel van deze eetgelegenheden en vooral in het weekend en op vrije dagen is het er heel gezellig. Iedereen komt er dan, ook in de winter, buiten op straat bier drinken en pintxos eten.
Ik bestel voor nog geen acht euro een klein biertje en een bordje pintxos, met lekkere combinaties als geitenkaas met frambozencompote en balsamico vinaigrette, gefrituurde kabeljauwballetjes met truffelmayonaise, en gegrilde scampi met geroosterde courgette en limoendressing. Als je op dit plein in elke bar een drankje bestelt met een hapje erbij, hoef je de rest van de avond niet meer te eten (en ben je zo lam als een konijn, want er zitten behoorlijk wat barretjes hier).
Ik loop nog zo'n bar binnen en wordt aangesproken door Edwin, een Nederlandse jongen die hier woont.

Je ziet vooral vergane glorie, want de meeste havens zijn buiten gebruik

Hij vertelt me lachend dat we elkaar bijna vijftien jaar geleden hebben ontmoet in Biarritz, waar hij toentertijd werkte als surffotograaf en waar ik een programma opnam. Ik kan het me niet meer goed herinneren – ik heb soms het gevoel dat de 'harde schijf' in mijn hoofd een beetje vol zit – maar het is erg leuk om met hem en zijn Spaanse vriendin een drankje te drinken en te praten over zijn leven hier. Hij is naar een klein dorpje buiten Bilbao verhuisd omdat zijn vriendin daarvandaan komt. Hij verdient zijn geld nu met het maken van bruidsreportages ('aan surfers valt niet echt wat te verdienen hier'), maar combineert dat met veel surfen in zijn vrije tijd. Volgens Edwin is het leven in Bilbao prima. Het is een onbekend stuk van Spanje waar weinig toeristen komen; je bent in no time aan het strand of op de skipiste, en de stad is groot genoeg om je te kunnen vermaken. Het is handig dat er een tramlijn loopt van Bilbao naar het strand en dus is hij straks in een klein halfuurtje weer thuis en kan hij morgen lekker het water op.

Ik hoef vandaag niet meer te eten, maar toch vraag ik Edwin of hij nog wat goede restaurants kan tippen. Dat kan hij wel. Marisquería Rimbombín bijvoorbeeld, beroemd om de vis. Wat barretjes betreft raadt hij me café Iruña aan, met een prachtig Moors interieur. Of El Globo, een populaire bar niet ver van het hotel waar ik logeer. Die avond rol ik laat mijn bed in. Vroeg naar bed gaan is er hier niet bij, want tot laat staat iedereen buiten te drinken. De volgende morgen sta ik vroeg op om nog wat van de omgeving te zien. Na een uitgebreid ontbijt op de zevende verdieping van het hotel, met uitzicht op een ontwakende stad, stap ik in de metro richting de zee. Ik stap uit in Las Arenas, een wijk in het dorpje Getxo, waar veel prachtige huizen staan die lang geleden gebouwd werden door de rijken van Bilbao. In dit district vind je het eerste bouwwerk van Spaans Baskenland dat een plaatsje op de UNESCO Werelderfgoedlijst kreeg, El Puente Colgante de Vizcaya. Deze grote transportbrug is uniek. Hij werd gebouwd in 1893 om het verkeer de rivier over te laten steken zonder daarbij de scheepvaart te hinderen. Dit gebeurt met een gondel waarin passagiers en voertuigen omhooggehesen worden om vervolgens op grote hoogte over het water te worden getransporteerd. De brug, de oudste in zijn soort, is vierentwintig uur per dag in bedrijf en als toerist kun je voor vijf euro ook de enorme masten beklimmen.

Van daaruit slenter ik in een uurtje verder langs de kade richting de oude vissershaven van Getxo. De haven geeft een mooi beeld van het leven in vroeger tijden omdat er nog veel oude gebouwen staan. Hier in Getxo vind je trouwens ook een aanrader om geweldig te eten: Cubita, gevestigd in een oude molen en gebouwd op een klif hoog boven de zee, heeft de beste vis van de omgeving.
Wandel je vervolgens door naar Algorta, dan vind je daar weer een metrostation waar vandaan je terug kan naar Bilbao. Of bezichtig het bijzondere bomenkunstwerk van de autodidactische schilder en beeldhouwer Agustín Ibarrola in een bos vlak bij het plaatsje Guernica. Zijn beschilderde bomen vormen, als je er op de juiste manier voor gaat staan, een bijzonder geheel. Je kan natuurlijk ook naar de stad San Sebastián, waar de pintxos volgens de bewoners zelfs nog beter zijn dan in Bilbao.
Terug in de metro naar Bilbao bedenk ik dat we maar eens een aflevering van 3 op Reis over deze stad moeten maken. De adressen heb ik al, we hoeven alleen nog maar een datum te prikken en te boeken. En dan gaan we zeker een week!

Meer informatie

Beste reistijd
Bilbao is het hele jaar door prima te bezoeken.

Bar El Globo
www.barelglobo.com

Bilboat
www.bilboats.com

Café Iruña
www.cafesdebilbao.net

Guggenheim Museum
www.guggenheim-bilbao.es

Marisquería Rimbombín
www.rimbombin.es

Restaurant Beltz the Black
www.granhoteldominebilbao.com

Restaurant Cubita
www.cubita.biz

Silken Gran Hotel de Bilbao
www.granhoteldominebilbao.com

Deir Mar Musa

hotel

Mijn reis door Syrië is er een om niet snel te vergeten. Komend vanuit Turkije staan we een halve dag bij de grens te wachten omdat de juiste stempels niet in ons paspoort staan. Eenmaal in Syrië ben ik overdonderd door de geschiedenis die het land uitademt.

Het begint al met de vroegere handelsstad Aleppo, met midden in het centrum de eeuwenoude Citadel, een van de oudste burchten ter wereld. In de kleine straatjes liggen achter dikke muren de mooiste hotels verborgen.

Ook Krak des Chevaliers, waar de tijden van de grote kruisvaarders weer tot leven komen, is de moeite waard. Deze gigantische burcht op een hoge heuvel is een indrukwekkend bouwwerk dat je eerder in Frankrijk of Spanje zou verwachten. Je kan er ronddwalen door de ridderzalen en slaapvertrekken of een van de torens beklimmen en kilometers ver uitkijken over de droge heuvels.
Vergeet niet de hoofdstad Damascus te bezoeken. Door de smalle straatjes en steegjes in de oude stad ook wel de Parel van het Oosten genoemd. Hier kan je dagen rondwandelen en het beste ijs van het Midden-Oosten eten.
En natuurlijk is Palmyra, 'de stad der duizend zuilen', een plek om nooit meer

te vergeten. Ooit was Palmyra een oase op de zijderoute die door de ligging steenrijk werd. Er stond een duizelingwekkende hoeveelheid prachtige paleizen en tempels, maar na vele oorlogen en aardbevingen, verdwenen die grotendeels. Wat rest is een prachtige verzameling ruïnes die nog steeds bijzonder indrukwekkend is.

Een van de meest bijzondere plekken om te overnachten is het Deir Mar Musa-klooster, ten noorden van Damascus. Dit in de elfde eeuw gebouwde complex, dat op meer dan dertienhonderd meter hoogte ligt, is alleen per voet en via een lange trap te bereiken, waarna je vervolgens ontvangen wordt door de Italiaanse priester Paolo Dall'Oglio, de drijvende kracht achter de abdij.
Hij ontdekte het klooster meer dan dertig jaar geleden toen het bijna geheel vervallen was. Met engelengeduld restaureerde hij het, inclusief de eeuwenoude kapel met de bijzondere wandschilderingen.
Het belangrijkste voor Dall'oglio was het creëren van een plek in het Midden-Oosten waar iedereen welkom is, gelovig of niet, en waar moslims en christenen in harmonie kunnen verblijven, iets wat volgens hem veel vaker zou moeten gebeuren.
Je kan er een nachtje slapen, maar ook langer blijven om tot rust te komen of inspiratie op te doen, en dat kost je niets. Voorwaarde is alleen dat je meehelpt bij het draaiend houden van het klooster.
En dus doe je een paar uurtjes wat kleine klusjes, zoals afwassen met uitzicht op de woestijn, het afstoffen van de boeken in de bibliotheek of fruit schillen aan de grote tafel op het dakterras. Deir Mar Musa is terecht een plek waar je langer wilt blijven dan één nachtje...

Meer informatie
www.deirmarmusa.org
www.visit-syria.com

Jordanië

Bezoek Petra in Al-Mamlakah al-Oerdoennijjah al-Hasji-mijjah, oftewel Jordanië. Petra, dat in een kloof tussen de heuvels ligt, is helemaal uitgehakt uit rozerode stenen. Als je de stad via de hoofdingang binnengaat, kom je eerst door de Siq. Een twaalfhonderd meter lange kloof die ontstaan is door een prehistorische aardbeving. De muren van deze groef zijn wel tweehonderd meter hoog en passen als een soort puzzel perfect in elkaar. Petra staat bekend als de mooiste antieke bezienswaardigheid van het Midden-Oosten en is een van de zeven nieuwe wereldwonderen.

www.jordaniereizen.nl

Thailand

Op 13 april vieren de Thai nieuwjaar, Songkran genoemd. Of beter gezegd: vanaf 13 april, want in sommige Thaise steden duurt dit feest wel een week. Ik maakte de jaarwisseling ooit mee op Koh Tao, een eilandje in de Golf van Thailand. Hier duurt het feest één dag, waarop hele families de straat op gaan, gewapend met emmers, plastic flessen, waterpistolen, kortom alles waar je anderen nat mee kan maken. Zie het als een soort Koninginnedag met veel dansen en muziek, maar dan een doorweekte versie. Ga je meer richting het noorden, naar Chang Mai bijvoorbeeld, dan ben je vijf dagen zoet met dit watergevecht.

www.thailandlife.com

Japan

Treed in de voetsporen van Kukai, de stichter van het Shingon-zenboeddhisme, en loop de pelgrimstocht langs de achtentachtig tempels op het Shikoku-eiland. Kukai liep deze tocht in de negende eeuw om tot verlichting te komen. De achtentachtig tempels staan volgens het boeddhisme voor de slechte eigenschappen van de mens en met deze pelgrimage kan je je van die eigenschappen ontdoen. Japanners willen de tocht één keer in hun leven maken. Je kan de tempels lopend, met de auto of met de bus bezoeken en het is mogelijk voor kortere routes met minder tempels te kiezen.

www.shikokuhenrotrail.com

Zuidwest-Spanje

In Andalusië vind je Los Pueblos Blancos: een aantal prachtige witte dorpjes. Ter verkoeling worden de huizen in deze streek elk jaar witgekalkt om zo de zonnestralen tegen te houden. Kenmerkend voor alle dorpen zijn de smalle en vaak steile steegjes en straten. Het leukste is met de auto door deze regio toeren, maar met het openbaar vervoer is dit ook mogelijk. Bezoek op je route zeker het stadje Ronda, waar je vanaf de brug de Puente Nuevo een adembenemend uitzicht hebt over de omliggende bergen en het diepe ravijn waaraan het stadje grenst.

www.rusticblue.com

Tanzania

Ga in april naar het Gombe Stream National Park in Tanzania, de thuisbasis van grote chimpanseefamilies. De kans om hier dit apenras te zien is in deze tijd het grootst (van februari tot juni). Het Gombe Stream National Park ligt aan de noordoostelijke oever van Lake Tanganyika, het grootste rifmeer én het diepste meer van Afrika. Het park kreeg vooral bekendheid doordat Jane Goodall, de beroemde primatologe, hier ging wonen voor haar studie naar het gedrag van chimpansees.

www.tanzaniaparks.com

05

mei

Mei heeft 31 dagen en is de laatste maand van de lente | **Op het noordelijk halfrond valt mei in de lente en op het zuidelijk halfrond in de herfst** | Van mei wordt gezegd dat de maand een positief effect heeft op neerslachtige personen | **1 mei, May Day, is de Dag van de Arbeid** | In Japan en Zuid-Korea is 5 mei de Dag van het Kind | **10 mei is Golden Spike Day in de VS: in 1869 was op deze dag de eerste transcontinentale spoorweg een feit** | Op de eerste zaterdag in mei wordt de beroemdste paardenrace van de Verenigde Staten gehouden: de Kentucky Derby

20

Bhutan

long trip

Een jaar of twintig geleden zat ik bij de tandarts in de wachtkamer om een, in mijn ogen, horror-behandeling te krijgen. Terwijl ik aan het wachten was zag ik op tafel het magazine National Geographic liggen met op de voorkant een klooster in het, voor mij tot dan toe, onbekende Bhutan. Al lezende raakte ik zo onder de indruk van het verhaal en de foto's dat ik zelfs even vergat waar ik was en wat me te wachten stond. Voor mij was het meteen duidelijk: ooit zou ik dit land zelf gaan bekijken.

Zeventien jaar later arriveer ik, na een lange treinreis door India, in het drukke grensplaatsje Puensholing. Via een prachtige, grote houten poort steken we de grens over tussen India en Bhutan. Terwijl ik in een houten hokje mijn paspoort laat stempelen door een douanier moet ik weer denken aan mijn bezoek aan de tandarts, nu alweer zo lang geleden. Het is gelukt: ik ben eindelijk in Bhutan!

Het bruto nationaal product is hier vervangen door het bruto nationaal geluk

Bhutan is een van de meest geïsoleerde landen ter wereld en was tot de jaren zestig zelfs volledig van de buitenwereld afgesloten. Tot die tijd had het land geen scholen, ziekenhuizen, telefoons, eigen valuta of postkantoren, en al helemaal geen toeristen.

Met de komst van een nieuwe koning in 1974 werd de modernisering, die toen al enigszins op gang was gekomen, voortgezet. Een ontwikkeling die niet meer tegen te houden was met de invloed van buurland India en de opkomende communicatiemogelijkheden. Maar al is er in 1997 een Pepsi-Colafabriek geopend en kan je er sinds eind jaren negentig naar (satelliet)televisie kijken, toch heeft het land veel beter zijn unieke karakter weten te behouden dan bijvoorbeeld het andere buurland Nepal.

Bhutan is nog steeds een van de weinige landen waar je op veel plaatsen traditionele kleding moet dragen en waar in de hoofdstad geen enkel stoplicht te vinden is. Ook

is Bhutan het eerste land ter wereld waar in het openbaar niet gerookt mag worden en waar je geen sigaretten kan kopen. Verder zijn westerse reclames verboden, net als plastic zakken en de televisiezender MTV. Het meest bijzonder is nog wel dat het bruto nationaal product hier vervangen is door het bruto nationaal geluk; de toestand van het land wordt niet afgemeten aan de economische situatie, maar aan het geluk van zijn inwoners. Dit geheel in stijl met de boeddhistische grondslag van het land.
Het toerisme doet langzaam zijn intrede in Bhutan, maar ontwikkelt zich wel onder strikte voorwaarden. Voor deze natie geen backpackers zoals in Nepal, want Bhutan is het enige land ter wereld dat je alleen mag bezoeken als je een georganiseerde reis boekt bij een reisbureau dat in handen is van de overheid. Daarnaast moet je een bedrag vanaf tweehonderd dollar per persoon per dag betalen, voor overnachtingen, eten, vervoer en een gids.
Wij hebben een visum gekregen voor zes dagen; lang niet genoeg om alle highlights van het land te zien, maar wel genoeg om een paar interessante bestemmingen te bezoeken. Nadat we kennis hebben gemaakt met onze gids Lenny stappen we in ons busje. We rijden langs een klein stroompje dat evenwijdig aan de grens loopt en hier zie je pas goed hoe groot het contrast tussen Bhutan en India is.
De Indiase kant staat vol met verzakte gebouwen en ontelbare reclameborden, terwijl de huizen aan de Bhutanese kant netjes en schoon zijn. Even later zien we langzaam de stad achter ons verdwijnen. De weg gaat omhoog de bergen in en op diverse punten hebben we een prachtig uitzicht over het dal. De huizen hebben plaatsgemaakt voor groene gewassen.
Dit deel van Bhutan ligt zo laag dat het er behoorlijk warm kan worden, en er groeien zelfs palmbomen. Nooit gedacht dat ik die hier zou tegenkomen!

Urenlang kronkelt de weg omhoog door het dichte regenwoud met dikke tropische bomen en planten. Hier en daar zien we de eerste huizen die kunstig beschilderd zijn met traditionele motieven en die, hoe gek het ook klinkt, soms wat weg hebben van Duitse vakwerkhuizen door de witte muren, beschilderde houten kozijnen en zwarte balken. Dan komen we opeens een groep boogschieters tegen, gekleed in traditionele jassen en met ouderwetse bogen in de hand.

Boogschieten is de nationale sport in dit land en de Bhutanese boogschieters behoren tot de wereldtop. Bijna elk dorp heeft zijn eigen boogschietbaan en daarnaast is de sport een sociaal evenement, want tijdens een wedstrijd wordt er gezongen, gedanst en gedronken. Het is heel bijzonder om de sporters bezig te zien; ze staan op een helling en schieten over een dal heen naar de plek waar de schietschijf staat.

Dat is een afstand van maar liefst honderd meter en dan nog weten ze een roos zo groot als een theeschoteltje te raken.

Helaas kunnen we niet lang blijven kijken omdat we nog zes uur moeten rijden richting Paro, onze bestemming van vandaag. Het is een indrukwekkende rit door de bergen; regelmatig passeren we diepe afgronden zonder muur of reling. Eén verkeerde stuurbeweging en we storten naar beneden.

Het is al donker als we eindelijk Paro binnenrijden en snel laten we onze tassen achter in het hotel. Het is vandaag Bhutanees nieuwjaar en we zijn door de gids uitgenodigd om bij zijn familie thuis te eten. Als we rond acht uur de straat waar de familie woont in rijden, staan ze buiten al op ons te wachten. Vooral Lenny's moeder is blij ons te zien; ze blijft mijn hand maar vasthouden terwijl ze in gebrekkig Engels doorratelt.

Ik heb geen idee waar ze het over heeft en het lijkt erop dat ze al vroeg die morgen is begonnen met het nuttigen van de lokale alcoholische versnapering.
De maaltijd zelf is goed te doen (behalve dat overal onvoorstelbaar hete pepers doorheen zitten), maar de drankjes zijn een ander verhaal. Eerst krijg ik zoute thee met boter(!) en vervolgens een gefermenteerde maïsdrank met slierten ei, die al meer dan vijf maanden heeft staan gisten, zodat er meer dan dertig procent alcohol in zit. Het is onbeleeft om te weigeren en dus neem ik een klein slokje, waarna ik de rest zo goed en zo kwaad als het gaat probeer weg te werken in een kommetje rijst dat naast me staat. Gelukkig is onze gastvrouw iets te ver heen om dat te merken. Er wordt gezongen en gedanst en dan is het tijd om afscheid te nemen. De vrouw des huizes wil me bijna niet loslaten en ze blijft maar roepen hoe speciaal ik ben en dat ze me nooit zal vergeten.
We zwaaien nog één keer voordat het kleine huisje weer uit het zicht verdwijnt.

De volgende dag belooft ons een stevig avontuur; ondanks het feit dat we net pas op een hoogte van 2100 meter zijn aangekomen, gaan we een trekking doen richting het Dragon's Nest, het mooist gelegen klooster van heel Bhutan.
Gelukkig heeft het grauwe weer dat we in India meemaakten, plaatsgemaakt voor een strakblauwe lucht en verrassend genoeg is het nog redelijk warm ook.

Als eerste stoppen we bij de zondagsmarkt in het centrum van Paro, op een groot plein waar de handelaren op plastic zeilen hun waren hebben uitgestald. Hier worden

vooral groenten verkocht die de basisingrediënten van de Bhutanese keuken zijn: uien, aardappelen, kool en bonen, maar vooral groene pepers. Die worden veelal per kilo verkocht, want een van de belangrijkste gerechten in dit land is een mengsel van groene pepers met kaassaus. Kaas is hier op de markt ook verkrijgbaar en het schijnt dat ze zo hoog in de Himalaya zelfs de heerlijkste varianten maken.
We lopen rond en kijken onze ogen uit naar de traditioneel geklede mannen die hun gho's (folkloristische jassen) combineren met Nike-petjes en North Face-jassen. Daarnaast zie je op de markt genoeg oude vrouwtjes die ook geheel volgens de traditie gekleed zijn en prachtige gele kralenkettingen dragen en zilveren spelden op hun kleding.
Een uur later staan we aan de voet van de berg voor onze tocht richting het klooster. Na een kwartiertje klimmen passeren we een kleine witte tempel met daarin een Mani Dungkhor, een grote gebedsmolen die eeuwigdurend aangedreven wordt door een stroompje dat eronderdoor loopt. Het water heeft de prachtige naam 'engelenwater' en ik neem een klein slokje omdat het als heilig water wordt gezien.
We lopen minstens anderhalf uur de berg op, waarbij 'lopen' een groot woord is aangezien het pad zo steil is dat we om de paar minuten moeten stoppen om op adem te komen. Een verlichte geest heeft een aantal jaren geleden besloten halverwege de tocht een klein restaurant-theehuis te vestigen en dus zitten we even later aan een groot bord Bhutanees eten: rode rijst, groene pepers met kaassaus, gestoomde groene spinazie- en koolbladeren met scherpe rode sambal.
Als we na het eten onze tocht vervolgen, begint na een klein halfuurtje medereiziger Edwin plotseling redelijk wit te zien en zijn handen beginnen te tintelen. Het zijn de eerste tekenen van hoogteziekte en dus keert hij terug naar het restaurant.
Wij klimmen nog twee uur door en elke stap gaat meer pijn doen. De weg is immens steil en ik merk dat ik steeds duizeliger word, maar als we boven op een klif aankomen lijkt alle vermoeidheid ineens verdwenen. Tegen de bergwand aan de overkant van een ravijn zie ik het Taktshang-klooster liggen, een van de mooiste kloosters van Bhutan.
Draaierig en immens vermoeid klim ik door, ook ik voel de hoogte. De laatste driehonderd meter naar het klooster moeten we over een gammele trap langs een steile rotswand. Ik hou mijn

Ik hou mijn ogen strak gericht op het gebouw in de verte om niet te veel afgeleid te worden door de gapende afgrond naast me

ogen strak gericht op het gebouw in de verte om niet te veel afgeleid te worden door de gapende afgrond naast me.
Een halfuur later sta ik eindelijk voor de tempel en ik ben er helemaal stil van.
Het heilige gebouw is helder wit en heeft gouden daken. Kleine boeddhistische jongetjes lopen snel de trappen op, gekleed in de traditionele rode gewaden.
Ik loop door de prachtig versierde houten deur, waarna ik zachtjes de gebedsruimte binnenga en wat geld leg op de schaal die op het altaar staat. Daarachter zie ik mooie gouden Boeddhabeelden, schalen vol met voedsel, bloemen die geofferd zijn en gouden versieringen.
Ik doe nog wat geld in een schaaltje van een kleine monnik en mag dan met drie dobbelstenen gooien, terwijl ik in stilte een vraag stel die me bezighoudt; een onderdeel van het ritueel. Vervolgens vertelt de kleine monnik je aan de hand van de cijfers of je wens wel of niet zal uitkomen. Ik heb geluk: mijn nummers waren goed vandaag. Opgelucht haal ik adem en verlaat ik de tempel...

Het is even afzien maar diezelfde avond nog rijden we naar Thimphu: de hoofdstad van Bhutan. De volgende morgen word ik, met stijve benen, wakker in een hotel midden in het centrum van de stad. Ik kijk uit over het centrale plein en verwonder me over deze plaats. Thimphu is een van de kleinste hoofdsteden van de wereld en veel huizen zijn nog volledig in traditionele stijl gebouwd; wit met houten kozijnen en imposante muurschilderingen.
Thimphu ontwikkelt zich in razend tempo, maar nog steeds heeft het een traditionele uitstraling. Er staat bijvoorbeeld een klein

huisje op het centrale plein van waaruit een agent ouderwets het verkeer regelt. Hij werd een tijdje terug vervangen door een stoplicht, maar de inwoners van de stad vonden dat zo verwarrend en onpersoonlijk dat de agent weer is teruggekomen. We verbazen ons over het schouwspel dat hij opvoert met zijn handen en waar ik zelf niet echt wijs uit kan; geen idee wanneer je door mag rijden.

Thimphu ligt tussen twee grote bergen, in een redelijk smalle vallei. De meeste huizen zijn niet hoger dan drie verdiepingen en grote flatgebouwen ontbreken. Daarnaast valt de afwezigheid van reclameborden, kantoorgebouwen en fabrieken op.
In Bhutan doet men er alles aan om het land het eigen boeddhistische karakter te laten behouden en daar passen deze zaken niet bij – of in ieder geval niet in overvloedige mate.
Die middag melden we ons in een huis net buiten het centrum. Doji, een vriend van gids Lenny, is een belangrijke mediafiguur hier in Bhutan. Jarenlang presenteerde hij een eigen televisieprogramma en tegenwoordig heeft hij onder meer een mediabedrijf en produceert hij speelfilms. Momenteel wordt in Thimphu een speelfilm opgenomen en wij mogen een kijkje nemen. De film gaat over een van de grootste problemen waarmee Bhutan kampt: de enorme werkeloosheid onder jongeren.
Het probleem is dat jongeren er geen zin meer in hebben om in de voetsporen te treden van hun ouders en op het land te werken. Daarom trekken ze naar de stad, om bijvoorbeeld onderwijs te volgen of een baan te vinden bij een bedrijf. Aangezien Bhutan er alles aan wil doen om de eigen identiteit niet te verliezen en niet wil 'verwestersen', ook niet qua economie, liggen de banen niet voor het oprapen en zitten steeds meer jongeren zonder werk.

Als gevolg van de werkloosheid raken steeds meer van hen aan lager wal, ook omdat ze van het platteland naar de stad trekken waar ze niet langer in de gaten worden gehouden door familie. In het centrum van de stad worden regelmatig internetcafés, poolcentra en gameruimtes geopend, waar jongeren de hele dag rondhangen. De laatste jaren zijn ook het drugsgebruik en de criminaliteit sterk toegenomen en zijn straatgevechten, berovingen en diefstal in Bhutan niet langer een zeldzaamheid.
Over deze problematiek gaat de film Young

Friends, en we gaan deze middag een kijkje nemen bij de opnames. Young Friends is het verhaal van een welzijnswerker die net uit het leger is ontslagen en nu een aantal jongeren onder zijn hoede neemt. Vandaag wordt een van de laatste scènes uit de film gedraaid, waarin de hoofdpersoon bij zijn ouders thuis is en vertelt dat hij is beroofd. Dit huis blijkt in werkelijkheid de woning van de productieleider te zijn.
De Bhutanese filmscene is pas een jaar of tien oud en is nog niet al te professioneel. Daarbij wordt er gefilmd op eenvoudige camera's, is de halve crew vrijwilliger en worden er niet zelden mensen van straat geplukt om een van de rollen te spelen.

We zitten in de huiskamer terwijl de regisseur de acteurs uitlegt wat er van hen verwacht wordt. Het was even spannend aangezien de moederrol tot een uur geleden nog niet ingevuld was. De actrice die de rol in eerste instantie zou vervullen, is niet komen opdagen, waardoor er snel een stand-in ergens vandaan getoverd moest worden. Uiteindelijk gaat alles goed en in drie takes staat de scène erop.

Tijdens de pauze maak ik buiten een praatje met de hoofdrolspeler. Hij vertelt me uitgebreid over het werkloosheidsprobleem van de jeugd, een onderwerp dat hij in zijn voormalige baan als journalist uitvoerig onderzocht heeft. Het is een treurig verhaal, omdat je beseft dat er niet echt een oplossing is. Je kan je voorstellen dat de jongeren verder willen, maar aan de andere kant is het intens jammer dat de problemen die daarmee gepaard gaan zo'n stempel drukken op de maatschappij.

De volgende ochtend sta ik al vroeg naast mijn bed en niet veel later zit ik achter in ons busje. We zijn op weg naar Chimi Lhakhang, een klein dorpje op zo'n twee uur rijden van Thimphu. Om er te komen moeten we eerst een pas op 3200 meter hoogte over en dus slingert de weg naar boven. De dennen maken langzaam plaats voor met mos begroeide kale bomen die somber de lucht in steken. Het wordt buiten steeds kouder en dan zien we ook de eerste sneeuwresten van een eerdere bui. Na anderhalf uur zien we in de diepte Chimi Lhakhang liggen. Hier vind je een tempel die geheel gewijd is aan een van de opmerkelijkste en meest bijzondere heiligen die Bhutan kent: Drukpa Kunley, ook wel bekend als de Divine Madman. Deze heilige, die in heel Bhutan vereerd wordt, leefde halverwege de vijftiende eeuw en was vooral bekend om zijn onconventionele levensstijl. Hij leefde intens en uitbundig, en geloofde dat je de gewone man beter zo kon overtuigen van de leer van Boeddha dan door stramme regels op de mensen los te laten. Om deze reden hield hij er talloze minnaressen op na. Hij verkondigde zijn leer overal en heeft er onder andere voor gezorgd dat je nu op de muren van huizen regelmatig gigantische penissen geschilderd ziet, iets wat in veel andere landen ondenkbaar zou zijn.
Na een tocht door rijstvelden en prachtige oude dorpjes wandelen we een heuvel op naar een klein klooster dat ter ere van Drukpa Kunley gebouwd is door zijn neef. Hoe kan het anders: de tempel in het klooster is gewijd aan de vruchtbaarheid, en van heinde en verre komen vrouwen met een kinderwens om zich te laten zegenen. Ook al is die wens bij mij niet schreeuwend aanwezig, toch kan ik het niet laten om even naar binnen te gaan. Daar staat wederom een prachtig altaar met daarop diverse afbeeldingen van Drukpa Kunley, en schalen met fruit, koekjes en drankjes die bestemd zijn voor de heilige.
Een geestelijke die gekleed is in rode en

Meer informatie

Beste reistijd
Oktober tot en met mei.

Meer informatie
www.tourisminbhutan.com
www.himalaya2000.com

Bhutan+Partners
www.bhutanandpartners.org

gele gewaden, komt binnenlopen en nadat ik wat geld op het altaar gelegd heb, pakt hij een grote houten penis van een klein tafeltje en tikt er zachtjes mee op mijn hoofd. Mijn westerse instinct zorgt ervoor dat ik inwendig moet grinniken. Het is ietwat vreemd om op zo'n serene plek met een houten fallus op je hoofd te worden getikt door een heilige. Maar dit is Bhutan en hier is dit heel gebruikelijk.

Een dag later rijden we nog een paar uur door de bergen. In de verte zien we de Pho Chu rivier liggen, met direct ernaast het oogverblindend mooie Punakha Dzong klooster. Over de smalle brug die over de rivier gaat, lopen honderden mensen in prachtige traditionele kostuums in alle kleuren van de regenboog. Niet veel later nestelen we ons op een balkon van het klooster, terwijl honderden mensen binnenstromen. Vandaag is het een belangrijke religieuze dag die wordt gevierd met traditionele dans en gezang.

Binnen no time is het hele plein gevuld met de meest fantastisch uitgedoste dansers met tijgerhoofden en fantasiemaskers, die eindeloos veel rondjes draaien. Urenlang kijk ik mijn ogen uit naar het spektakel, waarbij steeds weer nieuwe dansers uit alle hoeken van het klooster komen. Dit is Bhutan zoals ik het ooit op de cover van de National Geographic zag staan...

TD Bank Five Boro Bike Tour

festival

Meer informatie

Schrijf je op tijd in voor dit event, want het is snel vol!

www.bikenewyork.org
www.nycgo.com
www.bikeandroll.com

'In New York, concrete jungle where dreams are made of. There's nothing you can't do, now you're in New York. These streets will make you feel brand new,' zingt Alicia Keys samen met rapper Jay-Z in het nummer 'Empire State Of Mind'.

Een mooier liedje dan dit is er de afgelopen jaren niet gemaakt over de stad die nooit slaapt. Ik luister het samen met mijn vriendinnetje Natasha van Salt Magazine als we samen in het vliegtuig zitten op weg naar de Big Apple, een stad die je wel duizend keer kan bezoeken zonder dat het gaat vervelen. Natasha is een van de stoerste vrouwen die ik ken. Niet alleen heeft ze haar eigen blad – voor mensen met een actieve, avontuurlijke en duurzame lifestyle – ze is ook nog eens voormalig Nederlands kampioen mountainbike en fietst nog heel regelmatig. Ze nodigt me uit om begin mei met haar mee te gaan naar New York, waar elk voorjaar een bijzonder fietsevenement plaatsvindt: de TD Bank Five Boro Bike Tour, een wat vreemde naam voor een heel verrassend fietsfeestje in het hart van de stad. Op die ene dag komt het verkeer in New York eindelijk tot stilstand en nemen meer dan 32.000 fietsers, uit meer dan vijfentwintig landen, de straten over. Een unieke kans om de stad op je gemak te bekijken vanaf de highways, avenues en bridges, die je normaal alleen met gevaar voor eigen leven van op de fiets kan bekijken.

De start van de 42 mijl (ruim 67 kilometer) lange fietstoer is in Battery Park en hij voert via Manhattan door de wijken de Bronx, Queens en Brooklyn naar Staten Island, waar de tocht eindigt op een groot festivalterrein met muziek, massages, hotdogs en souvenirs. Het is geweldig om met zo veel mensen tegelijk op de fiets te zitten, en we kijken dan ook onze ogen uit: gospelkoren zingen op straat, verklede freaks rijden op hun afgetrapte tweewielers, en het uitzicht op de skyline van New York is magistraal als we over de Queensboro Bridge rijden. 'There's nothing you can't do, now you're in New York,' zingt Alicia Keys nog eens op mijn iPod en ik kan het alleen maar helemaal met haar eens zijn...

055
13445
BAKI–TBILISI

Duurzaam op vakantie

Heel veel dingen uit ons dagelijks leven doen een aanslag op het milieu: het eten van vlees bijvoorbeeld, het dagelijkse ritje met de auto naar het werk, of de aanschaf van die nieuwe plasmatelevisie. Ook reizen is vaak een belasting voor het milieu, door het vervoer per vliegtuig of auto, het verblijf in een hotel, maar ook al door het flesje water dat je koopt en in de prullenbak gooit. Eén ding is zeker: thuis blijven en een strandwandeling maken is altijd beter voor het milieu dan op reis gaan.

Ik ben me ervan bewust dat reizen die impact heeft en dat je, bijvoorbeeld door er televisieprogramma's over te maken of boeken over te schrijven, de zin in reizen stimuleert. Alleen ben ik van mening dat het verhaal meerdere kanten heeft.
Feit is dat vakanties een onderdeel zijn geworden van onze moderne levensstijl, helemaal nu op vakantie gaan zo makkelijk en betaalbaar is geworden. Dat is bij ons zo, maar ook wereldwijd: in China bijvoorbeeld krijgen door de gestegen welvaart massa's mensen tegenwoordig de kans om vakantie te nemen en op reis te gaan.
Ik vind dat reizen, helemaal als je dat zo bewust mogelijk doet, niet alleen maar gebrandmerkt moet worden als 'fout'. Reizen vergroot namelijk ook je blikveld, laat je kennismaken met andere culturen en maakt je bewuster van de wereld waarin we leven; iets wat je ook bij terugkomst met je mee en uit draagt.
Er zijn tegenwoordig bovendien steeds meer manieren om 'milieubewuster' te reizen, waardoor de reis minder impact heeft op de omgeving. Bij deze een paar tips:

01. Zorg ervoor dat je de CO2-uitstoot van je reis compenseert. Dit kan je doen voor elke vorm van gemotoriseerd vervoer. In het kort komt het erop neer dat je aan een organisatie een bepaald bedrag betaalt, al naar gelang de lengte van je trip. Dit geld investeert men vervolgens in duurzame energieprojecten. Je kan onder andere compenseren via Gold Standard Certificaten, een keurmerk dat ooit onder meer is opgericht door het Wereld Natuur Fonds, maar inmiddels onafhankelijk is. Gold Standard staat borg voor rechtstreekse investeringen in duurzame energieprojecten die additioneel zijn. Dat wil zeggen: zonder je bijdrage zouden ze er niet geweest zijn. Bij steeds meer luchtvaartmaatschappijen kan je meteen compenseren als je je ticket boekt. Na het kopen van je ticket kan je aangeven of je wilt compenseren, waarna je direct met je creditcard het bedrag kan betalen. Het is trouwens niet duur: voor een vlucht naar Barcelona betaal je iets meer dan vijf euro, en voor een vlucht naar Thailand zo'n veertig euro.

Let op: het is beter om rechtstreeks naar je bestemming te vliegen dan met een tussenstop.

www.milieucentraal.nl
www.greenseat.nl
www.treesfortravel.nl

02. Als je een natuurpark of een andere natuurattractie bezoekt, kijk dan eens of je kan bijdragen aan het behoud ervan. Bezoek je bijvoorbeeld een wildpark in Afrika, dan zijn er organisaties die een deel van de winst weer investeren in diezelfde natuur als waar ze jou door rondleiden. Check of je een vrijwillige bijdrage kan leveren, bijvoorbeeld in de vorm van geld en doe dat niet alleen als je kleine lieve olifantjes in Thailand bezoekt, maar ook bij een vlinderpark in Mexico of het leguanenpark in Ecuador.

03. Ga na of je uitgaven ter plekke ten goede komen aan de inwoners van de streek. Boek je bijvoorbeeld een all inclusive-vakantie in een groot hotel in de Dominicaanse Republiek of op een andere zonbestemming? Dan weet je bijna zeker dat de gemaakte winst niet snel ten goede zal komen aan de lokale bevolking, maar eerder op de bankrekening van rijke (buitenlandse) investeerders verdwijnt. Check daarom vooraf of het hotel in handen is van een grote keten of dat het bijvoorbeeld van een lokale familie is. Boek zo veel mogelijk een kamer in niet al te grote accommodaties en eet in lokale restaurants, dan kan je ervan uitgaan dat de mensen ter plekke er iets aan hebben.

04. Treinen zijn milieuvriendelijker dan vliegtuigen, dus bekijk of je op die manier naar je bestemming kan reizen. Parijs, bijvoorbeeld, is met de hogesnelheidstrein prima bereikbaar. Je bent er in drieënhalf uur en onderweg kan je een maaltijd krijgen, er is WIFI en je arriveert in het hart van de stad. Ook naar de wintersport kan je heel goed met de trein. Veel grote wintersportoorden hebben een station, de verbindingen zijn snel en je mag ongelimiteerd bagage meenemen.

05. Ook belangrijk: koop op reis geen foute souvenirs die afkomstig zijn van bedreigde dieren- of plantensoorten. Denk daarbij aan stukjes koraal, bijzondere schelpen of opgezette vlinders. Niet alleen stimuleer je de handel daarin, maar je kan tevens een flinke boete krijgen op het vliegveld in Nederland. Kijk op de website van de douane voor een precieze lijst met foute souvenirs:

www.douane.nl

06. Reis je met een touroperator, onderzoek dan of de organisatie is aangesloten bij de Algemene Nederlandse Vereniging van Reisondernemingen (ANVR). In dat geval zijn ze verplicht om een milieuprogramma met praktische maatregelen op te stellen. Hierin moet de touroperator aangeven wat het milieubeleid is, welke regels ze hanteren en hoe ze nu en in de toekomst de zorg voor het milieu toepassen binnen hun reizen. Reisorganisaties die daaraan voldoen zijn bijvoorbeeld Shoestring, Djoser, SNP, Summum, Baobab en Kuoni.

07. Er komen tegenwoordig steeds meer eco-hotels, maar soms betekent dit niet meer dan dat ze het afval scheiden en/of een zonnepaneeltje op het dak hebben gezet. Een hotel is pas echt 'eco' als men er op alle fronten zijn best doet om zo min mogelijk invloed te hebben op de omgeving. Bijvoorbeeld door te bouwen met zo veel mogelijk natuurlijke materialen en hout te gebruiken met een FSC-keurmerk; of door bij te dragen aan het natuurbehoud ter plekke, maar ook door het gebruik van groene stroom, zonnepanelen, windenergie, enzovoort. Ook is het belangrijk dat een hotel het gebruik van plastic beperkt, geen wegwerpverpakkingen gebruikt en zo veel mogelijk voedsel lokaal inkoopt. Verder is respect voor lokale gebruiken en gewoonten onontbeerlijk, net als het inhuren van personeel uit de omgeving zelf die werken onder goede arbeidsvoorwaarden.

www.ecohotelsoftheworld.com

08. Ook wintersportvakanties kunnen 'duurzamer', bijvoorbeeld door rekening te houden met de manier van vervoer ernaartoe (de trein) en ter plaatse. Een Nederlandse organisatie die zich hard maakt voor het behoud van de kwetsbare natuur in de Alpen is Respect the Mountains. Zij maken wintersporters bewust van de simpele manieren waarop je de impact van je trip op de natuur zo klein mogelijk kan houden. Daarvoor hebben ze de zogenoemde '7 Ways' ontwikkeld: "Keep clean, respect nature, don't waste, stay green, book smart, travel wise en spread the word."

www.respectthemountains.com

Meer informatie

www.ikhebzininvakantie.nl

(website van Milieu Centraal met informatie over verantwoord reizen)
www.anvr.nl

Rome

short trip

Volgens velen is Rome de mooiste stad van de wereld; nergens vind je zo veel monumenten uit de oudheid en word je zo overdonderd door alle historie als in deze plaats. Na tweeënhalf jaar samenwonen met een Italiaan die de stad door en door kent, heb ik bij deze wat ideeën voor je als je hier een weekend naartoe gaat.

Wat mij betreft is mei de beste maand om Rome te bezoeken: dan is het er niet te warm, maar kan je 's avonds wel lekker op het terras zitten. Ook de andere maanden in het voor- en najaar zijn prima! Blijf in de maand augustus weg uit deze stad. Rome is dan bloedheet en helemaal leeg, want elke

Italiaan gaat in die maand naar familie buiten de hoofdstad. Ook juli is geen al te goed idee, met een gemiddelde temperatuur van rond de 33 °C.

Wil je in Rome overnachten? Huur dan eens een appartement; vooral als je met meerdere mensen gaat is dit goedkoper dan een hotel. Het leuke is dat je dan echt het gevoel hebt dat je in Rome 'woont', ondanks het feit dat je er maar kort bent. Er zijn talloze bedrijven die bemiddelen in de huur van appartementen, maar ik boek vaak via www.romesweethome.com. Daarnaast is huizenruil het proberen waard, bijvoorbeeld via websites als www.homeforexchange.com, waarop je je eigen huis te ruil kan aanbieden en kan checken of er iemand uit Rome van woning wil wisselen. Heb je eenmaal een dak boven je hoofd, dan is het tijd om Rome zelf te gaan verkennen.
De grootste ergernis in Rome is het verkeer. Er zijn drie keer meer auto's dan de stad aan kan en ook de Italiaanse rijstijl maakt het er niet beter op. Men houdt zich aan geen enkele regel want hier geldt het recht van de sterkste. Wil je toch autovervoer, huur dan een Smart, dit kleine stadsautootje is mateloos populair in Rome. Een Smart is betaalbaar en handig, omdat je iedereen links en rechts kan passeren en je veel gemakkelijker een parkeerplaats vindt.
Parkeren doe je spotgoedkoop (vijftien euro voor een dag) in een van de ondergrondse grote parkeergarages zoals de Villa Borghese, van waaruit je zo naar de Spaanse Trappen loopt, een van de bekendste attracties van de stad.

De grootste ergernis in Rome is het verkeer. Er zijn drie keer meer auto's dan de stad aan kan en ook de Italiaanse rijstijl maakt het er niet beter op

Ook niet aan te raden is het huren van een scooter; dit is veel te gevaarlijk. Bijna iedere Italiaan heeft wel een vriend of een bekende verloren in het verkeer en vaak was dat iemand die op een scooter of motor reed. Wil je toch echt een scooter huren, ga dan liever 's nachts om een uur of één door de stad toeren. Heb je eindelijk plek op de weg en kan je alle highlights op je gemak bekijken. Ze hebben in Rome ook een wittefietsenplan; een kaart hiervoor kost je tien euro (vijf euro borg, de rest krediet). Er zijn twintig punten verspreid over de hele stad met gemiddeld vijftien fietsen, maar het systeem is nogal ingewikkeld. Als het je toch lukt is het wel spotgoedkoop, met vijftig cent per halfuur.
Het centrum van Rome is verder niet al te ingewikkeld: dwars door de stad stroomt de rivier de Tiber. Aan de linkerkant vind je het hart van het moderne Rome, dat weer van noord naar zuid doorsneden wordt door de beroemde straat Via del Corso. Aan de andere kant van de Tiber vind je onder andere het Vaticaan en een aantal befaamde historische plekken.

Heb je maar een dag of twee, blijf dan aan de linkerkant van de rivier. Begin bijvoorbeeld bij de eerder genoemde Spaanse Trappen en loop helemaal naar boven voor een schitterend uitzicht over Rome. Boven vind je een prachtig park dat ideaal is voor een wandeling als het te warm is beneden in de stad. Bezoek in dit park ook de Villa Medici, een prachtig landhuis uit de zestiende eeuw waar talentvolle kunstenaars, schrijvers en archeologen zijn gehuisvest en exposeren. Ook mooi zijn de bijbehorende tuinen die je kan bezoeken als je een kaartje voor de exposities koopt.

Rome is waarschijnlijk een van de beste plekken op aarde om te eten, maar toch vind je ook hier de 'foute' toeristengelegenheden waar personeel je naar binnen probeert te praten (denk aan het Damrak in Amsterdam). Misschien overbodig om te zeggen, maar sla die vooral over.
Een goede lunch eet je bij l'Enoteca Antica, een wijnbar met onvoorstelbaar goede wijnen waar je vooral het antipastabuffet moet bestellen. Voor nog geen vijftien euro

krijg je een bord vol met de beste ricotta, mozzarella met ansjovis, gegrilde artisjok, pecorinokaas en verschillende vleeswaren. Nog een paar aanraders: Ristorante L'Arcano in de Via dei Pastini, en Maccheroni in de Piazza delle Copelle. Bij die laatste at ik ooit een legendarisch bordje pasta met witte truffels dat maar liefst honderdtwintig euro kostte, mijn duurste lunch ooit!

Ook qua winkelen zit je in Rome goed. Zoals iedereen weet scoor je hier de beste schoenen, handtassen en handschoenen ter wereld. In tegenstelling tot Nederland vind je er ook veel kleine winkeltjes en onbekende modemerken, dus loop gewoon overal naar binnen en je komt de mooiste dingen tegen. Daarnaast zijn er ook een groot aantal Italiaanse ketens; zo is voor mij Intimissimi altijd vaste prik, waar ze betaalbare en goede lingerie verkopen. Bij Calzedonia, van dezelfde eigenaars, koop je vooral zwemkleding en sokken, ook weer prima en goedkoop. Deze ketens hebben tevens vestigingen in een groot aantal andere steden in Zuid-Europa.
Een bijzondere winkel is TAD in de Via del Babuino, met verschillende shops onder één dak. Je ziet er prachtige interieurs, exclusieve modemerken (onder andere Marc Jacobs), natuurlijke gezichtsverzorgingsproducten, een kapper, een boekenzaak en een koffieshop. Alles uitermate stijlvol en ideaal om veel inspiratie op te doen.

Hoewel er veel te zien is in Rome zelf, is er nog zo veel meer te doen in de omgeving. Is het een mooie dag, ga dan naar het strand bij Fregene, op drie kwartier rijden. Steeds meer loungetenten à la de Republiek in Bloemendaal worden daar geopend en in de zomer is er elke dag wel ergens een feest. Goed eten doe je bij La Baia, waar vooral de gefrituurde calamares en gamba's heel lekker zijn.
Als het echt warm is kan je natuurlijk gaan zwemmen, maar het water is er niet al te schoon. Tenminste, Italianen vinden het maar vies en zeggen dat de zee vol bacteriën zit, maar wij Nederlanders zijn wel wat gewend als je de Noordzee kent. Voor de fanatiekelingen onder ons: een stukje naar het zuiden, net voor het riviertje dat uitkomt op het strand, wordt bij goede wind - en die is er best vaak - veel gekitesurft.
Een stukje noordelijker landinwaarts ligt het Lago di Bracciano, het meer dat internationale faam verwierf toen in 2006 Tom Cruise en Katie Holmes elkaar hier het jawoord gaven in het middeleeuwse kasteel Odescalchi. En nog steeds kan je hier trouwen, als je tenminste over een riante bankrekening beschikt.
Het Lago di Bracciano zelf is mooi met kalm helder water, veel witte zwanen en kleine strandjes waar je bedjes kan huren, maar is ook een beetje gedateerd. Prachtig zijn de plaatsjes Bracchio en Anguillara, en lunchen aan het water kan onder andere in Ristorante La Caletta, waar heerlijke gegrilde groenten in enorme porties op het menu staan.
Wil je iets bijzonders zien, ga dan naar het dorpje Calcata, op een klein uurtje rijden van Rome. Ongelofelijk dat je deze oase van rust zo dicht bij die hectische stad kan vinden! Dit dorpje ligt boven op een rots en heeft een bijzondere geschiedenis: het middeleeuwse plaatsje was zo'n honderd

Ongelofelijk dat je deze oase van rust zo dicht bij die hectische stad kan vinden

jaar geleden bijna helemaal verlaten en de toenmalige dictator Mussolini wilde het zelfs plat gooien. De reden was dat men dacht dat het dorp zou instorten, omdat de huizen op poreuze steen gebouwd zijn.

In de jaren zestig en zeventig ontdekten hippies, artiesten en new age-mensen het bijna verlaten Calcata en ze kraakten de huizen. Met engelengeduld werden de panden gerestaureerd en restaurantjes, galeries en terrasjes geopend en daar kan je nog steeds van genieten. Vooral een drankje op een terras is geweldig, door het schitterende uitzicht over het dal.
Het gebied eromheen is een nationaal park waar je eindeloos kan wandelen; je vindt er de Opera Bosco, een stuk bos dat is omgetoverd tot een expositieruimte in de openlucht, met kunstwerken gemaakt van lokale materialen.
Ik weet nu al dat iedere Rome-kenner na het lezen van mijn verhaal met zijn hoofd zal schudden en zal zeggen dat ik nog zo veel plekken niet heb genoemd. Ik weet het, maar vergeef het me: over Rome kan je hele boeken vol schrijven. Dit is in ieder geval een beginnetje...

Meer informatie

Beste reistijd
April, mei en oktober. In de zomermaanden kan het in Rome erg warm (vaak boven de 30 °C) en druk worden.

Appartementenverhuur
www.romeloft.com
www.romesweethome.com

Ristorante L'Arcano
www.larcano.it

L'Enoteca Antica
www.anticaenoteca.com

La Baia
www.labaiadifregene.it

Restaurant La Caletta
Corso Trieste, 23 B

Calzedonia
www.calzedonia.it

Huizenruil
www.homeforexchange.com

Intimissimi
www.intimissimi.it

Restaurant Maccheroni
www.ristorantemaccheroni.com

Kasteel Odescalchi
www.odescalchi.it

Opera Bosco
www.operabosco.com

TAD
www.taditaly.com

Villa Medici
www.villamedici.it

El Cancho

hotel

Denk je bij Zuid-Spanje vooral aan clichés als massatoerisme en volgebouwde strandboulevards? Maak dan kennis met Tarifa, een stadje dat op het zuidelijkste puntje van Spanje ligt. Speciaal aan deze plaats is dat hij zich bijna op de grens van twee continenten bevindt. Je bent nog in Europa, maar aan de overkant zie je Afrika liggen.

Tarifa, genoemd naar de Berberse krijgsheer Tarif Ibn Malik, ligt aan de Costa de la Luz (de kust van het licht). De zon schijnt er dan ook vaak en uitbundig, maar door de relatief koele Atlantische Oceaan wordt het er nooit zo heet als in andere Spaanse steden. Het waait er bijna altijd, en hard ook!

Niet voor niets is het een extreem populaire locatie voor kiteboarders en windsurfers. Diezelfde wind (als de wind uit het oosten komt heet hij de levante, vanuit het westen de poniente) zorgt er vermoedelijk voor dat projectontwikkelaars deze costa niet helemaal vol hebben gebouwd met afzichtelijke appartementencomplexen, zoals aan de verderop gelegen Costa del Sol. En dat terwijl je hier prachtige witte en eindeloos lange stranden vindt!

In het voorjaar is Tarifa op zijn mooist: de stranden zijn dan vrijwel leeg en de streek rondom is schitterend omdat alles in bloei

staat. Wil je op een bijzondere plek slapen, boek dan een paar nachten in El Cancho. Ter hoogte van het bekendste hotel van Tarifa, het Hurricane Hotel, rij je via een steil weggetje met eucalyptusbomen omhoog de berg op. Na een brug kom je uiteindelijk uit bij El Cancho, dat bestaat uit twee prachtige beach houses.
Die naam is wel een beetje misleidend, want de huizen liggen niet direct op het strand, maar aan de rand van los Alcornocales, een nationaal park op een paar honderd meter van de kust.
Je hebt dus de keuze uit twee huizen: The Boston Beachhouse (geschikt voor maximaal vier personen) en The Wallpaper House, ingericht door het lifestyle/designmagazine Wallpaper (voor maximaal zes personen). De inrichting is vrij minimalistisch, maar erg smaakvol. Een extra goed gevoel geeft het idee dat El Cancho best milieuvriendelijk is doordat alle elektra en warm water van zonnepanelen komt.
El Cancho biedt een werkelijk fenomenaal uitzicht over de Straat van Gibraltar en de weidse natuur. Hier voel je je in the middle of nowhere. Toch ben je binnen ruim een uur weer in de bewoonde wereld van grote steden als Sevilla, Cadiz en Malaga. Tarifa is overigens een perfecte plek voor het spotten van walvissen en dolfijnen.
Maar liefst vier soorten dolfijnen en drie soorten walvissen, waaronder de orka, zwemmen voorbij in de straat van Gibraltar! Het fijnste is om na afloop van een lange zonnige dag weer in El Cancho terug te komen. Als je 's avonds op de veranda zit en in de verte de lichtjes ziet van Tanger, en van langzaam voorbijvarende schepen, met boven je een met sterren bezaaide hemel en in je oren het geruis van de bomen heb je niet veel meer te wensen over...

Prijzen
Boston Beach House: 120 euro per nacht (laagseizoen), 180 euro in juli en augustus

Meer informatie
www.tarifabeachhouse.com

Wallpaper House: 145 euro per nacht (laagseizoen), 228 euro in juli en augustus

Walvissen spotten
www.whalewatchtarifa.net

Bolivia

In het zuidwesten van Bolivia vind je een gebied dat beschouwd wordt als een van de mooiste natuurgebieden van Zuid-Amerika: Salar de Uyuni. Deze zoutvlakte van twaalfduizend vierkante kilometer ligt op een hoogte van 3650 meter en was ooit een deel van een prehistorisch zoutmeer. Trek een dag of vijf uit om dit gebied te verkennen. De meeste jeeptochten door dit gebied beginnen vanuit het plaatsje Uyuni. Je ziet er flamingo's en komt langs lagunes, thermale baden en geisers. Op de zoutvlakte zelf lijkt het alsof je op een andere planeet bent belandt: alles is wit en nogal surrealistisch. Niet gek dat astronaut en de eerste mens op de maan, Neill Armstrong, vanaf de maan deze plek de meest opvallende vond.

www.andes-salt-uyuni.com.bo

Duitsland

Duitsland, Oostenrijk, Slowakije en Hongarije. Hou je van fietsen, probeer dan eens de Donauradweg: een vijftienhonderd kilometer lange route die langs de Donau loopt door Duitsland, Oostenrijk, Slowakije en Hongarije. Er worden langs de route verschillende fietsvakanties van diverse lengtes georganiseerd; overnachtingen en bagagevervoer zijn dan geregeld. Maar je kan dit ook heel goed op eigen gelegenheid doen. Langs de route vind je allerlei fijne hotelletjes voor je tussenstops. De meest gefietste route ligt tussen Passau en Wenen. Je hebt dan ongeveer zes dagen nodig om het noorden van Oostenrijk te verkennen. Het traject is vrij vlak waardoor je behoorlijk wat kilometers kan maken, ook als je geen enorm geoefende fietser bent.

www.donauradweg.nl

Cuba

Ga in mei naar Cuba en bezoek de Romerías de Mayo. Dit festival wordt elk jaar in mei gehouden in het koloniale stadje Holguín, de hoofdstad van de gelijknamige provincie aan de noordkust van Cuba. In 1993 werd het festival in het klein opgezet door studenten en tegenwoordig staan de Romerías de Mayo jaarlijks een week lang in het teken van exposities, poëzie, theater en muziek, en komen artiesten vanuit de hele wereld hier samen.

www.cubaabsolutely.com

China

Maak in China een boottocht over de Li-rivier, door het landschap van Guilin. Vanaf het water zie je het Karst-gebergte, dat uniek is door de vele kleine en steil oplopende bergen die zich uitstrekken tot Halong Bay in Vietnam. Langs de oever doen vrouwen de was en zwemmen kinderen tussen de waterbuffels. Via 320 traptreden kom je boven op de Fubo-heuvel, met een prachtig uitzicht over het klassieke Chinese landschap.

www.travelchinaguide.com

Albanië

Mei is een mooie tijd om een rondreis door Albanië te maken: het weer is meestal goed en het land staat in bloei. Bezoek tijdens je trip zeker de hoofdstad Tirana en het middeleeuwse stadje Gjorokaster, waarvan het historische deel op de Werelderfgoedlijst van UNESCO staat. In het nationaal park Mali i Dajtit, zo'n vijfentwintig kilometer van de hoofdstad, kan je wandelen op de 1612 meter hoge berg Dajti, ook wel bekend als het 'natuurlijke balkon' van Tirana. Veel Albaniërs vieren hier hun weekend of vakantie.

www.reisbijbel.nl

06 juni

Juni heeft 30 dagen en wordt ook wel de zomermaand genoemd | **In de reis- en zakenwereld wordt juni ook wel als 'juno' uitgesproken, zodat juni niet met juli verward kan worden** | Als er een koude periode in juni voorkomt, wordt dit 'schaapscheerderkou' genoemd | **In juni wordt in China het Drakenbootfeest (Duan Yang Jie) gevierd. Dit ter herdenking van de held Chu Yuen, die zelfmoord pleegde uit protest tegen een corrupte regering** | De Internationale Dag van de Vluchteling is op 20 juni en dit feit wordt gevierd in meer dan honderd landen

juni

San Francisco

long trip

Waar moet je beginnen om San Francisco te beschrijven? Je kan natuurlijk de bekende trekpleisters opnoemen, zoals 's werelds beroemdste brug, de Golden Gate Bridge, die het schiereiland San Francisco met de streek Marin County verbindt.

Een andere beroemde locatie in San Francisco is het district Haight-Ashbury, waar in de jaren zestig de hippies voor hun vrijheid vochten en grootheden als Bob Dylan en The Greatful Dead befaamde optredens gaven. En vergeet vooral niet de kenmerkende cable cars, de kabeltrams die in het begin van de vorige eeuw in gebruik werden genomen. De wegen in de stad zijn zo steil dat de paardenkarren die voorheen werden gebruikt, regelmatig naar beneden gleden en zo grote ongelukken veroorzaakten. San Francisco staat ook bekend als een van de meest progressieve steden van de Verenigde Staten; de wijk The Castro kent bijvoorbeeld een legendarische homoscene.

Wat doe je als je, zoals ik, achtenveertig uur in San Francisco hebt? Juist ja, dan ga je die bezienswaardigheden allemaal bekijken

Wat doe je als je, zoals ik, achtenveertig uur in San Francisco hebt? Juist ja, dan ga je die bezienswaardigheden allemaal bekijken. Na een volle werkweek in Amerika heb ik twee dagen vrij in San Francisco. En omdat ik al minstens vijftien jaar niet in deze stad ben geweest, besluit ik mijn eerste vrije morgen te beginnen met een tocht langs alle highlights.

Dit kan op verschillende manieren; lopend (dan ben je twaalf uur aan het wandelen), met het omslachtige openbaar vervoer, per scooter (erg populair in de stad, maar hier moet je wel een motorrijbewijs voor hebben en dat heb ik niet) of dus met zo'n sneue toeristenbus. Voor vijfendertig dollar mag je met een van

die vele tourbussen twee dagen de hele stad door en krijg je onderweg ook nog de nodige informatie over alle plekken die je passeert.
Ik besluit als een echte toerist de stad te gaan bekijken en stap dus in de tourbus. De rit begint bij Fisherman's Wharf, de beroemde werf waar ooit in het midden van de vorige eeuw de vissers, die voor de kust in de Stille Oceaan hun netten hadden uitgeworpen, de vis aan wal brachten voor de verkoop. Nadat het stadsbestuur de plek restaureerde, stroomden de toeristen toe. Hoewel de Wharf nu gigantisch populair is, kan je deze plek met een gerust hart overslaan. Het is namelijk verworden tot een treurige toeristenspot vol fastfoodrestaurants, winkels waar verveelde Indiërs elektronische apparatuur verkopen, en een museum met mislukte wassen beelden van bekende personen als Michael Jackson en prinses Diana, en nog meer van dat soort ellende.
Het enige op de werf dat de moeite waard is, is de beroemde bakkerij Boudin. In de etalage van de grote winkel bakken ze daar het zuurdesembrood waar je bij staat, verser dan vers. De afvoerpijpen van de ovens zijn zo geplaatst dat je de hele dag door de heerlijke geur van het verse brood ruikt: betere reclame bestaat er niet.

In de financiële wijk passeer je de beroemde Transamerica Pyramid, een architectonisch hoogtepunt van de stad. De piramidevormige wolkenkrabber is bekleed met wit, gebroken kwartssteen en was door zijn, voor die tijd revolutionaire ontwerp bij de bouw enorm omstreden. Nu is het een van de bekendste bezienswaardigheden van San Francisco.

Daarna rij je door het commerciële hart van de stad, Union Square. In deze buurt vind je de grote winkelketens zoals Macy's en Tiffany's, en dure merken als Cartier, Louis Vuitton, Prada en Gucci. Union Square is door het luxe winkelaanbod vooral populair bij Japanse toeristen, maar ook als Nederlander kan je je hier goed vermaken, zeker als de dollar laag staat.

Via de brede Market Street, die de stad diagonaal doorkruist, rij je naar een van de mooiste parken van de stad: Alamo Square, dat midden in de historische wijk van San Francisco ligt en een beetje te vergelijken is met het Amsterdamse Vondelpark. Aan het park ligt een beroemd rijtje van zes oude, pastelkleurige Victoriaanse huizen die trapsgewijs naast elkaar gebouwd zijn. Als je voor de huizen staat heb je ook nog eens zicht op de skyline van San Francisco en daarom is dit een van de meest gefotografeerde plekken van de stad en zijn er scènes van meer dan zeventig speelfilms en tv-series opgenomen, waaronder Dirty Harry, Basic Instinct en Mrs. Doubtfire .
De volgende stop is Haight-Ashbury, een van de beroemdste wijken. Halverwege de jaren zestig trokken talloze hippies naar San Francisco, aangetrokken door het liberale klimaat. Ze vestigden zich massaal in deze buurt omdat de huizen hier nog goedkoop waren. Langzaam ontwikkelde de buurt zich als het centrum van de hippiebeweging in de VS. Ook beroemde muzikanten zoals de mannen van The Grateful Dead en Jefferson Airplane en zangeres Janis Joplin gingen er wonen, wat de bekendheid alleen nog maar vergrootte. Tegenwoordig hebben de hippies plaatsgemaakt voor grote stromen toeristen en vind je er talloze souvenir-winkeltjes die stapels Grateful Dead T-shirts, hasjpijpjes en harembroeken verkopen. Een wijk die helaas al lang niet meer het echte hippiegevoel uitstraalt doordat het er

aardig commercieel is geworden, maar die je vanuit historisch perspectief eigenlijk niet mag overslaan als je San Francisco bezoekt.
Weer onderweg in de bus passeer je het prachtige Golden Gate Park met de Japanse theetuin, het de Young-gebouw en het Legion of Honor-museum. Vooral 's zomers is dit een goede plek om aan de hitte en de drukte van de stad te ontsnappen.
De bus geeft even flink gas, waarna hij arriveert bij de brug der bruggen: de Golden Gate Bridge. Ingenieur Irving Morrows stelde ooit de rode kleur voor, omdat hij het traditionele grijs 'te saai' vond. Als toerist wandel je in anderhalf uur naar de overkant, waar je in Sausolito aankomt. Mocht je de tijd hebben, dan kan je je dagenlang gemakkelijk vermaken in dit kleine, leuke vissersstadje, want je kan er wandelen over de lange stranden en van hieruit prachtige fietstochten maken, of een kajak huren en door de baai varen.
Maar de bus rijdt vanaf de brug weer terug naar het beginpunt Fisherman's Wharf, en dan heb je een groot deel van de toeristische hotspots van de stad in één ochtend gezien.

Maar wat doe je als je nog anderhalve dag overhebt, zoals ik? Nou, genoeg! San Francisco is namelijk ongelofelijk groot, er zijn talloze mooie, wat minder bekende plekken en er lopen enorm creatieve mensen rond, dus je kan je hier met gemak wéken vermaken.
Na mijn busrit loop ik langs het water naar het Fort Mason Center, ten westen van de Wharf. Vroeger was dit een militaire post, vernoemd naar de hoge militair Richard Barnes Mason, maar

tegenwoordig zijn de verschillende loodsen een paradijs voor creatievelingen. Als je hier rondwandelt hoor je door de open ramen de muziekbandjes repeteren, zie je kunstenaars hun zojuist gedraaide potten drogen en fotografen op de computer hun foto's bewerken.
Je vindt er ook grote expositieruimtes waar elke week wel een evenement plaatsvindt. Voor tien dollar koop ik een ticket voor Threads, een alternatieve tweedaagse modebeurs. Hier koop je kleding, sieraden en accessoires van jonge designers, en er is kunst te zien van kunstenaars die nog op de academie zitten. Daarnaast zijn er bars waar je cocktails kan bestellen, treden er bands op, kan je er shirts laten bedrukken en nog veel meer.
Na even ronddwalen is het tijd om naar een van de beste plekken van de stad te gaan voor een late lunch. Het eveneens in het Fort Mason-complex gelegen Greens Restaurant, geheel vegetarisch en al dertig jaar een begrip in San Francisco. De ruimte is redelijk eenvoudig ingericht met houten stoelen en tafels, maar het uitzicht is niet te evenaren: zeilboten varen langs, af en toe zwemt een zeeleeuw voorbij en in de verte zie je de Golden Gate Bridge... Ik eet er het meest verrukkelijke gegrilde Italiaans zuurdesembrood met blauwe kaas, Chinese peer en pecorinokaas, risotto-bieslookkoeken met geroosterde amandelen, en als toetje pompoen-karamelcrème met gemberkoekjes en geglaceerde pecannoten. Een adresje én een lunch om niet snel te vergeten.
Greens Restaurant opende in 1979 als onderdeel van het San Francisco Zen Center, dat op een uur ten noorden van de stad ligt. Hier vind je nog steeds een biologisch-dynamische boerderij die het restaurant voorziet van alle verse producten. Wil je meer weten over dit bijzondere project en heb je een dagje de tijd; bezoek dan de boerderij zelf en het San Francisco Zen Center, waar je ook diverse spirituele workshops kan volgen.
Na de lunch bij Greens bezoek ik de naastgelegen jachthaven. Daar huur ik een mountainbike met helm waarmee ik de rest van de middag langs de baai rij. Hier vind je geen steile heuvels, dus op mijn gemak geniet ik van de stad en de mensen die joggen, skaten, de hond uitlaten of op een bankje zitten. Bij de jachthaven vind je ook de Aqua Club, een zwemclub voor die hards die het hele jaar door hun baantjes

Als je hier rondwandelt hoor je door de open ramen de muziekbandjes repeteren en zie je kunstenaars hun zojuist gedraaide potten drogen

trekken in de baai. In de zomer prima te doen, maar in de winter zo koud dat de meesten een neopreen pak dragen. Als het mooi weer is kan je zelf ook het water in, want op nog geen vijftien minuten van het centrum ligt een smal zandstrand.
Aan het einde van de middag is het tijd om naar het Cliff House te gaan, ten westen van Ocean Beach waar ik, met een cocktail in mijn hand, de zon zie ondergaan in de Stille Oceaan. Terug in de stad bestel ik in de Redwood Room nog een cocktail terwijl ik me vergaap aan het hoge gehalte mooie vrouwen en strak in het pak zittende mannen. Deze bar hoort bij het beroemde Clift Hotel, een van de mooiste hotels van de stad, niet ver van Union Square. Al logeer je hier niet of heb je geen zin om uit te gaan, loop dan toch even binnen. Dan kan je je vergapen aan de inrichting van de ontwerpers Starck en Schrager. In de lobby staat bijvoorbeeld een bijzondere verzameling stoelen, waaronder een reusachtig exemplaar, waar elke bezoeker zich op laat fotograferen.
De kamers in dit hotel zijn ook meer dan de moeite waard, maar helaas hangt er een flinke prijskaart aan.
Ik boek een kamer in een designhotel dat wel betaalbaar is: het Vertigo Hotel. Dit Victoriaanse gebouw was tot voor kort een 'dertien in een dozijn-hotel' met lelijke jarentachtigkamers, maar de eigenaars verbouwden het complex volledig.
Nu krijg je een stijlvolle kamer met een groot plasmascherm, twee paardenhoofden als bedlampen en een zacht dekbed. En dat alles vanaf 99 dollar per nacht, een koopje voor zo'n hotel aan de rand van de wijk Nob Hill, op loopafstand van Union Square.

Mocht je de volgende morgen een kater hebben, bestel dan een uitgebreid ontbijt in Café de la Presse, zo'n tien minuten lopen van het Vertigo Hotel. Hier komen de inwoners van San Francisco in stijl ontbijten of lunchen, met onder andere Eggs Benedict met gerookte zalm. Café de la Presse heeft een Franse uitstraling en met een beetje fantasie lijkt het hier net alsof je in Parijs zit (wat natuurlijk voor Nederlanders niet zo interessant is als voor Amerikanen). Ik hou het bij een simpele uitsmijter in de Hille Grille, twee blokken van het hotel.Eigenlijk zou ik vandaag heel veel willen ondernemen, want er zijn zo veel leuke dingen te doen in deze stad. Bijvoorbeeld een bezoek aan een klassieker: het beroemde gevangeniseiland Alcatraz, dat echt de moeite waard is door de informatieve audiorondleiding. Ik zou ook op een van de vele zeilboten kunnen stappen die met een groep toeristen vanaf de werf vertrekken; dit is de beste manier om de stad vanaf het water te bewonderen – hoewel een tocht met een privéjacht natuurlijk helemaal bijzonder is, maar dan moet je wel de avond ervoor je best doen om een schipper aan de haak te slaan in bijvoorbeeld het Clift Hotel, wat mij niet gelukt is.
Je kan ook naar Hearst Castle, een paar uur rijden ten zuiden van de stad. Een fascinerende plek, want het is een van 's werelds grootste privéhuizen, ooit gebouwd door de beroemde krantenmagnaat William Hearst.
Ik besluit het die dag uiteindelijk rustig aan te doen en ga met een boekje in het Golden Gate Park liggen. We hebben de hele week hard gewerkt voor 3 op Reis, dus erg veel energie heb ik niet. 's Avonds eet ik in het Thaise restaurant Thai Stick, waar ze voor nog geen tien dollar prima eten serveren. Dan neem ik de taxi naar Folsom Street, ten noorden van Market Street waar ik me laat afzetten bij Brainwash. Een creatieve geest heeft daar namelijk het concept 'wasserette-bar-stand-up comedy-club' bedacht en dat wil ik meemaken.

Eenmaal binnen (zonder vuile was) bestel ik een Budweiser en vraag aan de aardige barman wat er vanavond te doen is. Het blijkt open mic-avond te zijn en dus mag iedereen die zichzelf leuk genoeg vindt het podium op klimmen. Terwijl ik op mijn barkruk blijf zitten, staat de halve kroeg één voor één op om een korte sketch te geven. Waarschijnlijk komt dit publiek hier vaker, want men maakt grappen over elkaar en er wordt heel wat geklapt en gejoeld. Gelukkig is het merendeel van de mensen ook daadwerkelijk heel leuk en ik vermaak me prima. Ik kijk op mijn horloge en bedenk me dat over acht uur mijn vlucht naar Nederland vertrekt; ik moest maar eens een taxi pakken...

Meer informatie

Beste reistijd
In de zomer en rond kerst heerst er topdrukte, wat onder meer betekent dat de prijzen voor vluchten en hotels hoger zijn.

Alcatraz
www.alcatraz.us

Boudin Bakery:
www.boudinbakery.com

Brainwash
www.brainwash.com

Café de la Presse
www.cafedelapresse.com

Cliff House
www.cliffhouse.com

Fietsverhuur bij Fort Mason
www.wheelfunrentals.com

Fisherman's Wharf
www.fishermanswharf.org

Fort Mason Center
www.fortmason.org

Golden Gate
www.goldengate.org

Greens Restaurant
www.greensrestaurant.com

Hearst Castle
www.hearstcastle.org

Nob Hille Grille
www.nobhillgrille.com

Op Top Sightseeing
www.opentopsightseeing-sf.com

Redwood Room & Clift Hotel
www.clifthotel.com

Thai Stick
www.thaisticksf.com

Threads
www.threadshow.com

Hotel Vertigo
www.hotelvertigosf.com

San Francisco Zen Center
www.sfzc.org

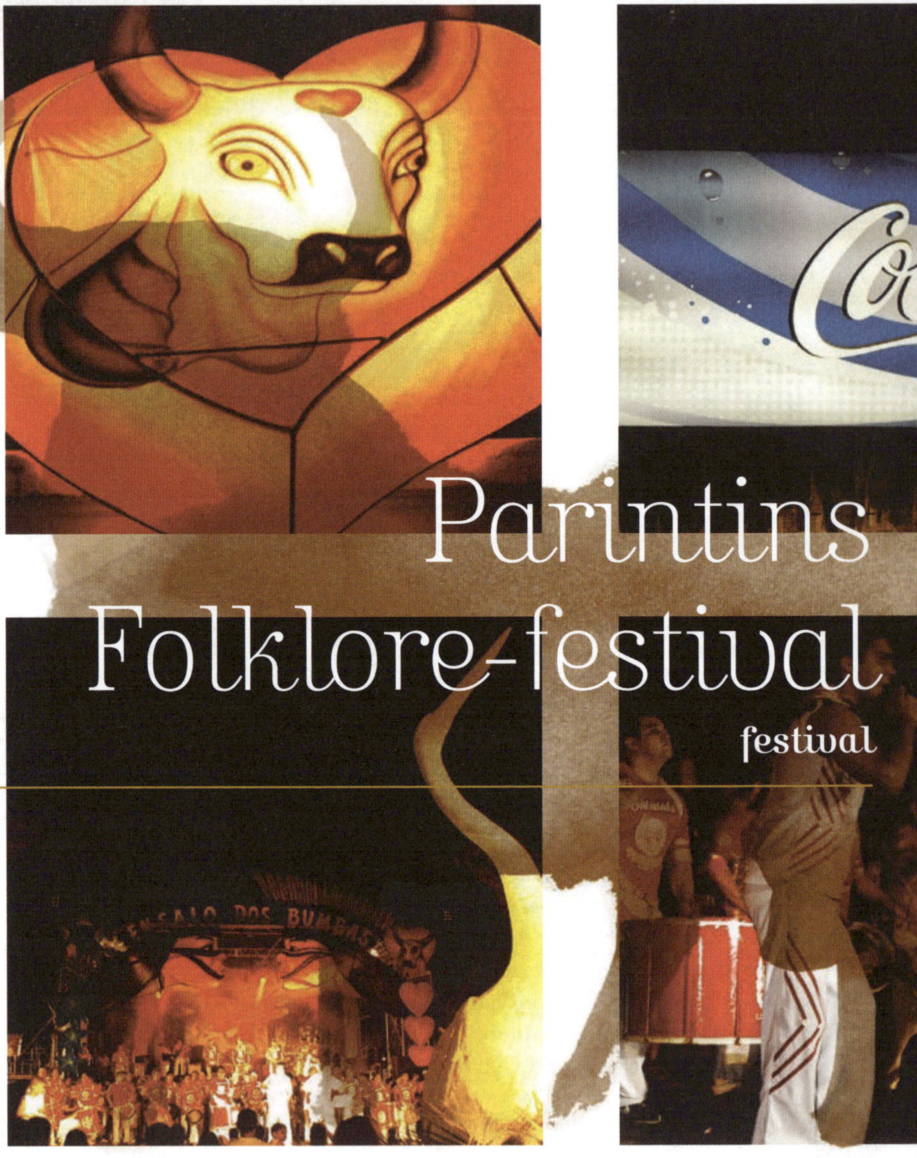

Parintins Folklore-festival

festival

Meer informatie

Het Parintins Folklore-festival wordt gehouden in de laatste week van juni. Boek ver van tevoren een kamer, want de hotels in de stad zijn snel vol.

www.v-brazil.com
www.parintins.com
www.boibumba.com

Diep in het regenwoud in Brazilië ligt Parintins, een slaperig stadje met zo'n tachtigduizend inwoners, aan de Amazonerivier. Eén keer per jaar 'explodeert' de stad, tijdens het Parintins Folklore-festival.

Drie dagen lang schudt het er op zijn grondvesten als het festival losbarst dat, na carnaval, het grootste feest van Brazilië is. Het draait allemaal om de Boi Bumbá, een komisch-dramatische dans waar iedereen aan mee doet. Het feest is ontstaan aan het einde van de achttiende eeuw op de suikerplantages en is gebaseerd op een verhaal waarbij slaven, een os en religie een belangrijke rol spelen.

Er is ook een competitie tussen twee teams, het rode (Garantido) en het blauwe (Caprichoso); iedereen in de stad kiest een van deze twee kleuren. Er zijn zang- en danswedstrijden en natuurlijk gigantische parades. Elk team presenteert zich in het Bumbodromo, een enorm rond stadion waarin meer dan 35.000 feestvierders passen. Ik bezoek een repetitie en weet niet waar ik moet kijken, zoveel is er te zien. Overal dansen, zingen en drinken mensen en zelden heb ik zo veel personen tegelijk uit hun dak zien gaan. Het festival wordt bezocht door mensen uit het hele land, die met meer dan zeshonderd charters worden ingevlogen. Daarnaast komen veel mensen per boot, waarbij ze vaak aan boord blijven slapen, omdat er niet genoeg hotelbedden zijn. De commercie heeft het feest ook ontdekt en sponsors staan in de rij om hun producten eraan te verbinden. Coca-Cola is de hoofdsponsor van het evenement en overal zie je dan ook het bekende rode beeldmerk van dit drankje. Aanhangers van het blauwe team besloten daarop massaal Pepsi-Cola te gaan drinken, omdat Coca-Cola de kleuren van de rivaal heeft. Als reactie besloot het frisdrankmerk voor deze ene plek ter wereld het bekende blikje ook in het blauw te produceren. Met succes, want Coca-Cola is het best verkochte drankje tijdens het festival, op bier na natuurlijk...

De beste reiswebsites

deel 1

Met de komst van internet is het leven voor ons, reizigers, er zo veel beter op geworden. Binnen een oogwenk vinden we online het meest voordelige vliegticket van Amsterdam naar Lima, weten we hoe laat de bus vertrekt van Los Angeles naar Phoenix, achterhalen we wie de beste raftingtrips aanbiedt op de Colorado-rivier, of wat het adres is van dat prachtige eco-hotel in de bergen buiten Marrakech.

Je vindt op internet ontelbare websites die je kunnen helpen bij het plannen van je reis, en waar je ook ongelofelijk veel ervaringen van reizigers kunt vinden. Hierbij een lijstje met een aantal sites waar ik zelf veel gebruik van maak:

Voor het boeken van vliegtickets

01.

www.kayak.com
www.priceline.com
www.orbitz.com

Dit zijn vergelijkingssites waar je niet direct kan boeken, maar waar men alle mogelijkheden - vaak op prijsvolgorde - voor je op een rijtje zet. De sites geven informatie over diverse reisbureaus, luchtvaartmaatschappijen en (budget)-aanbieders. Voordeel van deze sites is dat ze gratis zijn en dat je in één keer ziet wie het goedkoopste is. Nadeel is dat de tarieven niet altijd actueel zijn.

02. www.bing.com

Bing.com geeft advies over de beste periode om een vliegticket te kopen, iets wat elke reiziger wil weten. Een zevendaagse prijsindicator vertelt je of je direct een ticket moet kopen of dat je nog even moet wachten, omdat de prijs verder zal dalen.

03.

www.wegolo.com
www.dohop.com
www.wichbudget.com

Op deze sites kan je specifieke vluchten boeken die uitgevoerd worden door budgetvliegmaatschappijen.

04. www.itasoftware.com

Een site die eigenlijk bestemd is voor reisbureau's en de luchtvaartindustrie maar waar je als consument ook een overzicht kan krijgen van goedkope tickets.

05. www. ightaware.com

Een site voor echte vliegtuigfreaks. Typ het vluchtnummer en de vliegmaatschappij in en je ziet precies waar het toestel zich op dat moment bevindt.
Jammer dat het systeem voorlopig alleen werkt voor de Verenigde Staten, Canada, het Caribisch gebied en Engeland. Mocht je daar toevallig rondreizen, dan moet je zeker even deze website uitproberen.

06. www.i y.com

Ifly.com geeft alle informatie van meer dan vierhonderd vliegvelden wereldwijd. Je vindt er plattegronden van het vliegveld zelf, gegevens over winkels en restaurants, en tips over hoe je het beste je (overstap) tijd kan doorbrengen.

07. www.re-ticket.com

Re-ticket is een Nederlands bedrijf dat zich bezighoudt met een nog redelijk onbekend gegeven: de doorverkoop van tickets om ze,onder bepaalde voorwaarden, op een andere naam te zetten. Eigenlijk is dit een soort online marktplaats waar particulieren en reisorganisaties tickets en reizen kunnen aanbieden. De site is er niet alleen voor vliegtickets, maar ook voor kaartjes voor trein, bus en boot.
Re-ticket kan ook helpen bij het terugvragen van belastingen en toeslagen indien je je ticket niet kan overzetten op een andere naam. Je betaalt tien procent van de kosten van het ticket als bemiddelingsvergoeding.

Voor het boeken van hotels

01.
www.tablethotels.com
www.designhotels.com
www.hiphotels.com
Dit zijn websites waar je de mooiste designhotels van de wereld vindt. Je kan zoeken op datum, bestemming of naam van het hotel.

02. www.hotels.com
Hotels.com is een grote aanbieder van hotels over de hele wereld. Deze duidelijke website belooft honderdtwintigduizend hotels wereldwijd, prijsmatchgarantie en het is ook mogelijk zeven dagen per week telefonisch contact te hebben.

03. www.i-escape.com
Een hotelboekingssite die voor veel prijzen is genomineerd en ze ook heeft gewonnen vanwege de goede selectie van de beste accommodaties. I-escape.com biedt ook veel andere reisinformatie. Tik een bestemming in en je krijgt een overzicht van bijzondere hotels ter plekke, inclusief een fijne beschrijving met de voor- en de nadelen van de bestemming, zodat je een heel goed beeld krijgt van je reisdoel.

04. www.trivago.nl
Een Nederlandse prijsvergelijkingssite specifiek voor hotels.

05. www.secretplaces.com
Volgens de makers van Secretplaces.com vind je bij hen de 'verborgen pareltjes'. Ben ik niet helemaal met ze eens omdat sommige hotels redelijk bekend zijn, maar feit is wel dat ze een goede verzameling met bijzondere adressen hebben.

06. www.elizawashere.nl
Elizawashere.nl is een Nederlandse touroperator die ongeveer hetzelfde concept neerzet als Secretplaces.com, maar dan voor Zuid-Europa. Deze site bestaat al lang en heeft inmiddels leuke adressen verzameld. Check de homepage voor ervaringen van reizigers die al bepaalde bestemmingen bezocht hebben.

07. www.laterooms.com
Ben je op zoek naar een goedkope lastminute hotelkamer? Dan moet je absoluut deze site bekijken. Heb je je keuze gemaakt, dan krijg je een kortingscode als je het hotel boekt.

08. www.luxurylink.com
Ben je flexibel qua data en hou je van vier- en vijfsterren hotels, biedt dan op Luxurylink.com op hotelkamers over de hele wereld. Het is ook mogelijk direct te boeken, maar dan betaal je iets meer.

Sarajevo
short trip

Het is een warme dag in Sarajevo en ondanks dat ik in de schaduw van een grote parasol zit, heb ik het bloedheet. Ik bestel een koude citroenlimonade en een vers broodje schapenkaas. Het terras van café Michele waar ik zit, ligt aan de grote winkelstraat van Sarajevo, Ferhadija. Het is dé plek om voorbijgangers te spotten die ondanks de warmte winkelen, boodschappen doen of op weg zijn naar hun werk.

Als je niet beter weet zou je denken dat je in een willekeurige stad in Spanje of Zwitserland bent. Je ziet hier goed

Niets wijst er op het eerste gezicht op dat deze stad het toneel is geweest van een van de meest bloedige Europese burgeroorlogen sinds de Tweede Wereldoorlog

uitziende vrouwen met grote zonnebrillen en dure handtassen, brede mannen met strakke shirts met mountainbikes aan de hand, oude dametjes met rieten hoedjes op, en donkere mannen die stapels gekleurde waaiers verkopen aan de voorbijgangers.

Niets wijst er op het eerste gezicht op dat deze stad het toneel is geweest van een van de meest bloedige Europese burgeroorlogen sinds de Tweede Wereldoorlog. Het is bijna onmogelijk om in het kort uit te leggen wat er destijds allemaal gebeurd is en wat er ten grondslag lag aan dit conflict. Feit is wel dat de drie bevolkingsgroepen in deze regio gruwelijk met elkaar in botsing kwamen na het uiteenvallen van het grote Joegoslavië, na de dood van de leider Tito. Hij had Joegoslavië na de Tweede Wereldoorlog samengesmeed uit diverse landen zoals Kroatië, Servië en Bosnië; kort na zijn dood, ging het mis. Etnische spanningen werden aangewakkerd door

onder meer de ultranationalistische Servische leider Milošević en de radicale Kroatische leider Tudjman.
In oktober 1992 verklaarde Bosnië-Herzegovina zich onafhankelijk van Joegoslavië. Het nieuwe land werd internationaal erkend, maar de hoofdstad Sarajevo kwam in datzelfde jaar zwaar onder vuur te liggen van zowel Servische paramilitairen als delen van het Joegoslavische leger. Wat volgde was een drie jaar durende keiharde oorlog waarbij de stad volledig werd omsingeld en constant werd beschoten door de troepen van de Bosnisch-Servische commandant Mladić in de poging de inwoners volledig uit te putten. De internationale gemeenschap bleef veel te lang toekijken en stuurde alleen een kleine troepenmacht om het vliegveld toegankelijk te houden voor hulpkonvooien. Intens triest en een bekend verhaal voor ons is de slachting van meer dan achtduizend moslimmannen in de enclave Srebrenica, op nog geen honderd kilometer van de hoofdstad. Tijdens de oorlog kwamen alleen in Sarajevo al meer dan tienduizend burgers om het leven en raakten meer dan vijftigduizend mensen gewond. Uiteindelijk kwam de oorlog in 1995 ten einde met het ondertekenen van het vredesakkoord in het Amerikaanse Daytona.

Ongeveer zes uur geleden ben ik vanuit de Servische hoofdstad Belgrado opgestegen in een tweemotorig propellervliegtuig. Een klein uurtje later zie ik Sarajevo in de verte liggen. In tegenstelling tot Belgrado is het landschap van Sarajevo veel heuvelachtiger en vanuit de lucht ziet het er geweldig uit, met groene weides, dennenbossen en boerderijen met gekleurde daken.

Sarajevo ligt tussen een aantal heuvels en dwars door de stad stroomt de Miljackarivier, die ik vanuit het toestel als een lang lint zie glinsteren. We landen op het kleine vliegveld en niet veel later stap ik uit de aankomsthal de warmte in.
De luchthaven lijkt er een zoals ik er al ontelbare heb gezien, maar niets is minder waar; onder deze grond liep in de oorlogsjaren de enige lijn met de buitenwereld. De inwoners konden door de één meter brede en achthonderd meter lange tunnel de belegerde stad mondjesmaat verlaten. In het beroemde Tunnel Museum, niet ver van het vliegveld, kan je met je eigen ogen zien hoe men indertijd van deze tunnel gebruikmaakte om mensen, goederen en wapens de stad in en uit te krijgen.
Ik rij ondertussen over de brede weg naar het centrum, over sniper alley, zo genoemd omdat de burgers vanuit de heuvels continu beschoten werden door sluipschutters als ze hier wilden oversteken. Tot op de dag van vandaag zie je op veel van de grote gebouwen en flats langs de weg nog de sporen van de beschietingen, want bijna overal zitten nog de gaten van de kogels. Ik krijg een brok in mijn keel als ik naar buiten kijk en bedenk dat het onvoorstelbaar is dat dit nog geen twintig jaar geleden in Europa heeft kunnen gebeuren.
Na een klein kwartiertje ben ik in het centrum van Sarajevo. Ook daar zie ik hetzelfde beeld van gehavende panden. Toch hebben de inwoners van de stad veel gedaan om de grootste schade zo veel mogelijk te herstellen, mede dankzij internationale steun. Zoals in veel steden in dit land, en in de buurlanden, zijn er nog veel wonden van deze oorlog, maar willen de mensen ook verder met hun leven en naar de toekomst kijken.
En dus is Sarajevo nu, na meer dan vijftien jaar, langzaam veranderd in een stad waar de winkels weer vol liggen, de terrasjes elke morgen worden ingericht en de mensen zich met alledaagse zaken bezighouden. Als toerist kan je deze plaats goed bezoeken, alleen al om je te realiseren wat hier gebeurd is, maar zeker ook om te genieten van het moois dat Sarajevo te bieden heeft.

Als toerist kan je deze plaats goed bezoeken, alleen al om je te realiseren wat hier gebeurd is, maar zeker ook om te genieten van het moois dat Sarajevo te bieden heeft

Je vindt in het centrum heel wat charmante gebouwen, al dan niet gerestaureerd, die de moeite van een bezoek waard zijn. De Bascarsija-moskee in de gelijknamige Turkse wijk bijvoorbeeld, of de orthodoxe kathedraal in het centrum en Inat Kuca, het enige Ottomaanse huis dat nog langs de rivier staat.
In de zomer is er genoeg te doen in Sarajevo; bijvoorbeeld tijdens het Bascarsijske Noci, een zomerfestival in juli met dans, muziek en openluchttheater, en met het beroemde Sarajevo filmfestival, begin augustus.

Ik slaap in Hotel Michele, een plek waar veel (Amerikaanse) filmsterren logeren als ze de stad voor het filmfestival bezoeken. De eigenaresse vertelt trots dat niemand minder dan acteur Morgan Freeman gisteren heeft uitgecheckt en dat ook de bekende acteur Richard Gere hier heeft geslapen.

De volgende dag sta ik vroeg op om per huurauto op weg te gaan naar Mostar, een stad die iets meer dan honderd kilometer zuidelijker ligt. Zo gauw ik de stad verlaat rij ik via een regionale weg de bergen in. Harder dan tachtig kilometer mag je er niet en regelmatig staan agenten langs de weg bekeuringen uit te delen.
De bergen worden steeds hoger en het is niet moeilijk om je voor te stellen dat je hier, onder andere in Jahorina, geweldig kan skiën. Deze pistes werden gebruikt tijdens de Olympische Winterspelen van 1984. Af en toe stop ik om een foto te maken van de groene weides en de kunstig gestapelde hooibergen. Met een beetje fantasie waan je je in Zwitserland, maar dan wel in een beschadigde versie ervan. Om de zoveel tijd word je weer eraan herinnerd dat hier hevig gevochten is, want her en der staan ruïnes van woonhuizen en fabrieken. Na een uurtje passeer ik Konjic, een dorp dat tevens flink getroffen werd tijdens de Balkanoorlog, omdat er een belangrijke fabriek stond. Bij bijna ieder huis zijn kogelgaten te zien, soms half weggewerkt met cement. Ook

hier heeft men de draad weer opgepakt en zitten de koffiehuizen en de terrassen in de stad vol. Je vindt in het centrum van Konjic onder meer een prachtige brug en vlak bij de stad ligt het azuurblauwe meer van Boracko. Daarnaast kan je vanuit deze plaats in het voorjaar geweldig raften door de Neretva Canyon.
Ik vervolg de weg langs het water en maak een kleine tussenstop bij een restaurant om wat sirnica te bestellen, traditionele pasteitjes gevuld met kaas.
Hierna begint het mooiste deel van de tocht; de rit langs de rivier de Neretva en de stad Jablanica, richting Mostar. Een uur lang rij ik langs de snelstromende beek met aan weerszijden imposante bergen, die slechts spaarzaam begroeid zijn.

Hierna begint het mooiste deel van de tocht; de rit langs de rivier de Neretva en de stad Jablanica, richting Mostar

Om de zoveel tijd kom ik opvallende borden tegen van lokale zalm- of forelkwekerijen waar je verse vis kan vangen en eten, en overal langs de weg staan kleine tafeltjes van locals die potten jam en honing verkopen.

Nadat de weg langzaam daalt richting een laag plateau, zie ik in de verte Mostar liggen. Vóór de oorlog was dit een belangrijke toeristische bestemming, redelijk makkelijk bereikbaar vanaf steden als Dubrovnik en beroemd om de wereldberoemde Stari Most, een ranke, kunstig gebouwde middeleeuwse stenen brug die door beschietingen door de Bosnische Kroaten in november 1993 instortte.

Na de oorlog werd de brug met de oorspronkelijke stenen gerestaureerd en nu lopen er iedere dag in de zomer weer drommen toeristen over de prachtige witte klinkers. Duikers springen van de brug af, na geld opgehaald te hebben bij de toeristen die zich suf fotograferen als de mannen zich met ware doodsverachting van de eenentwintig meter hoge brug in het ijskoude, helderblauwe water storten. Rondom de brug ligt het oude centrum, met prachtige kleine huisjes en smalle straten, maar door een overvloed van souvenirwinkels is er weinig meer van de oude charme over. Niet ver van dit historische deel vind je trouwens een van de beste hotels van de regio: het Muslibegovic Huis, een achttiende-eeuws Ottomaans huis achter hoge muren met een prachtige binnenplaats. In het gebouw zelf is ook een regionaal museum gevestigd met veel antiek en lokale producten. Net als in de andere steden waart ook in Mostar 'het spook van de oorlog' nog rond. Buiten het zicht van de grote massa staan talloze ruïnes van huizen, scholen en appartementen. Schrijnend zijn de kerkhoven bij de moskeeën in de stad, die vol liggen met oorlogsslachtoffers. In dit land zijn de sporen van de hevige gevechten nooit ver weg, wat je als bezoeker een treurig gevoel geeft. Toch is Bosnië-Herzegovina een land dat je moet bezoeken, alleen al om met eigen ogen te zien wat hier heeft plaatsgevonden. Maar ook om te merken dat het leven weer verder gaat en de mensen er weer vooruitkijken...

Meer informatie

Beste reistijd
April tot en met september.

Bascarsijske Noci-festival
www.bascarsijskenoci.ba

Bascarsija-moskee
www.bascarsija.info

Café Michele
Ferhadija 15
Sarajevo

Hotel Michele
www.hotelmichele.ba

Muslibegovic House
www.muslibegovichouse.com

Ottomaans huis Inat Kuca
www.inatkuca.ba

Tunnel Museum
www.sarajevo.ba

06 Zomba Forest Lodge, Malawi

Zomba Forest Lodge

hotel

Ik zou zo graag nog een keer teruggaan naar Malawi! Voor het Rode Kruis heb ik vier dagen door dit bijzondere land in het zuiden van het Afrikaanse continent mogen reizen met een aantal journalisten; veel te kort om alles te kunnen bekijken.

Het was de moeite waard, want op deze manier konden we met eigen ogen zien hoe de hulporganisatie zich in Malawi onder meer bezighoudt met een malariaproject en zich daarnaast richt op het voedselprobleem in de regio, dat is ontstaan door de extreme droogte. Ondanks deze zware onderwerpen werden we overal met heel veel warmte en gastvrijheid onthaald en begon ik te houden van dit bijzondere land. Malawi ligt in het zuiden van Afrika, grenzend aan Tanzania, Mozambique en Zambia. Dit afwisselende en groene land heeft als hoogtepunten onder andere het prachtige Lake Malawi, het op drie na grootste meer van Afrika, maar ook Likoma Island met daarop het plaatsje Chipyela, dat beroemd is om zijn grote kerk.
Een andere highlight is het Liwonde National Park, een natuurpark met nijlpaarden, krokodillen en olifanten. Malawi heeft hoge bergen, zoals de meer dan drieduizend meter hoge Mount Mulanje, waar je prachtige trektochten kan maken.

Bijzonder is ook het Zomba Plateau, gelegen boven de oude hoofdstad Zomba. Deze plek is een paradijs voor wandelaars en vogelaars; in de bossen op het plateau vind je niet alleen diverse wandelpaden, watervallen en meren, maar ook talloze vogelsoorten en vlinders.

Midden in deze overweldigende natuur staat de Zomba Forest Lodge, een prettig hotel waar je kan bijkomen van de Afrikaanse drukte. Het is gevestigd in een oud koloniaal huis dat verbouwd is tot een bescheiden resort met vijf kamers. Je vindt er ook een lounge waar je in de avonduren bij de open haard kan zitten en andere reizigers kan ontmoeten.
Twee dingen maken je verblijf in de Zomba Forest Lodge helemaal goed. Ten eerste de keuken, want de vijfenzeventigjarige Solomon kookt verrukkelijk en zorgt er met zijn heerlijke gerechten voor dat je langer wilt blijven dan gepland. Ten tweede het uitzicht: men zegt dat je vanuit dit resort het mooiste vergezicht van Malawi hebt. Pak een ligstoel en nestel je op het grasveld voor de lodge, bestel vervolgens een koud biertje en terwijl je uitkijkt over de bossen zie je de zon als een vuurrode bal ondergaan...

Prijzen
Een 2 pers. kamer:
vanaf ongeveer 125 euro, incl. ontbijt

Per mail
z.f.lodge@mw.celtelplus.com
Tel: 265-9200369

Zomba Forest Lodge is ook te boeken als onderdeel van een safari.

Bijvoorbeeld via
www.go2africa.com
www.explore-malawi.com

Meer info over de projecten van het Rode Kruis in Afrika
www.rodekruis.nl

Costa Rica

Ga naar Tortuguero in Costa Rica. Dit gebied in het noordoosten van het land kan je alleen bereiken over kronkelende rivieren, dwars door het regenwoud. Tortuguero is een belangrijk broedgebied voor schildpadden die hier tussen juni en september massaal hun eitjes komen leggen op het strand. De schildpadden worden beschermd, maar onder begeleiding van een gids is het mogelijk ze van dichtbij mee te maken terwijl ze hun eitjes leggen.

www.tortugueroinfo.com

IJsland

Denk in mei of juni ook eens aan het noorden van IJsland en maak de middernachtzon mee. Tijdens dit verschijnsel blijft het de hele nacht licht doordat de zon niet ondergaat. Aanrader is het eilandje Grimsey, dat door de poolcirkel wordt doorsneden en een oppervlakte van 5,3 vierkante kilometer en maar één weg heeft. Er gaan verschillende dagexcursies naar dit oord, maar overnachten is ook mogelijk.

www.nat.is
www.ijsland-info.nl

Hawaï

Als je de nodige duikervaring hebt kan je in Hawaï, aan de kust van het eiland Kona, een nachtduik maken. Deze plek is populair omdat er vaak manta ray's, de bekende grote roggen, worden gespot. Nachtduiken worden door verschillende duikscholen georganiseerd in het dorpje met de toepasselijke naam Manta Ray Village. Door met sterke lichten in het water te schijnen wordt plankton aangetrokken en daar komen – met een beetje geluk - de manta ray's op af. Het verhaal gaat dat je meer kans hebt als je bij vollemaan duikt.

www.letsgo-hawaii.com

Indonesië

Beklim de Krakatau-vulkaan in Indonesië, een actieve vulkaan in de Straat van Soenda, tussen Java en Sumatra. Deze vuurspuwende berg is vooral bekend om zijn extreem zware uitbarsting in 1883. Vanaf Cerita Beach op het eiland Java is het vijf uur met de boot naar Krakatau en in ongeveer vijfenveertig minuten klim je naar de top. Een bezoekje is niet geheel zonder risico's, dus laat je van tevoren goed inlichten over de status van de vulkaan.

www.volcanolive.com

Schotland

Ten noordoosten van Schotland vind je in de Atlantische Oceaan een archipel van ongeveer honderd eilanden waarvan er vijftien bewoond zijn: de Shetland Islands. In juni gaat het los op deze eilanden, als Shetlanders van over de hele wereld welkom thuis worden geheten tijdens Hamefarin, oftewel 'thuiskomst'. Het Hamefarin-festival duurt bijna twee weken, met de beste musici, speciale zeiltochten naar de eilanden en gratis rondleidingen, waarbij je papegaaiduikers, orka's en Shetlandpony's kan spotten. Na zo'n twee weken worden er op het eindfeest Vikingschepen ritueel verbrand en gaat het feest door tot de ochtend.

www.shetlandhamefarin.com

07

juli

Juli heeft 31 dagen en wordt ook wel de dondermaand genoemd: door de hitte komen vaak zware onweersbuien voor | **Juli is vernoemd naar Gaius Julius Caesar, de machtige Romeinse politicus** | Op 1 juli vieren Surinamers Keti Koti, de Dag der Vrijheden. Die dag wordt de afschaffing van de slavernij in Suriname herdacht | **Op 4 juli is het Independence Day, Onafhankelijkheidsdag, in de Verenigde Staten. Naast Kerstmis is dit één van de enige vrije dagen die echt massaal in Noord-Amerika en Canada gevierd wordt** | 25 juli is de Dag van de Republiek in Tunesië

Oekraïne

Long trip

Ik word wakker van de wekker die onophoudelijk en direct naast mijn oor afgaat. Alles in mij schreeuwt dat ik nog lang niet op moet staan; het lijkt alsof ik pas net ben gaan slapen. Gelukkig is wel eindelijk de verschrikkelijke hoofdpijn verdwenen die me het afgelopen etmaal geplaagd heeft.

Voor 3 op Reis ben ik net aangekomen in Oekraïne, een reis van bijna twee dagen over het spoor. De reis begon voorspoedig, maar eenmaal overgestapt in Duitsland bleek de trein nogal ouderwets en dus traag. Op de grens van Duitsland en de Oekraïne moesten we vervolgens bijna vier uur wachten op alle grensformaliteiten en omdat de raampjes van onze coupé niet open konden, werden we zo ongeveer levend geroosterd. Maar eindelijk zagen we dan toch in de verte de lichtjes van Kiev opdoemen en niet veel later stapten we uit op het perron.

De meest afzichtelijke creaties komen voorbij: van zachtroze gevallen met enorme hoepelrokken, tot felgele exemplaren bedrukt met bloemen en veren

Met moeite hijs ik me uit bed en stap in het veel te grote, ijzeren bad om me met het lauwe, lichtbruine water te wassen. Even later meld ik me in de lobby van het hotel om daarna in de stad op zoek te gaan naar een redelijk ontbijt. Het wordt uiteindelijk een klein terras aan het Onafhankelijkheidsplein, waar we eerst twee koffie bestellen. Dan volgen kleine driehoekige boterhammetjes met dikke plakken ham, zoete pannenkoeken met fruit en gevulde tortilla's met fetakaas.
Ons eerste doel is het draaien van algemene shots in het centrum. Wat ik me vooral herinner van de vorige keer dat ik hier was, zijn de overdreven uitgedoste vrouwen die je op straat ziet lopen. Vrouwen in de Oekraïne staan bekend om hun schoonheid en dat klopt ook wel, maar qua kledingstijl slaan ze de plank nog al eens mis. Denk aan de oude Oost-Europese kleedstijl met veel felle kleuren, synthetische stoffen en een slechte pasvorm, gecombineerd met westerse invloeden. De topper van vandaag is een vrouw met witte, opengewerkte pumps, een korte spijkerbroek met wit kant op de voor- en achterkant en een witte, te kleine satijnen top, waar haar borsten bijna uitvallen.
Als we een uurtje later op een terrasje zitten voor een kop koffie worden we aangesproken door Irina, een Oekraïense die prima Engels spreekt en nieuwsgierig is naar wat we precies aan het doen zijn. We vragen haar naar de opvallende kledingstijl in dit land. 'Er zijn in de Oekraïne twee keer zo veel vrouwen als mannen, dus je moet wel verdomd goed je best doen om op te vallen,' verklaart ze lachend.
De verhoudingen in dit land zijn ook nog eens redelijk traditioneel, waardoor je je als vrouw ook echt vrouwelijk moet kleden. Je zal dames hier nooit kunnen betrappen zonder nagellak en hoge hakken. Niet verwonderlijk dat de laatste jaren enorm veel buitenlanders in Oekraïne een echtgenote komen 'halen'. De keuze is enorm en de meesten staan te springen om naar het Westen te verhuizen.
Ik vraag Irina of dit niet een verkapte vorm van uitbuiten is, maar ze antwoordt dat veel vrouwen wel degelijk zelf kiezen met

wie ze meegaan. Ik kan het me bijna niet voorstellen, het lijkt me sowieso vreselijk om op die manier aan de man te komen. Maar ik heb makkelijk praten; ik ben geboren in het Westen en heb alle vrijheid om de keuzes te maken die ik zelf wil.
Na de lunch draaien we in de buurt van het Sint-Michielsklooster in Kiev. Het is zaterdag en dit betekent dat er vanuit de hele stad bruidsparen af en aan rijden. Het weekend is hét moment dat men in het huwelijksbootje stapt; vaak omdat de bruiloften meerdere dagen duren. Trouwen is altijd belangrijk geweest in dit land en pas de laatste jaren is het voor een vrouw geen schande meer als ze niet voor haar dertigste jaar gehuwd is. Op dit vlak wordt Oekraïne steeds moderner.
Ook bij de bruidsparen is de goede smaak soms weer ver te zoeken. De meest afzichtelijke creaties komen voorbij: van zachtroze gevallen met enorme hoepelrokken, tot felgele exemplaren bedrukt met bloemen en veren. We kijken onze ogen uit en filmen ons suf.
In het nabijgelegen park komen we een wel heel opzichtig uitgedost stel tegen. Hij draagt een camelkleurig driedelig pak, zij een renaissancejurk met grote stroken en een strak lijfje. We sissen naar elkaar dat het toch wel erg mooi zou zijn als we met hen mee zouden mogen naar de plechtigheid.

We zijn op weg naar een van de meest bizarre dagtochten die je op aarde kan maken: naar de Tsjernobyl kernreactor

Cameraman Bas stapt, met zijn camera en al zijn communicatieve vaardigheden, direct op ze af. Niet veel later is het geregeld: we mogen mee. Snel lopen we achter het gezelschap aan en stappen in de auto van de ouders van de bruid. We scheuren dwars door de stad in een dure BMW en voor ik het weet stap ik een uitbundig versierde trouwkapel binnen. Het lijkt wel een trouwfabriek, want maar liefst vijf stellen wachten op hun beurt om in de echt te worden verbonden. 'Onze' Nadja en Boris zijn na een halfuurtje wachten aan de beurt en nadat er een traditioneel brood is gekust en er over een kunstig geborduurd kleed is gestapt, worden de ringen uitgewisseld en is het tijd voor de kus.

In minder dan twintig minuten staan we weer buiten en feliciteren we het gelukkige stel. De bruid straalt, meer dan een jaar is ze bezig geweest met de voorbereidingen en er is heel wat geld in gestoken om deze dag te laten slagen.

Op een uur rijden van deze locatie gaat het trouwfeest door op een piratenschip op de rivier de Dnjepr. Die festiviteiten laten we maar aan ons voorbijgaan, want morgenochtend moeten we heel vroeg opstaan; het belooft een lange dag te worden.

Na een laf ontbijt in de veel te grote Oost-Europees aandoende zaal op de tweede verdieping van het Ukraine Hotel, stappen we 's morgens om halfzeven in de minibus richting het noorden. Bijna twee uur rijden we door het groene landschap met hier en daar een klein boerendorp, waar de tijd stil lijkt te hebben gestaan en het vervoer soms nog per paard-en-wagen gaat.

Na een korte stop op een klein marktje om chocolade en bananen te kopen rijden we verder, richting de eerste controlepost.

We zijn op weg naar een van de meest bizarre dagtochten die je op aarde kan maken: naar de Tsjernobyl-kernreactor, de plek waar de grootste kernramp uit de geschiedenis heeft plaatsgevonden.

De nacht van 26 april 1986 leek niet bijzonder te worden. De werknemers in reactor 4 wilden een kleine test uitvoeren om te achterhalen of de koeling nog goed werkte. Door een samenloop van omstandigheden viel hierdoor het gehele koelsysteem uit, waarna een gigantische explosie volgde die het volledige dak van het complex eraf blies en een gigantische vuurbal de lucht in slingerde.

Zo'n vijf procent van het radioactieve materiaal uit de reactor werd hierdoor in de atmosfeer verspreid. Door de wind waaiden resten hiervan langzaam in de richting van Noord-Europa.

In de uren die volgden rukten de hulpdiensten uit om het vuur te bestrijden, zonder te weten aan hoeveel straling ze daadwerkelijk werden blootgesteld. Achtentwintig hulpverleners en twee medewerkers van de centrale kwamen direct om het leven.

In de dagen na de ramp werden duizenden schoonmaakdiensten naar de plek des onheils gestuurd om de radioactieve rommel op te ruimen. Het meest bizarre was nog wel dat de toenmalige Sovjetregering die de Oekraïne bestuurde, er alles aan deed om de enorme omvang van de ramp te verbergen voor de buitenwereld.

Zo kreeg niemand in de nabijgelegen stad Pripyat te horen wat er gebeurd was en daardoor werd men meerdere dagen blootgesteld aan de straling die op de stad was neergedaald.
Pas toen Zweedse wetenschappers aan de bel trokken omdat ze de verhoogde straling zelfs helemaal in Zweden opmerkten, moest de Sovjetregering openheid van zaken geven.
Op dat moment begonnen de autoriteiten met de evacuatie van meer dan 135.000 inwoners uit de omliggende dorpen. Ongeveer 3500 inwoners weigerden het gebied te verlaten; vaak oudere mensen die niet meer ergens opnieuw wilden beginnen en liever in de besmette maar hun vertrouwde omgeving bleven. Nog steeds wonen een paar honderd van hen in dit gebied, maar het grootste gedeelte ervan, met twee keer de oppervlakte van Luxemburg, is nog steeds volledig verlaten.
In de maanden na de ramp werd er in een straal van dertig kilometer rond de reactor een veiligheidszone ingesteld, de Zona Vidtsjoezjennja, of 'vervreemdingszone' zoals wij zouden zeggen. Al die jaren was het gebied hermetisch afgesloten voor de buitenwereld; alleen de bewoners die waren gebleven en wetenschappers hadden toegang tot het niemandsland. Daar is de afgelopen jaren verandering in gekomen: sinds de Oekraïne onafhankelijk is, kunnen af en toe kleine groepen mensen onder begeleiding van een gids naar Tsjernobyl reizen om daar rond te kijken.
Ook wij hebben besloten zo'n toer te maken, hoewel we er vooraf lang over getwijfeld hebben, vooral om veiligheidsredenen. Nadat we onder meer contact hebben opgenomen met het Rode Kruis (zij hebben in dit gebied een projectteam dat onderzoek doet naar de langetermijngevolgen van de ramp), besluiten we toch te gaan. Niet uit sensatie, maar om met eigen ogen te zien wat voor gevolgen zo'n ramp kan hebben op mens en omgeving.
Nadat bij de grens van de veiligheidszone onze paspoorten zijn gecontroleerd maken we in een grauw Sovjetkantoor kennis met onze gids Dina. Het valt me direct op dat hij wat moeilijk praat, maar al snel wordt duidelijk waarom: als we met hem mee lopen richting een ander, redelijk vervallen gebouw, pakt hij uit zijn auto eerst een halveliter bier die hij binnen vijf minuten opdrinkt. En dat terwijl het halfelf in de ochtend is.

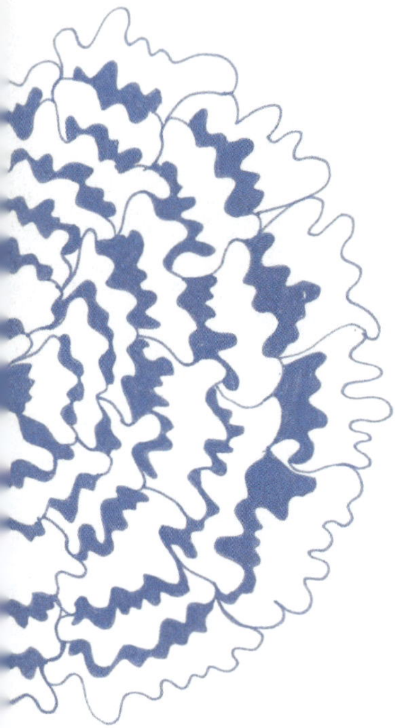

In een muf klaslokaal krijgen we uitleg over het programma van vandaag. Met een grote houten stok wijst Dina ons de locatie aan, maar erg veel begrijpen we er niet van omdat hij amper uit zijn woorden komt. Toch begint langzaam tot me door te dringen dat we echt in Tsjernobyl zijn, helemaal omdat de wanden van de ruimte behangen zijn met angstaanjagende foto's van het getroffen gebied.

Als we niet veel later in de auto zitten, zien we voor het eerst met eigen ogen hoe leeg de regio is. Het kleine dorpje, waar we zojuist onze uitleg hebben gehad, is voor tachtig procent verlaten en veel straten zijn overwoekerd met gras en overhangende bomen. De kleine, lage houten huisjes gaan bijna schuil achter de struiken die welig tieren, de luiken zijn gesloten en muren staan op instorten.
We filmen een aantal van deze 'spookhuizen' en ik merk dat ik me niet op mijn gemak voel. Van de nonchalance waarmee ik vanmorgen dit gebied in reed, is nog maar weinig over. Als we even later op een volledig uitgestorven kruispunt filmen, komt in de verte een oude gele Lada aangereden die netjes stopt, zijn knipperlicht naar links aandoet en heel voorzichtig de bocht om gaat. Terwijl er geen spoor van een andere auto te bekennen is.
Verderop staat een aantal tanks en brandweerauto's die gebruikt zijn tijdens de schoonmaakwerkzaamheden. We filmen een kwartiertje de voertuigen die langzaam staan weg te roesten in het hoge gras, terwijl onze gids ondertussen in slaap is gevallen in de auto. Gelukkig hebben we nog een vriendelijke chauffeur mee, die geen woord Engels spreekt, maar wel gebaart dat hij ons iets moois wil laten zien. We volgen hem en als we de bocht om wandelen zien we plotseling een prachtige

abdij met gouden koepels en blauwe muren beschilderd met fraaie fresco's. Terwijl we met open mond staan te kijken naar dit tafereel loopt een orthodoxe priester in vol ornaat naar buiten; bijna niet te geloven dat we tussen al dit verval opeens zo'n mooi tafereel zien.

Dan is het tijd om naar de reactor zelf te rijden. Het landschap is nog steeds prachtig groen en niets wijst erop dat deze omgeving vrijwel verboden terrein is voor buitenstaanders. De dieren in dit gebied trekken zich hier overigens niets van aan, want er vliegen heel wat vogeltjes rond en hier en daar springt een konijn weg door het hoge gras. Wetenschappers hebben ontdekt dat veel dieren zich hier weer gevestigd hebben, juist door de afwezigheid van mensen. Ook zo goed als verdwenen diersoorten als de lynx keerden terug, en zelfs otters, elanden en wolven komen hier in grote aantallen voor.
We volgen een kaarsrecht kanaal en de chauffeur wijst in de verte: daar is Tsjernobyl! Ik kijk naar voren en zie de immense bouwwerken voor ons opdoemen. Het eerste wat we zien is de reactor die ook na de ramp in bedrijf bleef. In tegenstelling tot wat veel mensen denken, bestond Tsjernobyl uit meerdere reactoren, waarvan een aantal direct na het ongeluk weer in gebruik werd genomen. Onder grote internationale druk werd uiteindelijk pas in december 2000 de hele energiecentrale voorgoed gesloten.
Even verderop staan de nooit afgebouwde reactoren 5 en 6, die nog steeds omgeven zijn door bouwkranen. Het was ooit de bedoeling dat Tsjernobyl de grootste kerncentrale van dit deel van de wereld zou worden en ten tijde van het ongeluk was men druk bezig een vijfde en zesde reactor te bouwen. Direct na de ramp werd de bouw hiervan stopgezet; alle machines en kranen werden achtergelaten omdat ze te vervuild waren om ooit nog te gebruiken. Minutenlang staar ik naar deze overwoekerde bouwplaats, maar dan wijst de gids naar links. En daar ontwaar ik in de

verte de schoorsteenpijp van reactor nummer 4, de plek des onheils.

Ik voel mijn hart sneller kloppen en merk dat ik even een paniekaanval krijg. Alsof er nu geen weg meer terug is en we al te ver zijn. We stappen uit als de reactor nog een aantal kilometer bij ons vandaan is en we zijn er allemaal stil van.
Nadat we een tekstje hebben opgenomen stappen we weer in de auto en rijdt de chauffeur tot mijn verrassing gewoon verder. Ik dacht dat het verboden was om dichterbij te komen, maar voor we het weten koerst onze auto recht op de kernreactor af en draaien we het terrein op. Even later parkeert de chauffeur recht voor de ingang en gebaart ons om uit te stappen. Voorzichtig doe ik de deur open en hijs mezelf uit het busje. Op nog geen driehonderd meter voor ons staat het enorme gebouw, volledig ingepakt in een flinke betonnen constructie.
Ik voel me draaierig en wil het liefst zo snel mogelijk weer in het busje stappen en wegrijden. Alsof elke seconde dat ik hier ben meer ellende zal veroorzaken. In mijn hoofd blijf ik maar herhalen dat ik niet bang hoef te zijn. Langer dan een paar minuten mogen we hier niet zijn; volgens diverse bronnen levert dat niet meer risico op dan het laten maken van een aantal röntgenfoto's in het ziekenhuis. Maar nu we hier daadwerkelijk staan, lukt het me maar niet om al die informatie te geloven. Dan zie ik rechts van me een klein huisje; daar waar ooit de portiers en de bewaking hebben gezeten. Beveiliging is er nog

> Deze stad binnenrijden, eenentwintig jaar nadat hij van de ene op de andere dag verlaten werd, is een van de meest vreemde ervaringen die ik ooit heb meegemaakt

steeds, want een klein mannetje in uniform zit op een bankje voor de deur terwijl hij duiven voert. En juist dat beeld stelt me weer gerust: als hier dagelijks mensen aan het werk zijn, moet het voor mij ook wel te doen zijn om hier een paar minuten te verblijven.
Ik doe mijn best zo goed mogelijk een eindtekst op te nemen, maar het wil maar niet lukken. Minstens vijf keer moet het over, omdat ik niet uit mijn woorden kom. Als de tekst eindelijk erop staat, stap ik met een zucht van verlichting in de auto en rijden we weg. Dichterbij dan dit zullen we nooit meer komen.
Op nog geen vijf kilometer van de rampplek ligt Pripyat, de stad waar de meeste werknemers van de kernreactor woonden. Pas drie dagen na de explosie werd er alarm geslagen, waarna alle inwoners per bus werden geëvacueerd. Er werd hun verteld dat er een klein ongeluk was gebeurd en dat men binnenkort weer terug naar huis kon. Daarom namen velen niet meer mee dan een tas met wat kleding en persoonlijke bezittingen.
Niemand van deze mensen kon vermoeden dat ze hier nooit meer terug zouden keren. Dat ze nooit meer in hun huis konden wonen met hun eigen meubelen en foto's aan de muur. En zo bleef in alle huizen het eten in de koelkast staan, bleven de bedden onopgemaakt, de vuile schoenen in het halletje staan en bleef kinderspeelgoed op de vloer liggen.
Deze stad binnenrijden, eenentwintig jaar nadat hij van de ene op de andere dag verlaten werd, is een van de meest vreemde ervaringen die ik ooit heb meegemaakt. Eindeloze, lange overwoekerde straten met lege betonnen Sovjetflats, waar de meeste ramen uit hun sponningen zijn en waar de wind doorheen blaast. Door niets of niemand gehinderde boomtakken die de straten hebben doen openbarsten. Verlaten winkels waar de naam in afgebladderde letters nog boven de deur prijkt, maar waar alleen nog wat verroeste rekken in

staan. Grote pleinen waar ooit parades en weekmarkten werden gehouden, die nu volledig bedekt zijn met taai gras.

Eigenlijk mag het niet, maar Dina gaat ons voor naar het openbare zwembad dat één grote puinhoop is. Overal ligt rotzooi, zie je stukken tegel en zelfs hier en daar een verdwaalde slipper en een gymschoen.

Even verderop is een klein attractiepark dat ook in staat van ontbinding verkeert. Het roestige reuzenrad moet het alleen nog hebben van de felgele verf op de bakjes, en de botsauto's staan nog net zo als ze jaren geleden achtergelaten zijn. De tijd is hier letterlijk stil blijven staan en als westerling ben je overdonderd bij het zien van deze rare werkelijkheid. Dina waarschuwt ons niet in de stukken mos te stappen omdat die het meest radioactief zouden zijn.

We lopen door naar het centrale plein. Ook dat is volledig begroeid met bomen en struiken. De grote gebouwen staan nog steeds overeind en op een ervan zie je zelfs nog de rode Sovjetster prijken.

Het uitzicht is verpletterend: overal om ons heen zien we de uitgestrekte groene bossen met daartussen de overblijfselen van wat ooit een levendige stad was

Als laatste stop van vandaag doen we een flatgebouw van zestien verdiepingen aan. Eigenlijk mogen we hier als toerist niet in, maar Dina knijpt een oogje dicht en nestelt zich in de autostoel om weer in slaap te vallen. We hebben inmiddels ontdekt dat zijn flesje Pepsi niet alleen gevuld is met cola, maar dat hij er een zakflesje wodka in leeggegoten heeft.
Met zijn vieren wandelen we het gebouw in en beklimmen de gammele trappen die vol liggen met rotzooi; glasscherven, stukken steen, oude brievenbussen en huisraad en zelfs kapotte liftonderdelen. In de gangen ligt het puin kniehoog en door de openstaande deuren van de appartementen zien we een aantal achtergelaten wasmachines en bankstellen. Ondanks het feit dat bijna iedereen al zijn spullen hier liet, zijn de meeste appartementen toch bijna leeg. Niet lang nadat de stad geëvacueerd was, kwamen de eerste plunderaars die zich niets aantrokken van de straling. Systematisch werden alle huizen leeggeroofd en alles werd meegenomen, behalve de restanten die niet bruikbaar waren of te groot om te vervoeren.

Na een klim van tien minuten, langs tweeëndertig trappen vol rotzooi, kruipen we door een verroeste deur en dan staan we opeens op het dak. Voorzichtig stap ik over de rommel heen, in diepe waterplassen, waarbij ik steeds het gevoel heb dat alles wat ik aanraak zwaar radioactief is.
Het uitzicht is verpletterend: overal om ons heen zien we uitgestrekte groene bossen met daartussen de overblijfselen van wat ooit een levendige stad was. Honderden flatgebouwen steken uit het groen omhoog en van bovenaf zie je pas goed hoe bizar het is als een stad van de ene op de andere dag verlaten wordt en de natuur de overhand neemt.
We draaien eindeloos veel shots van reactor nummer 4, daar waar het ongeluk gebeurde, die werkelijk dichtbij ligt.
We maken grapjes, maar ik merk dat we allemaal het liefst zo snel mogelijk hier weg willen. Weg van al het onzichtbare gevaar, terug naar de veilige buitenwereld.
Tegen zessen zijn we terug in het Sovjetkantoor waar we die ochtend begonnen zijn en nog voor we de auto uit zijn, trekt Dina zijn zoveelste halveliter bier open. We zullen hier ook overnachten en niet veel later worden we een kaal, sober gebouw binnengeleid waar onze kamers zijn. In het hotel geldt een aantal belangrijke regels, waarvan de meest essentiële is dat je voor acht uur 's avonds binnen moet zijn, een maatregel waarvan niemand me ter plekke kan uitleggen waarvoor hij dient.
Na het avondeten drinken we nog een biertje in de eetzaal als de chauffeur me aanspreekt. Hij ratelt in het Russisch en grijpt mijn handen beet. Het lijkt erop dat hij ze wil lezen, want hij bestudeert ze nauwgezet. Dina komt erbij staan en vertaalt dat ik volgens de chauffeur een roerig jaar voor de boeg heb, waarin er heel

wat veranderingen zullen zijn. Dan pakt de chauffeur de polsen van Dina beet om zijn handen te bekijken maar hij aarzelt om ze te laten zien. Pas als hij zijn handpalmen naar ons toe draait begrijp ik waarom; er is bijna geen groef te zien, slechts een flauwe lichtrode streep. Maar dan zie ik op beide polsen duidelijke rode striemen van een vers litteken. Snel stopt hij zijn handen terug in zijn zakken. Ik loop naar de bar en bestel nog drie bier voor ons. Zwijgend drinken we het lauwe bier op terwijl buiten de zon langzaam ondergaat.

Meer informatie

Beste reistijd
Mei tot en met september.

Kiev
www.kiev.info

Oekraïne
www.oekraine.com

Pripyat
www.pripyat.com

Ólavsøka-festival

festival

Meer informatie
www.visitfaroerislands.com

Zelden heb ik zo veel dronken mensen bij elkaar gezien als op die avond in juli dat ik aanwezig was bij het Ólavsøka-feest in Tórshavn, de hoofdstad van de Faeröer Eilanden. Tijdens de festiviteiten drinken vooral jongeren binnen no time liters wodka, zodat ze aan het eind van de avond laveloos naar huis zwalken.

Deze redelijk onbekende eilandengroep ligt in het noorden van de Atlantische Oceaan, ten zuid-oosten van IJsland, en de naam betekent zoveel als 'schapeneilanden' (får is 'schaap' in het Deens, øer zijn `eilanden'). Helaas houden de inwoners van deze eilanden zich ook nog steeds bezig met de jaarlijkse jacht op Grienden (een soort van walvis); een wrede traditie die wereldwijd sterk veroordeeld wordt maar waar ook steeds meer (jonge) inwoners tegenstander van zijn.
Zeventien van de in totaal achttien eilanden worden bewoond, maar veel meer dan vijftigduizend inwoners telt dit grondgebied niet. De populatie groeit niet enorm omdat veel jongeren na hun middelbare school gaan studeren in het moederland Denemarken, waar ze uiteindelijk blijven wonen.
In de laatste week van juli pakken veel voormalige eilandbewoners het vliegtuig om met Ólavsøka, te vergelijken met onze Koninginnedag, weer even thuis te zijn. Vanaf alle eilanden komen mensen naar het hoofdeiland Streymoy om daar samen deze nationale feestdagen te vieren.
Op 28 juli trapt men af met de roeiwedstrijd in de haven, een van de belangrijkste sporten op de Faeröer. Er wordt geroeid in prachtige traditionele houten boten en de winnaars zijn een jaar lang de helden van de Faeröer Eilanden.
De officiële festiviteiten beginnen om elf uur 's ochtends op 29 juli. Ólavsøka staat oorspronkelijk voor de opening van het parlementaire jaar en dus lopen alle ministers en ambtenaren van het regeringsgebouw naar de kerk om daar een mis bij te wonen. De rest van de dag zijn er veel activiteiten in de stad, zoals theater- en muziekvoorstellingen en talloze sportieve competities.
Daarna gaat iedereen de stad in en wordt er gezongen, gedanst en gedronken.

Mijn favoriete muziek voor onderweg

Wat mij betreft zijn er maar een paar dingen die je mee hoeft te nemen op reis, waar je ook heen gaat en hoe lang je ook weg blijft. Natuurlijk zijn dat je paspoort en je creditcard, en voor mij persoonlijk ook mijn telefoon om in contact te blijven met iedereen thuis.

Iets wat ik daarnaast nooit zal vergeten is mijn iPod! Een reis zonder muziek is voor mij als een boterham zonder beleg, een fiets zonder banden of een hete stranddag zonder koud bier. Ik heb het ooit gepresteerd om terug te gaan naar huis, terwijl ik al op Schiphol door de douane was, om mijn iPod op te halen - om vervolgens dertig seconden voor het sluiten van de gate - bezweet als een otter, nog net het vliegtuig te halen.
Muziek houdt je op de been tijdens ellenlange wachtrijen op Amerikaanse luchthavens, en het sust je in slaap op een lange vlucht naar Azië met een dreinend kind achter je.
Al jaren maak ik op reis veel gebruik van mijn iPod (nee, dit is geen sponsormoment, ik koop ze altijd netjes in de winkel), simpelweg omdat ik die ook kan aansluiten op mijn MacBook met iTunes, die ik eveneens altijd meeneem.
Bij deze een kleine playlist met, wat mij betreft, onmisbare reismuziek. Bij lange na niet volledig, maar wel een lijstje om te downloaden en mee op reis te nemen:

01. **Adani & Wolf** – Rendezvous
Fijn relaxed album voor lange zomeravonden. Met onder meer een cover van Gino Vanelli's 'People gotta move' en het fijne 'Where would I Be?'

02. **After the wedding** – The Soundtrack
De muziek van een prachtige Deense film die ik in het vliegtuig zag, met tranen in mijn ogen. Bijzonder sfeervolle klassieke muziek, vooral 'Two Fathers' en 'Animals on the Wall'.

03. **Phoenix** – Alphabetical
'Tralala-album' voor lange busreizen van sympathiek bandje uit het Franse Versailles. Met hitjes als 'Everything is Everything' en 'Run Run Run'. Alsof je een zak chips leeg eet, maar dan zonder dat het slecht voor je is...

04. **Sasha** – Involver
Op dit mix-album van de bekende dj Sasha heb ik eindeloos veel kilometers hardgelopen in het buitenland. Begint rustig, maar bouwt uit tot een verslavende beat.

05. **Atzaró Ibiza** – Soundscapes vol.1
Tijdens een van mijn vele trips naar Ibiza kreeg ik dit chill-album in mijn handen gedrukt door de eigenaars van het gelijknamige hotel Atzaró. Mooie, rustige compilaties die ik eindeloos veel heb gebruikt bij het monteren van mijn items voor 3 op Reis.

06. **Pet Shop Boys** – Back to Mine
Geweldig concept, dat 'Back to Mine', waarbij dj's en artiesten de kans krijgen hun eigen favoriete nummers op een verzamelalbum te zetten. De verzamelalbums van Faithless en Carl Cox zijn ook prima, maar de heren van de Pet Shop Boys hebben een aantal prachtige klassieke nummers bij elkaar gezet.

07. **Spinvis** – Bagagedrager
Voor als ik heimwee naar Nederland heb. Zeldzaam mooi en eenvoudig liedje, gemaakt in de achterkamer bij Spinvis thuis.

08. **The Beach** – Soundtrack
De film schetst (niet helemaal geslaagd) het broeierige wereldje van ontsporende backpackers op de Thaise eilanden. Op de soundtrack staan klassiekers als 'Snake Blood' van Leftfield en 'Porcelain' van Moby.

09. **Chicane** – Behind the Sun
Meters vloerbedekking in hotelkamers over de hele wereld hebben we stuk gedanst op Chicane. Het album is wat mij betreft voor altijd verbonden aan mijn tijd met vriendinnetje/redacteur Hanneke, met wie ik de halve wereld heb over gereisd voor het programma. Onvergetelijk.

10. **Pino Daniele** – Che Dio Ti Benedica
Dat krijg je ervan als je meer dan twee jaar met een Italiaan bent: veel, voor ons onbekende, Italiaanse muziek op je iPod. Het mooiste nummer van Pino is 'Mal Di Te'.

11. **Eco-Zen** – Vol. 2
Voor als je zwaar opgefokt ergens in de rij staat, ruzie hebt met de douane, je vliegtuig hebt gemist of andersoortige stress onderweg tegenkomt. Zet deze cd op en je bent zo weer 'zen'...

12. Goldfrapp – Felt Mountain
Fijn album, fijne liedjes, fijne stem. Voor 's avonds laat op een veranda met een zachte bries en een koud biertje.

13. Deep Dish – George is On
Zag deze twee mannen ooit draaien in Barcelona en was volledig verkocht: dit zijn zeldzaam goede dj's. Op dit album geen mix, maar een aantal sterke nummers als 'Sacramento'; ideaal als je bijvoorbeeld in de Verenigde Staten, in Arizona of New Mexico, met je huurauto door de woestijn scheurt.

14. Isley Brothers – Highways of my Life
Een van de mooiste nummers ooit gemaakt. Download het nummer en je weet wat ik bedoel.

15. Adele – Hometown Glory
Een van de beste nummers die de afgelopen jaren gemaakt zijn. Ideaal bij elke sentimentele bui: heimwee, verbroken liefdes, eenzame avonden in hotelkamers, en noem maar op.

16. Lemon Jelly – Lost Horizons
Vrolijk album waarbij bijna elk nummer wel een grappig geluidje of effect heeft, bijvoorbeeld het geluid van een ruimtevaarder in 'Space Walk'.

17. Lost in Translation – The Soundtrack
Muziek van de ultieme film voor iedereen die veel in hotels logeert. Met als allermooiste en droevigste nummer 'Alone in Kyoto' van Air.

18. Kraak & Smaak – Plastic People
Lekker dansen op goede Hollandse beats.

19. Peter Gabriel – So
Draaide twintig jaar geleden - toen nog de lp - volledig grijs en hou nog steeds zielsveel van So. Met onwaarschijnlijk mooie nummers als 'Red Rain', 'In Your Eyes' en 'Mercy Street'.

20. Just Jack – Starz In Their Eyes
Door mijn fijne collega en eindredacteur Edwin uitgezocht en nog steeds hét 3 op Reis-nummer (want gebruikt in de leader).

21. Saybia – The Second You Sleep
Deense band die sfeervolle nummers maakt zoals 'The Second You Sleep' en 'Day After Tomorrow'. Voor koude regenachtige dagen waarbij je alleen maar kan dromen van een warme zomerdag.

22. Fun Loving Criminals – 100% Colombian
Een mooi nummer na Saybia om weer vrolijk te worden. Het debuut van deze drie Amerikanen, die daarna helaas nooit meer zo'n relaxed en goed album hebben gemaakt.

23. Steely Dan – Peg
Ik heb onderweg eindeloos veel naar Steely Dan geluisterd. Dit nummer draaide dj Alfred Lagarde altijd toen ik nog 's nachts als producer bij Radio Veronica werkte. Alfred is al weer tien jaar geleden overleden, maar als ik dit nummer draai, moet ik altijd weer aan hem denken...

Nederland

short trip

Het blijft een van de meest gestelde vragen aan mij: 'Wat is je favoriete bestemming op de wereld?' En al jaren geef ik hetzelfde antwoord: Ik kan het je niet zeggen, er zijn zo veel plekken die bijzonder zijn; de Seychellen bijvoorbeeld, om de stranden en de reuzenschildpadden, Sydney omdat de stad zo prachtig aan een baai ligt en het leven er zo relaxed is, Napels en omstreken omdat je daar de hele dag alleen maar aan het eten bent, en Antarctica omdat nergens de gletsjers, walvissen, orka's en pinguïns indrukwekkender zijn dan daar.

En zo kan ik nog wel een halfuur doorgaan, want onze aarde wemelt van de bloedmooie bestemmingen.

Kamperen is er bij mij dus met de paplepel ingegoten en elke vakantie gingen we met z'n zessen op pad

Toch is en blijft Nederland voor mij altijd de basis; het land waar ik niet zonder kan. Elke keer als ik aankom op Schiphol, ben ik blij om weer thuis te zijn (behalve misschien als ik half oktober hier aankom in de onophoudelijke regen). Hoe fijn is het om op mijn afgetrapte barrel over de grachten te fietsen, thee te drinken bij mijn ouders en naar het strand van IJmuiden te rijden om te kitesurfen. Of om langs te gaan bij vrienden die vlak bij de hei in Bussum wonen en daar eindeloos te wandelen. Kortom: ik hou van dit land.

Feit is dat ik tot mijn achtste überhaupt nooit de grens overging omdat mijn ouders steevast met ons in Nederland gingen kamperen. We hadden geen auto en dus werden de fietsen bepakt en reden we richting een natuurterrein of een boerderij waar we weken bleven staan. Mijn vader is altijd de motor achter al die kampeervakanties geweest, niet dat mijn moeder er geen zin in had, maar voor mijn vader is kamperen een van de leukste dingen op aarde. Hij presteerde het zelfs

om twee maanden na de geboorte van mijn broer in 1965, met baby en al, een maand te gaan kamperen op een natuurterrein in Gelderland zonder enige voorzieningen. Toen hij als jonge vent eind jaren veertig met kamperen begon, was het fenomeen in Nederland trouwens helemaal niet zo normaal. Aanvankelijk werd het zelfs gezien als 'landloperij', maar omdat steeds meer mensen hun, meestal zelfgemaakte, tentjes gingen opzetten, kwamen er strenge regels. De ANWB begon al in 1942 met het organiseren van de eerste zogenoemde kampeercursussen, waar kampeerders de juiste kampeermanieren werd bijgebracht, en na de oorlog werden de kampeerregels alleen nog maar strenger. Niet veel later introduceerde diezelfde ANWB het kampeerpaspoort, dat je kon verdienen door drie weekenden les te nemen en een examen af te leggen. Je kan het je nu bijna niet meer voorstellen, maar tot 1974 deden duizenden Nederlanders, onder wie mijn vader, zo'n kampeerexamen waarna ze hun tentje op speciale terreinen mochten opzetten.

Pas eind jaren zestig kwam hier de klad in. Steeds meer mensen vonden het helemaal niet prettig meer om zich te laten vertellen hoe ze hun tent netjes moesten opzetten en langzaam ontstond het 'vrije' kamperen zoals we dat nog steeds kennen.

Kamperen is er bij mij dus met de paplepel ingegoten en elke vakantie gingen we met z'n zessen op pad. Ook 's winters werden bij de familie Dessing de tenten van zolder gehaald. Zo herinner ik me nog een winterkamp in 1977 waarbij we 's morgens wakker werden en de tent volledig ingesneeuwd was; we konden ons niet wassen omdat het water bevroren was en dat waren dan ook de momenten dat ik me afvroeg waarom we niet gewoon naar Frankrijk op vakantie gingen, net als mijn vriendinnetjes. Toch dank ik mijn vader nu op mijn blote knieën dat hij ons zo vaak meenam in die tentjes. Niet alleen omdat ik er voornamelijk fantastische herinneringen aan heb. Als je een reisprogramma presenteert is het soms best afzien in primitieve hotels met stinkende bedden, of in kleine tentjes zonder enig comfort in de wildernis. Maar dankzij onze Spartaanse vakanties ben ik daar prima tegen bestand.

Tot op de dag van vandaag gaat mijn vader heel graag kamperen; nog steeds met de fiets en met een tent die ergens in de jaren zestig gefabriceerd is. Ondanks mijn drukke schema doe ik altijd mijn best om minstens één keer in de zomer met mijn vader mee te gaan. Belangrijk onderdeel van de voorpret is het uitzoeken van een kampeerplek en dat gebeurt altijd aan de hand van de Bijbel voor alle natuurkampeerders: Het Groene Boekje.

In dit kleine gidsje, dat je krijgt als je lid wordt van de Stichting Natuurkampeerterreinen, staan de adressen van honderdveertig terreinen die allemaal aan dezelfde criteria voldoen: kleinschalig, een natuurlijke ligging, eenvoudige voorzieningen en respect voor de natuur en je rust (zo mag je geen auto naast je tent parkeren). We hebben al heel wat terreinen gezien, maar er zijn een paar favorieten. Kasteel Nederhemert bijvoorbeeld, gelegen aan een zijarm van de afgedamde Maas. Je kan er naast het eenvoudige terrein aan een groot touw het water in slingeren of fikkie stoken op het kleine strandje. Ook mooi is het kleine kampeerterrein bij De Zilk, waar we al tientallen jaren komen. Dit domein ligt vlak bij de bloembollenstreek in de duinen zodat je van hieruit in tien minuten op het strand bent, maar je kan ook gaan kijken naar de zweefvliegers op de naastgelegen baan.
Nog een grote favoriet is Landgoed Oldenhof in Vollenhove, omdat je daar een kampvuur mag stoken! Het kampeerterrein ligt op het hoge land van Vollenhove en je kan er uren dwalen in de rondom gelegen bossen.

Onze meest recente ontdekking is Fort Spion. Deze natuurcamping ligt niet al te ver van mijn werk in Hilversum, aan de Loosdrechtse Plassen. Het leuke is dat het kampeergebied naast een oud fort ligt, dat onderdeel is van de Nieuwe Hollandse Waterlinie. Het terrein wordt duurzaam beheerd en als je geen zin hebt om te kamperen, kan je ook in het fort zelf slapen. Twee dagen staan wij op dit kleine, maar prachtige veldje met uitzicht op de Loosdrechtse Plassen. Maximaal tien tenten mogen hier staan, maar wij hebben het rijk voor ons alleen. En dus zetten we onze tent op in het midden van het veld naast het fort, steken we de primus aan (een ouderwets kookstel op petroleum) en koken ons potje terwijl de zon langzaam ondergaat.
De hele avond drinken we wijn, praten over vroeger en nu, en geniet ik vooral van het feit dat ik even helemaal niets hoef en quality time heb met mijn vader. 's Morgens vroeg bakt mijn vader een grote omelet terwijl ik drie kwartier ga hardlopen en de rest van de ochtend blijven we bij de tent en doen we niet veel meer dan boekjes lezen en luieren. Na een mooie wandeling langs de plassen, pakken we tegen het eind van de middag onze spullen weer in; tijd om naar huis te gaan. Nog geen twee dagen zijn we weg geweest, en ik was niet meer dan vijfentwintig kilometer van huis, maar het was heerlijk. Voor mij het bewijs dat ik echt niet de hele wereld over hoef om gelukkig te zijn.

Meer informatie

Algemeen
www.natuurkampeerterreinen.nl

Kampeerterrein Fort Spion
www.fortspion.nl

Kampeerterrein Nederhemert
www.kasteelnederhemert.nl

Kampeerterrein Ruigenhoek
www.goedkamp.nl

Kampeerterrein Vollenhove
0527-241252

Tenakee Hot Springs lodge

hotel

Ik hou van Alaska! Op Hawaï na is het de meest afgelegen staat van de Verenigde Staten en dit zorgt ervoor dat er een apart slag mensen woont: types die wel tegen een stootje kunnen. Om in Alaska te wonen moet je ook wel uit speciaal hout gesneden zijn, want het klimaat is behoorlijk ruig. De winters zijn er lang, koud en donker en als het eindelijk zomer wordt, regent het soms dagen achter elkaar.

Feit is dat het er onvoorstelbaar mooi is. Alle voorstellingen die je hebt bij het landschap van Alaska kloppen, maar dan nog eens tien keer imposanter. Ruige, eenzame gebieden, afgelegen dorpjes, eindeloze bossen en ontelbare bergmassieven en gletsjers.

Alaska is onder te verdelen in twee regio's: het immense noorden met onder andere de bekendste stad van de staat, Anchorage; en een smalle strook land in het zuiden, waar je ook de (minder bekende) hoofdstad Juneau vindt.

Het zuidelijke deel tussen de Canadese provincie Brits-Columbia en de Stille Oceaan, heet de Alaska Panhandle. Een belangrijk stuk van deze streek bestaat uit het Tongass National Forest, het grootste nationale bos van Amerika.

Het mooie aan de Alaska Panhandle is dat je er ontelbare kleine en grotere eilanden vindt, waar de Inside Passage doorheen stroomt, een beschermde 'waterweg'. Veel Amerikanen stappen in de zomer

aan boord van een van de vele immense cruiseschepen om de eilanden en de bijzondere plaatsen te bezoeken.
Gelukkig is er een goed alternatief voor mensen zoals ik, die daar niet van houden: de veerboten van de Alaska Marine Highway. Met deze boten kan je van het zuidelijkste puntje naar het meest noordwestelijk gelegen eiland van Alaska varen.

Een van de talloze oorden waar je één keer per week kan stoppen, is Tenakee Springs, een plaats aan de oostkant van het kleine Chichagof Island, zo'n zeventig kilometer ten westen van Juneau. Dit is een plaatsje zoals je er veel ziet in het zuiden van Alaska; nog geen vijftig huizen, allemaal gebouwd aan de enige weg langs het water, met een bijzondere verzameling kleurrijke inwoners die zo uit een film lijken te zijn gestapt. Wat Tenakee nog iets specialer maakt, zijn de hot springs, oftewel de natuurlijke baden midden in het dorp, waaromheen de inwoners een badhuis gebouwd hebben.
Het bad is niet meer dan een opening in de rotsen, met een uitgehakt bassin waar constant warm water in stroomt. Bijna iedereen in het dorp gaat hier regelmatig naartoe om te baden, maar ook om bij te praten en de laatste roddels uit te wisselen.
Slapen doe je in de Tenakee Hot Springs Lodge. Officieel een guesthouse, maar in feite gewoon het woonhuis van het stel Kelly en Kay, twee uitermate gastvrije en humoristische types bij wie je je al snel thuis voelt.
Overdag kan je mee op de boot van Kelly om krabben te vangen, die Kay 's avonds smakelijk bereid op tafel zet. De rest van de avond zit je op de veranda, uitkijkend over het water, waar in de maanden april en mei grijze walvissen voorbijzwemmen. Dit is Alaska op zijn best...

Meer informatie
www.tenakeehotspringslodge.com

Micronesië

Palau bestaat uit zo'n tweehonderd eilandjes en ligt ten zuidoosten van de Filippijnen. Het is een wereldje op zich, midden in de oceaan, en een paradijs voor duikers: haaien, schildpadden, grote scholen tonijn, barracuda's en jackfish worden er dagelijks gespot. Duik in het beroemde Jellyfish Lake met miljoenen kwallen die door de afwezigheid van natuurlijke vijanden hun tentakels verloren hebben. In juni en juli heb je het mooiste zicht in de lagune en zijn de omstandigheden voor wrakduiken ideaal.

www.visit-palau.com

Kaapverdische Eilanden

Op zes uur vliegen van Nederland vind je de voor de westkust van Afrika gelegen Kaapverdische Eilanden. Elk eiland heeft wel iets unieks te bieden: zo kan je op het eiland Boavista, bij het strand Curralinho, goed windsurfen. Voor extra rust ga je naar het eilandje Brava, perfect als je van wandelen houdt. Op het vulkanische eiland Fogo kan je goed mountainbiken en klimmen naar de top van deze nog actieve vulkaan. Weer anders is Santo Antão, met kleine boerendorpjes, bergpassen en dennenbossen. Probeer zeker de op dit eiland geproduceerde grogue, een schnaps met een hoog alcoholgehalte.

www.reisbijbel.nl

India

De streek Ladakh in het noorden van India doet door de blauwe bergmeren, besneeuwde bergketens, uitgestrekte landschappen, wapperende gebedsvlaggen en talloze boeddhistische kloosters meer denken aan Tibet dan aan India. Het gebied is pas sinds 1974 open voor toeristen en alleen in de zomer te bereiken; de rest van het jaar is het zo goed als afgesneden van de buitenwereld door de vele sneeuwval. Leh is de hoofdstad van Ladakh; bezoek hier zeker de enige markt in de omgeving, met onder andere de vrouwen met de typische hoge Ladakhi-hoeden, die er schapenvachten en turkooizen sieraden verkopen.

www.lehladakhindia.com

Corsica

Het Franse eiland Corsica was vroeger in Italiaanse handen en dat zie je duidelijk terug, niet alleen in het landschap maar gelukkig ook op de menukaart. Bij Corsica hoort het enige nationale park in Europa dat zowel land als zee omvat: het Nationaal Park Scandola. Vanuit het havenstadje Porto kan je met de boot door dit park toeren. Maak op de terugweg een stop bij het afgelegen dorpje Girolata, dat alleen per boot of met een pittige wandeling vanuit Porto te bereiken is.

www.corsica-info.nl

Engeland

Voor een wandel- of fietsvakantie is het Peak District National Park een goede tip. In het zuiden van het park ligt White Peak, met charmante dorpjes in een heuvelachtig landschap met glooiende weiden. Hier ga je niet heen voor het avontuur, maar het is een prima plek om te onthaasten. Hou je van een meer pittige wandelroute, ga dan naar Dark Peak; de heuvels en grillig gevormde rotsen maken het uitzicht een stuk woester dan bij White Peak. Je komt langs watervallen, hoogvlaktes en de afstanden zijn er groot. Onderweg kan je in tot hotel verbouwde stallen en schuren overnachten.

www.visitpeakdistrict.com

08
augustus

Augustus is vernoemd naar keizer Augustus van Rome. Voorheen heette deze maand 'sextilis'; Latijn voor zesde maand, omdat het op de oud-Romeinse kalender de zesde maand was | **Augustus wordt ook wel oogstmaand genoemd. Of zoals de Friezen zeggen: de rispemaene, afgeleid van rispen** | Op 5 augustus is het Internationale Bierdag, en dat vieren ze vooral in Amerika | **6 augustus is de Nationale Onafhankelijkheidsdag van Bolivia** | Op 9 augustus viert Zuid-Afrika Nationale Vrouwendag | **Op 15 augustus 1769 werd Napoleon Bonaparte geboren**

08

LONG TRIP
Queensland, Australië

augustus

Australië

long trip

Raar toch: in de 21ste eeuw waarin we nu leven doe je nog net zo lang over een reis naar Australië als pakweg dertig jaar geleden! En dat terwijl bijvoorbeeld computers de afgelopen decennia razendsnel zijn geëvolueerd, we steeds meer levens kunnen redden met de moderne medische wetenschap, en sporters ongelofelijk veel sneller en harder kunnen lopen, zwemmen, schaatsen en ga zo maar door.

Wat vliegen betreft is er dus niet zo gek veel veranderd. Goed, doordat de toestellen verbeterd zijn kunnen we nu langere afstanden afleggen en zijn directe verbindingen zoals van Los Angeles naar Singapore mogelijk, maar wil je naar Australië dan ben je toch echt nog steeds minstens vierentwintig uur zoet.

Nu kan je dat als een nadeel zien, maar dat hoeft niet. De meeste mensen die naar Australië vliegen gaan namelijk via Azië en het grote voordeel daarvan is dat je heel gemakkelijk een tussenstop kan maken. Even uitstappen, nachtje hotel boeken (prima betaalbaar) en anderhalve dag lekker rondstruinen in zo'n grote stad.
Nog een voordeel als je in de Nederlandse winter vertrekt: neem een halflege koffer mee en shop je zomerkleding voor Australië alvast bij elkaar in Azië. Dit is daar stukken goedkoper dan bij ons.
Mijn reis naar Australië begint dan ook in Kuala Lumpur, waar ik een tussenstop heb. Ik vlieg met Malaysia Airlines en omdat dat een partnermaatschappij van de KLM is, kan je kiezen uit veel vertrektijden en spaar je ook nog Air Miles.
Kuala Lumpur is altijd een fijne stad om een lange reis te beginnen, ook als je een trip door Maleisië zelf gaat maken. De stad is immens, maar wel goed te doen voor Europeanen, omdat ze een mix biedt van Aziatische en westerse invloeden. Wil je het jezelf makkelijk maken, koop dan op het vliegveld al een combinatieticket voor de snelle expresstrein naar het centrum, plus een kaartje voor de hop on hop off-bus. Echt authentiek is het niet en je zit een beetje voor paal met al die toeristen met camera's in de bus, maar je ziet wel in één keer alle highlights van de stad zonder te verdwalen.

Mocht je toch dezelfde dag door willen naar The Land Down Under, dan is er een goede manier om enigszins fatsoenlijk aan te komen; in het Airport Hotel, dat je op het vliegveld van Kuala Lumpur vindt, kan je voor nog geen 45 dollar zes uur (of langer natuurlijk, tegen bijbetaling) gebruikmaken van een kamer met bad. Ideaal om je even schoon te boenen, languit televisie te kijken of een paar uurtjes slaap te pakken.

Het tweede deel van de reis is gelukkig een stuk korter. Terwijl je van Amsterdam naar Kuala Lumpur zo'n twaalf uur onderweg bent, hoef je van daar maar ongeveer zes uur te vliegen naar Perth, of een uur of zeven naar Melbourne en Sydney. Maar dan ben je wel eindelijk op, wat mij betreft, een van de fijnste vakantiebestemmingen van de wereld: Australië.

Mijn reis brengt me dit keer naar het hoge noorden, naar Queensland, dat ongeveer 42 keer zo groot is als Nederland. Ondanks het feit dat deze provincie een gigantisch landoppervlakte heeft, is de regio vooral bekend door zijn enorme kustlijn. Niet gek als je bedenkt dat het klimaat helemaal in het noorden aardig tropisch is.

Voor veel toeristen is Queensland alleen de Gold Coast, een stuk kustlijn van zo'n veertig kilometer die loopt van de grens met New South Wales in het noorden tot vlak bij Brisbane. Meer dan vier miljoen toeristen per jaar laten al het moois dat Queensland verder te bieden heeft links liggen en verkiezen het strand, dat je nog het best kan vergelijken met de Spaanse costa's. Eindeloze rijen appartementen, fish and chips-tenten, surfscholen en flatgebouwen zijn hier de afgelopen tientallen jaren uit de grond gestampt om massa's bezoekers te vermaken, die komen voor sun & fun. Hou je van pretparken, emmers Corona-bier en hotels met polsbandjes, dan is dit je bestemming.

De Gold Coast is slechts een klein stuk van de totale kustlijn van Queensland en is dus gemakkelijk te vermijden. Je kan bijvoorbeeld naar de Sunshine Coast, meer noordelijk gelegen, waar Australische gezinnen graag op vakantie gaan. Of naar Fraser Coast, met kleine slaperige plaatsjes en het prachtige Fraser Island, waar je van juli tot oktober walvissen kan zien.

Ik vlieg in één keer door naar het hoge noorden, naar de Far North Queensland Coast, met als grootste plaats Cairns, waar ook het belangrijkste vliegveld is.

Zo gauw de deuren van het vliegtuig zich openen weet je het: je bent in een tropisch paradijs. Het hele jaar door worden hier temperaturen gemeten van boven de 25 °C

Zo gauw de deuren van het vliegtuig zich openen weet je het: je bent in een tropisch paradijs

en daardoor is het ook een bestemming die populair is bij de Australiërs zelf tijdens de winter (daar van mei tot september).
Dit deel van Australië biedt zo veel moois dat je er wekenlang kan ronddwalen. Neem de onderwaterwereld van het Great Barrier Reef, het grootste rif op aarde. Maar ook heel oude regenwouden, die op sommige plaatsen zelfs doorlopen tot aan de zee.
In Queensland vind je tevens uitgestrekte witte stranden met palmbomen, waar je van droomt als je achter je bureau in Nederland uit het raam kijkt en het weer eens regent.
Daarnaast is het een regio met nationale parken bij brede rivieren waar je krokodillen kan zien zwemmen. Kortom: heel wat redenen om te verwachten dat hier miljoenen toeristen per jaar naartoe komen, maar gelukkig is dat niet het geval. Om voor mij onbegrijpelijke redenen kiest de massa liever voor de beachbars, babes en bikini's van de Gold Coast en dus heb je hier de rust en de ruimte!
Cairns zelf, waar je arriveert, is niet echt een plek om lang te blijven hangen. Tenzij je al lang onderweg bent in Australië en even wil bijtanken met wat vermaak en/of een goedkope overnachting. Je vindt

er namelijk talloze backpacker-hostels en betaalbare guesthouses waar je vanaf zo'n twintig Australische dollars kan overnachten. Ook is Cairns de plaats waarvandaan talloze boottrips naar het Great Barrier Reef vertrekken. Daarnaast is het een stad om flink uit te gaan omdat veel backpackers hier hun lange reis vanaf Melbourne of Sydney eindigen en nog even de bloemetjes buiten willen zetten.
Het centrum van Cairns is een verzameling van tourshops, hostels, autoverhuurders en internetcafés die je maar het beste meteen kan overslaan. Wel heel leuk is de gigantische en gratis toegankelijke zoutwaterlagune aan de boulevard. Omdat Cairns aan een enorme baai ligt, die bij eb volledig droogvalt waardoor je een uitgestrekt moeras voor je hebt en de zee kilometers verderop ligt, is dit dé manier om toch de hele dag te kunnen zwemmen. Nog een reden dat dit grote zwemparadijs is aangelegd, is dat je in het hoge noorden van Queensland 's zomers de zee niet in mág omdat er dan levensgevaarlijke kwallen in het water zwemmen. Elke dag komen honderden mensen naar het grote bassin van 4800 vierkante meter waar je kan relaxen op de immense grasvelden eromheen en een drankje kan doen in een van de bars aan het water.
Wil je in deze stad meer doen dan alleen zwemmen, drinken en dansen, dan zijn de Flecker Botanic Gardens een optie, vier kilometer ten noorden van Cairns. Hier kan je op je gemak wandelen door tropische tuinen met veel van de bijzondere planten die alleen in dit deel van Queensland voorkomen. Aan de overkant van de tuinen vind je het Tanks Art Centre, een kunstgalerie en tentoonstellingsruimte gemaakt van gigantische maritieme voorraadtanks die nog uit de Tweede Wereldoorlog stammen.

Ben je geïnteresseerd in de achtergronden van de Aboriginals, die al eeuwenlang in dit gebied leven, bezoek dan de Tjapukai; een culturele show met zang, dans en demonstraties van onder andere speerwerpen en boemerang gooien. Het blijft altijd een beetje tacky om zoiets te bezoeken, maar voor veel toeristen in deze streek is het de enige manier om in aanraking te komen met de oorspronkelijke bewoners van het gebied en hun bijzondere cultuur.
Mijn eerste stop op deze trip is, heel praktisch, de autoverhuurder in Cairns. Ik rij meteen door naar het noorden, over een van de mooiste stukken weg van dit deel van Australië: de Captain Cook Highway naar Port Douglas. Een afstand van zo'n tachtig kilometer die wel eens in schoonheid wordt vergeleken met de Great Ocean Road in Victoria.
Niet lang nadat je Cairns hebt verlaten, rij je vlak langs de kustlijn. Als je op een gegeven moment een scherpe bocht naar links maakt, zie je een van de prachtigste uitzichten van het gebied. In de diepte strekt de heuvelachtige kust zich voor je uit met een eindeloos wit strand met palmbomen. Stap meteen even uit bij een van de parkeerplaatsen aan het water om te beseffen dat je werkelijk in het paradijs terecht bent gekomen.

In Cairns heb ik ook een kleine stop gemaakt bij de supermarkt en dus nestel ik mezelf op het strand met een flesje witte wijn – heel verantwoord één glaasje, ik moet nog rijden – Australische kaas, crackers en fruit.
Terug op de weg moet ik goed opletten dat ik geen stomme fouten maak. De combinatie van een glas wijn, de hitte en het feit dat je toch echt minstens een dag moet wennen aan het links rijden, is niet echt ideaal.
Ongeschonden haal ik in een uurtje Port Douglas, een bestemming die volgens de Tourist Board de laatste jaren populairder is geworden bij de rich and famous. Het lokale krantje maakt trots melding van het feit dat hier recentelijk sterren als Kylie Minogue, 'Desperate Housewife' Teri Hatcher en zangeres Pink hebben gelogeerd. Ook Hollywood heeft het stadje ontdekt, want niet al te lang geleden is de film Fool's Gold er opgenomen, met Kate Hudson en Matthew McConaughey. Tom Hanks, Steven Spielberg en hun cast hebben er zelfs acht maanden gebivakkeerd voor de prequel van Band of Brothers, Pacific.
Beroemd is deze stek eveneens bij kitesurfers. Al diverse malen is het strand (en het water) van Port Douglas, Four Mile Beach, uitgeroepen tot beste kitestek van Australië. Pech voor mij, want kiten kan alleen heel goed in de maanden mei en oktober, als de zuidoostelijke passaatwind waait.
Port Douglas is een stuk kleiner dan Cairns, maar het kustplaatsje heeft net iets meer 'klasse', want je vindt er een aantal betere kledingzaken en een paar goede restaurants. Het is een echte Australische vakantielocatie met een paar goede kroegen waar altijd iets te beleven is. Zoals de Tin Roof, een barrestaurant aan de haven met vaak livemuziek, waar je goed op het terras kan zitten met uitzicht op de mangroves en de zee in de verte.
Qua accommodatie kan je in Port Douglas trouwens prachtige villa's huren! Een jaar of vier geleden hebben we voor een aflevering van RTL Travel in zo'n peperdure villa gedraaid en dat zal ik niet snel vergeten. We kwamen er per helikopter aan, omdat het complex over een eigen helikopterlandingsplaats beschikt en de verhuurder graag wilde demonstreren hoe je hier in stijl kunt arriveren. Het luxe-optrekje Bali Hai zelf lag midden in het regenwoud en was omgeven door een geweldige tuin met exotische bananenbomen, een infinity pool en zelfs een eigen rivier die langs het terrein stroomde.

De twee gastenverblijven werden gescheiden door een hoofdgebouw met een keuken, open haard en zitruimte en we waren in de zevende hemel dat we er een nacht mochten slapen. Ik geloof dat we uiteindelijk in totaal maar een uurtje geslapen hebben, want het geheel was zo luxueus dat we er geen seconde van wilden missen. Bijzonder om mee te maken, maar qua prijs een accomodatie waar je helaas lang voor moet sparen.

Na Port Douglas volgt al snel het slaperige dorp Mossman, niet ver van de Daintree-rivier, bijna het einde van de weg naar het noorden. Mossman is een stadje zoals je er zoveel in het noorden van Australië vindt. Een klein centrum met een hotel met pokies, gokautomaten, een paar winkeltjes en een restaurant waar je vooral zware Australische kost kunt bestellen als pies en pot roasts, typisch Australische quiches en stoofpotten.

Mossman is een echt suikerrietdorp; gedurende tientallen jaren werd hier het regenwoud gekapt om plaats te maken voor uitgestrekte suikerrietplantages. Die vind je er nog steeds en na een langdurige slechte tijd, waarin de prijzen van suikerriet wereldwijd heel laag waren, is het de laatste jaren weer een winstgevende industrie. Overal zie je kleine spoorlijnen waarmee vrachtladingen suikerriet vervoerd worden. Mocht je zo'n trein zien rijden, bedenk dan dat hij aardig wat waard is, want in één kar zit voor ongeveer elfduizend euro aan suikerriet. Als je ziet dat er soms wel vijftig karretjes aan hangen, weet je dat dit een aardige business is.
Rij je het dorp weer uit, dan passeer je een prachtige rij oeroude bomen die ooit onderdeel uitmaakten van het Daintree-regenwoud. Nu zijn ze volledig overwoekerd door mos en hangende planten; uniek hier langs de Cook Highway, omdat de meeste reuzenbomen in de afgelopen eeuwen zijn omgehakt.
Zo'n twee kilometer buiten het dorp vind je een kleine zijweg naar links en die neem ik. Slingerend door de suikerrietplantages loopt de weg langzaam omhoog, richting de bergen die 's zomers vrijwel altijd omgeven zijn door dikke grijze wolken; een prachtig gezicht. Na nog ongeveer vijf kilometer rijden eindigt de weg in het regenwoud, en hier vind je ook meteen een van de mooiste resorts van het hele gebied: de Silky Oaks Lodge.
Het complex is gebouwd langs een zijrivier van de Mossman, midden in het regenwoud en zo veel mogelijk rekening houdend met de omgeving. Verspreid over meer dan vijfendertig hectare staan vijftig houten huizen op palen die onderling verbonden zijn met looppaden en houten loopbruggen. Je kan kiezen uit treehouses of riverhouses en mocht je hier logeren, neem dan die laatste (huis nummer 1 en nummer 14 zijn het beste), omdat je vanaf de houten veranda een prachtig uitzicht hebt over de snelstromende rivier.

Bijna vijfentwintig jaar geleden werd Silky Oaks gebouwd door een Australisch echtpaar dat met veel liefde het geheel runde en er onder andere een van de beste restaurants van het gebied neerzette. Jarenlang werd het resort dan ook bedolven onder (toeristische) prijzen; zo prijkte het steevast in de Condé Nast Traveller List, het summum qua reisbladen.
Circa vijf jaar geleden werd het geheel verkocht aan P&O Cruises en zoals wel vaker gebeurt bij grote bedrijven zonder persoonlijke bemoeienis: Silky Oaks raakte langzaam zijn glans kwijt. De huizen werden niet meer goed onderhouden, de houten loopbruggen werden krakkemikkig en het personeel verliet één voor één het resort.

De ommekeer kwam tijdens de recessie. Het moederbedrijf wilde zich niet langer bezighouden met toerisme en het resort werd te koop aangeboden in de krant. Een bijzonder Nederlands-Australisch stel uit Melbourne, Paul en Barbara Van Min, nam het over. Paul had jarenlang een tenniscentrum in Melbourne, na een succesvolle tenniscarrière (hij speelde onder andere voor het Nederlandse Davis Cup-team). Na al die jaren wilden ze wel een nieuwe uitdaging, en daarom wonen ze sinds augustus 2009 in dit regenwoud

en zijn ze druk bezig om alles te herstellen. Ondertussen zijn alle huizen geverfd en voorzien van nieuw houtwerk, en ook het restaurant en de receptie worden onder handen genomen.
Die avond hebben we afgesproken in het openluchtrestaurant met uitzicht op de rivier, en ze vertellen me alles over het reilen en zeilen van dit hotel. Ze proberen de plek zo 'groen' mogelijk te maken en dus hebben ze een installatie die het eigen drinkwater verzorgt, evenals een systeem om de riolering te zuiveren en het water weer terug te pompen in de natuur. Daarnaast zijn ze bezig met het aanbrengen van zonnepanelen. Dat alles zorgt ervoor dat ze inmiddels een officieel Eco-keurmerk hebben gekregen.
Als ik terugloop naar mijn huisje aan de rivier barst er een flinke onweersbui los. De rest van de avond blijft het stortregenen met om de zo veel tijd enorme bliksem gevolgd door een oorverdovende donderslag. Ik nestel me in mijn hangmat en kijk naar het regenwoud dat af en toe hel verlicht wordt door het weerlicht. Pas als de bui langzaam begint af te nemen, val ik in slaap.

De volgende morgen dampen de bomen nog na van de regen, maar het is weer droog, zoals dat vaak gebeurt in het regenseizoen. Veel mensen denken dat het een slechte tijd is om dit gebied te bezoeken, maar dat valt heel erg mee. Het is vaak in de ochtend en de vroege middag goed weer en pas 's avonds barsten de regenbuien los. Afgezien daarvan liggen de prijzen ook wat lager en is het minder druk. En vergeet niet: de regentijd valt tijdens onze Hollandse winter en als je mag kiezen tussen koude Nederlandse regen of een tropische bui, dan is de keuze snel gemaakt.
Paul geeft me een van de mountainbikes die hier staan en legt me uit hoe ik naar de Mossman Gorge kan rijden. Deze kloof is onderdeel van het Daintree National Park. Een bijzonder stuk regenwoud, oorspronkelijk het land van de Kuku Yalanji Aboriginal-stam, met een roerige geschiedenis. Rijke landeigenaren kochten in de twintigste eeuw grote delen van het gebied op om er (suikerriet)plantages aan te leggen. En ook later in de twintigste eeuw werd het oorspronkelijke bos niet beschermd door de regering.
Een voorbeeld daarvan is de aanleg van de Bloomfield Track in 1983, een weg dwars door het unieke regenwoud, van Cape Tribulation naar de Bloomfield-rivier. De weg werd aangelegd ondanks groot protest van veel milieubeschermers, die wel voor elkaar wisten te krijgen dat de Australische regering ging inzien hoe belangrijk het gebied is. Hierdoor kwam het in 1987 in aanmerking voor een plaats op de World Heritage List, waarna een volledige stop op verdere ontbossing volgde. Tevens kocht de regering land op voor 23 miljoen Australische dollar en dat ging deel uitmaken van het National Park.
Bij de entree van het National Park vind je een visitor's center en een art center, allebei gerund door de Kuku Yalanji-gemeenschap. Je kan hier een bijzondere, anderhalf uur durende wandeling door het gebied maken met Aboriginal-gidsen die je alles vertellen over de oeroude geschiedenis van het regenwoud en zijn bewoners.

Een paar honderd meter verder is een parkeerterrein van waar je in vijf minuten naar een uitzichtpunt over de rivier kan wandelen. Het beste is het kleine strand rechts van het pad, waar je in een rustige bocht van de rivier een heerlijke duik kan nemen tussen de grote rotsen. Dit water is heel koud en stroomt het hele jaar door, omdat het gevoed wordt door een bron boven in de bergen. Helemaal geweldig als je net als ik compleet doorweekt van het zweet aankomt na de fietstocht.
Na het regenwoud is het tijd voor de kust.

Na een rit terug over de Cook Highway richting Cairns kom je op een uitstekende landtong het Thala Resort tegen, wederom een ecologisch verantwoorde bestemming, gebouwd in het regenwoud en met uitzicht op de oceaan. De huizen staan ook hier op palen en hebben een groot balkon, en een ruime slaapkamer en badkamer. Mooi aan dit complex is het gigantische witte strand dat ernaast ligt. Via een klein paadje wandel je naar het water, waar je eindeloos in een hangmat kan hangen of langs het strand slenteren.

Als ik 's avonds ga hardlopen word ik wederom overvallen door een zware tropische regenbui. Eenmaal terug in het resort kleed ik me snel om en spring de rock pool in, een klein zwembad tussen de rotsen en de tropische bomen. Terwijl de regen op het water klettert drijf ik rond. Al die tijd heb ik geen mens gezien en ook nu heb ik weer het rijk voor me alleen.
Je mag dit deel van Queensland trouwens niet bezoeken zonder ook echt de zee op te gaan. Voor de kust ligt namelijk het wereldberoemde Great Barrier Reef. Uniek in zijn soort omdat het het grootste rif ter wereld is, maar zoals zo veel plekken op aarde bedreigd door de opwarming van het klimaat.

Als ik de volgende middag met een masker en een duikfles gebiologeerd naar de wonderbaarlijke vissen staar, die onverstoorbaar in formatie langs me heen zwemmen, kan ik me niet voorstellen dat dit over een jaar of vijftig voorbij kan zijn. Door de temperatuurstijging wordt het koraal aangetast, en daarmee het leefgebied in deze onvoorstelbaar rijke onderwaterwereld. Nu al is dat te zien, want op verscheidene plekken is het koraal bleek en afgebroken.
Ga je een tocht maken op een van de vele schepen die hier voor de kust varen, let er dan op dat het bedrijf een Eco-keurmerk heeft. Op die manier weet je in ieder geval dat het bedrijf goed zijn best doet om zo milieuvriendelijk mogelijk te opereren. En met de enorme hoeveelheden bezoekers per jaar kan dat wel degelijk schelen. Datzelfde keurmerk is er dus ook voor accommodaties. Als je het op de website of in een folder ziet staan, weet je dat het bedrijf er alles aan doet om zo duurzaam mogelijk te zijn. Voorbeelden zijn de Silky Oaks Lodge en het Thala Beach Resort.

Als ik met een masker en een duikfles gebiologeerd naar de wonderbaarlijke vissen staar, kan ik me niet voorstellen dat dit over een jaar of vijftig voorbij kan zijn

De organisatie die dit keurmerk in Australië heeft geïntroduceerd heet Ecotourism Australia. Door het keurmerk kunnen reizigers verantwoorde keuzes maken als het gaat om vakantie, vervoer, verblijf en toers. Bedrijven die dit logo mogen voeren, bieden een authentiek product aan dat naast milieuvriendelijk ook sociaal en economisch duurzaam is. De Australiërs waren de eersten die zo'n beeldmerk introduceerden en er zijn plannen om het wereldwijd uit te voeren. Mij lijkt dat een geweldig idee! Net als bij het fair trade-keurmerk van Max Havelaar kun je dan in één oogopslag zien of het bedrijf waar je je vakantiegeld (deels) gaat besteden, op een verantwoorde wijze opereert. Daar wordt de wereld weer een klein beetje beter van...

Meer informatie

Beste reistijd
Voor het noorden van Australië is buiten het regenseizoen een goede periode, dus van mei tot en met november. Wil je naar zuidoost-Australië, dan is september tot en met december de beste reistijd. Meer richting het westen tref je hete zomers en milde winters.

Airport hotels Kuala Lumpur
www.kualalumpur.airporthotelguide.com

Bali Hai
www.executiveretreats.com.au

Ecotourism Australia
www.ecotourism.org.au

Flecker Botanic Gardens
www.cityofcairns.qld.gov.au

Silky Oaks Lodge
www.silkyoakslodge.com

Tanks Arts Centre
www.tanksartcentre.com

Thala Beach Resort
www.thalabeach.com.au

Tjapukai Show
www.tjapukai.com.au

Fuji Rock-festival

festival

Meer informatie
www.fujirockfestival.com

Heb je na tien keer Lowlands of Pinkpop behoefte aan iets totaal nieuws en heb je tijd en geld voor een verre reis? Dan is het Fuji Rock-festival misschien een goed idee!

De locatie van dit festival is heel bijzonder: op de groene hellingen van wat in de winter het grootste ski-oord van Japan is, het Naeba Ski Resort in Honshu. Tussen de dennenbomen staan grote podia waar drie dagen lang diverse artiesten optreden. Er spelen veel Japanse bands waar je waarschijnlijk nog nooit van gehoord hebt (met uitzondering van Ryuichi Sakamoto kan ik überhaupt geen Japanse artiest bedenken), maar er zijn ook genoeg artiesten waar ik zo het vliegtuig voor instap, zoals Massive Attack, Muse en Roxy Music. Helemaal origineel is het Silent Breeze-podium. Om daar te komen neem je een vijf kilometer lange kabelbaan omhoog, waarna je op de top van de berg geniet van de muziek én het uitzicht.

Er spelen meer dan tweehonderd bands en het is daarmee het grootste rockfestival van Japan met meer dan honderdduizend bezoekers. Naast de concerten zijn er onder meer optredens van straatmuzikanten en diverse performances. En hoe fijn is het dat je niet in de rij staat voor een broodje gyros of een patatje oorlog, maar voor een beef teriyaki, een dragon roll of een portie sashimi. Daarnaast zijn er geen chaotische taferelen bij binnenkomst, geen rijen voor de Dixi's en ligt er geen rotzooi op de grond. Dit is Japan en dat betekent orde en netheid. Maar speelt er een goede band, dan zie je meteen dat ook Japanners uit hun dak kunnen gaan. De naam van het festival, Fuji Rock, komt van de locatie waar het allereerste festival in 1997 plaatsvond: aan de voet van Mount Fuji, de beroemdste berg van het land. Sinds een aantal jaren wordt het gehouden in het Naeba Ski Resort. Een plek die je natuurlijk ook geweldig goed in de winter kan bezoeken. Niet voor niets organiseerden de Japanners in 1998 de Olympische Winterspelen in Nagano, dat ook op dit Japanse eiland Honshu ligt. Dus wat skiën en snowboarden betreft hoef je je hier 's winters niet te vervelen...

Jetlag

Als je, zoals ik, nogal vaak onderweg bent, zijn er een hoop dingen waar je aan went. Dan doel ik in dit geval op zaken die voor veel buitenstaanders ongemakkelijk lijken, zoals ellenlange wachtrijen op vliegvelden, je vrienden missen, niet in je eigen bed slapen, je koffer elke dag in- en uitpakken, boze douaniers, gammele busjes waar je minstens tien uur achter elkaar in moet zitten en ga zo maar door. Eén ding went nooit, althans wat mij betreft, en dat is de onvermijdelijke jetlag.

Ons lichaam is een van de meest wonderbaarlijke en ingenieuze uitvindingen op aarde, want het kan wonden helen, botten aan elkaar laten groeien, een hart laten kloppen en het heeft nog miljoenen andere functies.
Tijdsverschillen overbruggen is echter een ander verhaal. Zo gauw we het vliegtuig in stappen en tien uur later aan de andere kant van de oceaan weer uitstappen, is het lichaam van slag. In plaats van de schemer die de hersens verwachten, staat de zon hoog aan de hemel en ligt er nog een lange dag voor je. Mijn lijf weigert zich systematisch aan te passen aan de verschillende tijdszones. Ook ik zit regelmatig tijdens de lunch te knikkebollen als ik weer eens naar de Verenigde Staten ben gevlogen, of ik kijk eindeloos naar de meest waardeloze nachtprogramma's op televisie om maar in slaap te komen ergens in een hotelkamer in Azië.
Er is door wetenschappers al heel veel onderzoek gedaan naar dit fenomeen, maar feit blijft echter dat er nog geen echte remedie tegen bestaat. Toch zijn er aardig wat suggesties om een jetlag enigszins te verzachten...

01 . Onze biologische klok ontregelt als we een tijdsprong maken van meer dan vier uur. Je biologische klok, die je slaap-waakritme regelt en die beïnvloed wordt door zonlicht, is afgesteld op ongeveer vierentwintig uur. Passeer je in korte tijd een aantal tijdzones, dan is die klok niet in staat zich snel aan te passen. Het duurt ongeveer één dag per uur dat je gepasseerd bent om dit evenwicht weer te herstellen: hou daar rekening mee bij het plannen van je trip. Het is vooral belangrijk om het de eerste dagen rustig aan te doen.

02 . Zorg dat je een goede lichamelijke conditie hebt. Uit onderzoek blijkt dat mensen die regelmatig sporten minder last hebben van jetlag. Probeer voor vertrek elke dag minstens een halfuur te sporten en blijf ook op reis in beweging. Dat hoeft niet al te veel moeite te kosten; neem bijvoorbeeld je hardloopschoenen mee of ga elke dag twintig minuten zwemmen. Als je voor de vlucht weinig geslapen hebt, vermoeid of gestrest bent, heb je sowieso veel meer last van de jetlag.

03 . Als je veel reist kan je bij je huisarts om melatoninepillen vragen. Deze pillen zijn ook bij de drogist verkrijgbaar, alleen die zijn veel minder sterk. Begin een paar dagen voor vertrek al met dit middel, voor een echt goede werking. Reis je naar Amerika, dan kan je deze tabletten daar zonder recept wel gewoon bij de drogist kopen. Niet iedereen is hier trouwens voorstander van, want er zijn mensen die vinden dat je niet met medicijnen in je hormoonhuishouding moet rommelen. Ik gebruik ze wel, maar alleen als ik een echt lange, verre reis maak en bij aankomst meteen aan de slag moet, zoals op een trip naar Australië, Nieuw-Zeeland of Alaska. Meer informatie vind je op www.apotheek.nl

04 . Let op je voeding. Eet onderweg niet al te veel, de maaltijd die je aan boord geserveerd krijgt is in principe genoeg. Neem desnoods zelf een salade mee voor onderweg als je geen zin hebt in een vliegtuigmaaltijd, hoewel bij de samenstelling en bereiding daarvan vaak rekening wordt gehouden met de uitwerking op de passagiers.
Als je eenmaal gearriveerd bent, onthoud dan de volgende regels: van koolhydraatrijk voedsel wordt je sneller slaperig (onder andere pasta en aardappelen), terwijl je van eiwitrijk eten (vis, mager vlees en peulvruchten) over het algemeen 'wakkerder' wordt.

05 . Het is makkelijker om van oost naar west te vliegen (met de zon mee) dan andersom. Dat heeft ermee te maken dat je in westelijke richting je ritme moet 'verlengen' (de dag duurt langer), en daar heeft het lichaam minder moeite mee dan het inkorten van het ritme.

06 . Er bestaat een anti-jetlagdieet dat ook de symptomen zou verlichten. Dit betekent kort gezegd dat je de dagen voor vertrek in de ochtend veel eiwitten eet en 's avonds veel koolhydraten op het menu zet. Meer informatie hierover vind je op: www.antijetlagdiet.com

07. Drink voor en tijdens je reis genoeg water. Uit onderzoek blijkt dat een deel van de jetlagklachten veroorzaakt wordt door uitdroging. Koffie en alcohol onttrekken vocht aan je lichaam en kunnen uitdroging veroorzaken, daarom is het beter om tijdens de vlucht geen koffie of alcohol te drinken.

08. Zet je horloge in het vliegtuig al op de tijd van je bestemming. Hou je bij aankomst aan deze tijd en probeer niet toe te geven aan je slaapbehoefte, anders doet je lichaam er nog langer over om aan de nieuwe tijd te wennen. Als je echt even moet slapen, doe het dan kort, zodat je 's avonds ook nog kan slapen.

09. Stel je biologische klok bloot aan de sterkste tijdgever die er is: licht! Dit werkt bij mij in ieder geval het allerbeste. Als je je ritme wilt versnellen, omdat je naar het oosten reist, stel jezelf dan 's morgens aan veel licht bloot. Hierdoor word je in de ochtend eerder wakker en val je in de avond sneller in slaap. Ga je naar het westen, zorg dan voor veel licht in de avonduren, daarmee vertraag je juist je bioritme. Dit kan desnoods fel kunstlicht zijn, ook dat heeft uitwerking op je biologische klok. Het kost even wat moeite, maar begin hier alvast mee als je thuis bent, want het helpt echt!

10. Tot slot: vergeet niet als je op reis gaat een oogmasker en oordoppen mee te nemen. Daarmee slaap je een stuk beter in het vliegtuig, en zo kom je uitgeruster aan...

Zweden

short trip

Een paar keer per jaar voel ik een diep verlangen om de boel de boel te laten en met niets meer dan een rugzak, gevuld met het hoognodige en een mooi boek, de 'wildernis' in te trekken. In Zweeds Lapland, het land van de Sami dat vaak de laatste wildernis van Europa wordt genoemd, vind ik midden in de zomer naast rust en heel veel ruimte ook een uitdaging: de honderdtien kilometer lange wandeltocht over de Kings (Kungsleden) Trail, startend in Nikkaluokta over een met stenen bezaaide route naar Abisko.

Hoewel de Kings Trail het hele jaar door geopend is, kies ik ervoor de route te volgen op het moment dat de Fjällräven Classic wordt georganiseerd - een wandelevenement dat jaarlijks in augustus plaatsvindt. Dit evenement

> Hier is de natuur nog heer en meester, en die is zo overweldigend dat iedereen niet anders kan dan buigen en genieten. En dat doe ik ook, dag in dag uit

(fjallen betekent 'bergen' en fjällräven is het Zweedse woord voor 'poolvos') begon begin jaren zeventig op initiatief van het gelijknamige (ecologische) kledingmerk. De eerste keer was de organisatie al onder de indruk van de zestig (Zweedse) wandelaars die op de oproep waren afgekomen, tegenwoordig gaat na de tweeduizendste inschrijving de deur op slot. Er moet immers nog wel íets van het gevoel van zwerven door de wildernis intact blijven. Om die reden laat de organisatie de deelnemers dan ook verspreid over verschillende dagen van start gaan. Natuurlijk kom je onderweg andere wandelaars tegen, volop zelfs, met name bij de checkpoints en de hutten, maar toch weten we met zijn allen de ruimte die de valleien rondom de Kebnekaise-bergketen bieden, niet te vullen.
En dat is maar goed ook, hier is de natuur nog heer en meester, en die is zo overweldigend dat iedereen niet anders kan dan buigen en genieten. En dat doe ik dan ook, dag in dag uit, hoewel er soms moeilijk onderscheid te maken is tussen de dagen. Het is augustus en de zon gaat pas in september definitief onder. Heb ik een keer geen jetlag vanwege een vlucht naar een andere tijdzone, brengen de midzomernachten mijn bioritme aan het schudden. Door 's nachts diep onder te duiken in mijn slaapzak probeer ik de duisternis te forceren.
De Kings Trail ontstond al aan het eind van de negentiende eeuw en was vooral bedoeld om dit afgelegen gebied, in het hart van Zweden, te promoten. Dit was de onbekende streek van de Samen, de oorspronkelijke bewoners van Noord-

Scandinavië en een van de grootste en oudste inheemse volkeren van Europa. DNA-studies tonen aan dat dit nomadische oervolk afstamt van de allereerste homo sapiensen die Europa bevolkten. Ze woonden, lang voordat de Zweedse, Finse, en Vikingcultuur zich ontwikkelden, in het noorden van Scandinavië en Rusland, nu beter bekend als Lapland.

Voor veel Zweden was dit gebied zo'n honderd jaar geleden totaal onbekend terrein en dus werd deze route gecreëerd door onder andere het Zweedse toeristenbureau. De route van noordelijk Abisko naar zuidelijk Kvikkjokk, voerde de wandelaar langs de mooiste bergen van Zweeds Lapland; de koninklijke schoonheid bezorgde het pad de naam, Kings Trail, ofwel the King of trails, mooier dan elke andere route in Zweden.
Anno nu is het traject 430 kilometer lang; het strekt zich uit van Abisko in het noorden naar Hemavan in het zuiden. De Fjällräven Classic volgt 'slechts' honderdtien kilometer van de totale route, van Nikkaluokta naar Abisko. Sommige deelnemers kiezen ervoor om op tijd te lopen – de snelste legde het parcours dit jaar af in zo'n veertien uur - maar de meesten, onder wie ik, willen er

liever de tijd voor nemen. Je loopt immers niet dagelijks in de laatste wildernis van Europa.
Tijdens dit wandelevenement, waarbij het er in de eerste plaats om gaat te genieten van prachtig Zweeds Lapland, maar ook om het gevoel op jezelf aangewezen te zijn, zijn er een aantal (Spartaanse) regels. Zo eet je de dagen dat je op de route bent, bijna alleen gevriesdroogde voeding; bij de start krijg je voor vijf dagen van dergelijke zakjes mee. Met aansprekende 'gerechten' als zalm, pasta en witte wijnsaus probeert de fabrikant je te overtuigen. Toegegeven, het klinkt best goed en het eerste zakje smaakt nog prima, maar na een paar dagen zakjes leeg lepelen begin ik toch een beetje te smokkelen en bestel zo nu en dan wat te eten in een van de berghutten die ik onderweg tegenkom. Vers water tap ik dagelijks uit de rivier.

Overnachten doe ik in mijn zelf meegenomen tentje dat ik dankzij het Zweedse zogenaamde 'allemansrätten' (allemansrecht) overal, nationale parken uitgezonderd, vrij in de natuur mag opzetten. En aangezien er zo veel ruimte is, is deze room with a view helemaal voor mezelf elke dag een onbetaalbaar feestje.
Ik heb het geluk dat het alle dagen echt supermooi weer is waardoor ik, omdat de zon maar niet ondergaat, elke nacht lang kan blijven genieten van de kleuren van het landschap en de luchten die voortdurend veranderen.
Tijdens de avonden in mijn tentje lees ik het boek The Sami of Northern Europe, dat helemaal gewijd is aan de cultuur van de Samen; er staat een hoop in dat me bijblijft. De mens en de natuur zijn volgens de Samen elkaars gelijken en moeten elkaar in balans houden. Met andere woorden: ga

respectvol met je directe leefomgeving om, buit die niet uit, maar leef in evenwicht met de natuurlijke elementen. De Samen wisten op deze manier als geen ander te overleven in een klimaat waarin wij het met al onze kennis en techniek nog geen maand zouden uithouden. Ook op het gebied van eten kunnen we nog wat van ze leren. Zo komen bij dit (semi-)nomadische volk minder gevallen van (darm)kanker en hartproblemen voor. Waarschijnlijk doordat ze veel rendiervlees eten, dat rijk is aan vitamine E en selenium, maar ook veel vis, bessen en bramen op het menu hebben staan. Van dit volk kunnen wij in het Westen nog een hoop leren.

De Kings Trail is een gemakkelijk te volgen route bij helder weer; je kan kilometersver kijken en goed zien waar je naartoe moet. Maar wanneer de vallei gehuld is in mist, dat niet zelden gebeurt, kan je niet verder voor je uit kijken dan vijf meter. Ik maak deze omstandigheden niet mee, maar ik kan me voorstellen dat navigeren dan een stuk ingewikkelder wordt. De organisatie raadt dan ook aan om nooit zonder kaart, kompas of een GPS op stap te gaan. Onderweg kom je ook tal van gidsen tegen, herkenbaar aan een fel oranje vlag die hoog boven hun rugzak uitsteekt. Als je hen niet meer tegenkomt, weet je dat je de verkeerde afslag hebt genomen en kan je het beste teruglopen tot je weer op bekend terrein bent.

Wat de route qua wandelen zwaar maakt is niet de hoogste beklimming tijdens de tocht, de Tjäktja-pas (1130 meter), maar de met stenen bezaaide paden. Hierdoor kom je soms moeilijk in je ritme en moet je je ogen strak op de weg voor je houden.

augustus

Ik moet mezelf regelmatig dwingen te stoppen om van de waanzinnig mooie omgeving te genieten, die gedomineerd wordt door de Kebnekaise-berg en gletsjers die hun tong provocerend naar me uitsteken.
Naast over heel veel stenen zwerf ik ook over heide, zwabber ik over lange en smalle vlonders, klim ik over de hekken die de Samen-stammen - en met name hun rendieren - gescheiden houden, knaag ik op mijn Zweedse crackers zittend op afgesleten rotsplateaus, en verwen mijn spieren in de sauna's van het Kebnekaise-bergstation en de Alesjaure-hut. Het laatste stuk van de route loopt door het Abisko Nationale Park, waar ik voor uren in de berkenbossen verdwijn. Na een tijd ruik ik 'de stal' en begin ik reikhalzend uit te kijken naar de menukaart van de restaurants in Abisko. Als ik onder het finishpoortje door loop heb ik net als de meesten vier dagen over de route gedaan en het was intens genieten!

Wil je meer over de Samen-cultuur te weten komen? Kijk dan de Zweedse film Wolf (de originele Zweedse titel is Varg) uit 2008. Wolf brengt mooi in beeld hoe Samische tradities in een Noord-Zweeds dorpje botsen met de moderne maatschappij. De film heeft verschillende internationale prijzen gewonnen.

Meer informatie

Beste reistijd
Het hele jaar. Het hoogseizoen loopt van juli tot en met augustus. Elk jaar wordt begin augustus de Fjällräven Classic georganiseerd.

Fjällräven Classic
www.fjallravenclassic.com

Zweeds lapland
www.visitsweden.com

Cordilheira Lodge

hotel

De Pantanal is niet het eerste gebied dat in je opkomt als je aan een trip naar Brazilië denkt. Dit verandert als je weet hoe bijzonder de regio is, die in het zuiden van dit enorme land ligt.

De Pantanal is namelijk het grootste moerasgebied op aarde, de naam is afgeleid van het Portugese woord pântano, dat 'moeras' betekent. De regio is meer dan 150.000 vierkante kilometer groot en ligt niet alleen in Brazilië, maar ook in de buurlanden Bolivia en Paraguay.

In het regenseizoen stroomt maar liefst tachtig procent van dit gebied onder water, aangevoerd door de Paraguay-rivier. Daardoor bevat de Pantanal een van de dichtste flora- en faunasystemen van de wereld: je vindt er onder andere meer dan 650 vogelsoorten, zo'n 120 zoogdieren en meer dan 250 vissoorten.
Hoewel 'moeras' misschien niet al te aantrekkelijk klinkt, is het in realiteit een onvoorstelbaar mooi groen gebied, dat soms meer aan de savannes van Afrika doet denken dan aan Zuid-Amerika.
De Cordilheira Lodge is een duurzaam hotel gebouwd op palen, midden in

de natuur van de Pantanal. De lodge is genoemd naar de vele kaaimannen die hier in het moeras leven en die bij een riviertje vlak bij het hotel hun visjes komen eten.

Naast een grote gemeenschappelijke ruimte waar je boeken kan lezen en ontbijten, vind je er ook een klein zwembad en een restaurant waar je prima kan eten. De kok maakt zo veel mogelijk lokale specialiteiten klaar, zoals geroosterde vis met rijst en bonen. De kleine huisjes waar je slaapt hebben allemaal een groot balkon en als je 's morgens wakker wordt, zie je meteen kuddes wilde paarden vlak voor je neus grazen. Overdag kan je paardrijden door het gebied of met een terreinwagen op zoek gaan naar gordeldieren, anaconda's en zelfs naar de zeldzame poema's en jaguars die hier leven.
Helaas wordt de Pantanal bedreigd door onder meer vervuiling, verstedelijking, intensieve veeteelt en de jacht op beschermde dieren. Gelukkig is de Pantanal in 2000 uitgeroepen tot biosfeerreservaat, een door de Unesco aangewezen gebied dat beschermd dient te worden. Ga het met eigen ogen bekijken en draag je steentje bij door bijvoorbeeld in ecolodges te slapen en lokale projecten te steunen. Het zal je volgende trip naar Brazilië zo veel mooier maken.

Meer informatie
www.caiman.com.br

Bescherming Pantanal
www.wnf.nl

Tibet

Het 52 kilometer lange circuit (kora) van de berg Kailash wordt beschouwd als een van de belangrijkste pelgrimstochten in Azië, heilig voor onder anderen Hindoes en Boeddhisten. Volgens de Tibetanen kun je door de route 88 keer te lopen het Nirvana, verlichting bereiken. Als je het bij één keer laat, ben je in ieder geval gereinigd van al je zondes. Meerdere dagen heb je wel nodig voor de route, hoewel sommige enorm toegewijde pelgrims hem in een dagje afleggen.

www.sacred-destinations.com

Papoea-Nieuw-Guinea

Papoea-Nieuw-Guinea is een land in Oceanië dat het oostelijk deel van het eiland Nieuw-Guinea beslaat.Een pittige maar bijzondere trekking die je hier kunt doen is de 96 kilometer lange Kokoda-trail, dwars door de jungle. Op dit pad kom je op veel plekken gedenktekens tegen die herinneren aan de historie van de route: Australische, Amerikaanse en Japanse soldaten vochten hier tijdens de Tweede Wereldoorlog. Trek tussen de zes en elf dagen voor de route uit en zorg goed voor je eigen veiligheid door met minimaal vier personen en een getrainde gids op pad te gaan.

www.kokodatrail.com.au

Ierland

In het noorden van Ierland vind je een enorm natuurfenomeen: de Giant's Causeway, bestaande uit zo'n 40.000 basaltzuilen langs de kust. De zuilen zijn ontstaan door een vulkaanuitbarsting zo'n zestig miljoen jaar geleden en de hoogste is zo'n twaalf meter hoog. Het natuurverschijnsel staat op de UNESCO Werelderfgoedlijst en is een waanzinnige locatie om uit te waaien. Een goede basis voor een bezoek aan de Giant's Causeway is het nabijgelegen stadje Bushmills, dat geroemd wordt om de whisky die ze er stoken.

www.giantscausewayireland.com

Namibië

Namibië, in het zuidwesten van Afrika, is een ideaal land om op eigen houtje met de auto of camper te verkennen. De wegen zijn goed en het land staat bekend als veilig en stabiel. Namibië is groot, zo'n 25 keer groter dan Nederland, en is het dunstbevolkte land van Afrika. Je kunt hier soms uren rijden zonder iemand tegen te komen. Een paar voorbeelden van de vele hoogtepunten in Namibië zijn het Etosha National Park, dat vooral beroemd is om de grote groepen springbokken, de Fish River Canyon, op de Grand Canyon in de Verenigde Staten na de grootste van de wereld, en de 130 miljoen jaar oude Namib-woestijn.

www.reisbijbel.nl

Italië

In Italië vind je langs de kust in Ligurië, beter bekend als de Bloemenrivièra, een gebied dat mede door de lastige bereikbaarheid nog niet echt aangetast door toerisme is: wijnbouw, muurtjes van natuursteen, baaien en kleine strandjes tussen de steile kliffen met een kristalheldere zee. Langs deze kust vind je de vier dorpjes die samen Cinque Terre vormen: Monterosso al Mare, Corniglia, Manarola en Riomaggiore, met elk hun eigen karakter. De kustweg die de vijf dorpen met elkaar verbindt, is de beroemde wandelroute Via dell'Amore (Italiaans voor 'liefdespad').

www.lecinqueterre.org

09

september

September heeft 30 dagen en wordt vanwege het begin van de herfst ook wel de herfstmaand genoemd | **Omdat er voor de winter gezaaid wordt, staat de maand daarnaast bekend als gerstmaand** | Op 11 september wordt het Ethiopische Nieuwjaar gevierd, behalve in schrikkeljaren, dan valt dit feest op 12 september | **Bij september horen de sterrenbeelden Maagd (24 augustus-23 september) en Weegschaal (24 september-23 oktober)** | De warmste september was in 2006 met een gemiddelde van 17,9 °C, wat aanzienlijk warmer is dan een gemiddelde juli (16,8) of augustus (16,7)

september

Panama

long trip

Het voorjaar van 2009 was voor mij de heftigste tijd uit mijn loopbaan. Nadat ik jarenlang met veel plezier bij RTL had gewerkt, kreeg ik in 2007 de kans om voor omroep LLink op Nederland 3 het programma 3 op Reis te produceren. Omdat ik me heel erg kon vinden in de uitgangspunten van LLink, was de keuze niet heel moeilijk.

Deze omschakeling, van de grootste commerciële omroep naar de kleinste publieke, was op zijn zachtst gezegd, tamelijk ingrijpend. Ondanks alle kinderziektes en problemen die het opstarten van een nieuwe omroeporganisatie met zich meebracht, werkten bij LLink wel een hoop bevlogen en geïnspireerde mensen die hun stinkende best deden mooie programma's te ontwikkelen waarmee ze hoopten de

wereld een klein beetje beter te maken. Helaas was niet iedereen in staat alles in goede banen te leiden en zo werden er, vooral op financieel vlak, nogal wat fouten gemaakt. Dat was overigens een stuk minder dramatisch dan in de pers werd beweerd, want binnen een jaar wist LLink zijn schuld weer in te lopen, iets wat het nieuws dan weer niet haalde. Feit is wel dat er niet genoeg goede programma's werden geproduceerd, zodat LLink zichzelf niet genoeg kon profileren. Heel wat mensen namen de omroep flink onder vuur, zowel in de pers als op internet.
Ook ik was stevig aan de beurt: zo zou ik te veel verdienen en dat 'kon niet' bij een groene omroep. Uiteindelijk besloot ik met bloedend hart bij LLink weg te gaan omdat de omroep in uiterst zwaar weer terecht was gekomen en surseance van betaling had aangevraagd. Gelukkig was daar BNN om 3 op Reis over te nemen; 'reizen' is een belangrijke peiler voor BNN, en dus verhuisde ik in de zomer van 2009 naar deze jongerenomroep, waar ik het tot op de dag van vandaag echt geweldig naar mijn zin heb en nog steeds het reisprogramma kan maken met dezelfde uitgangspunten als bij LLink.
Na die intensieve periode met talloze interviews, slinkse journalisten, boze reacties op internet en slapeloze nachten was ik even helemaal klaar met alles en iedereen. En wat doe je dan? In mijn geval smeer je hem. In je eentje, met je rugzak en zonder plan richting een land waar je nog nooit geweest bent: Panama.

Panama is als bestemming minder bekend dan buurland en reizigersparadijs Costa Rica. De meeste mensen kennen Panama van het ingenieuze Panamakanaal, dat dwars door een van de smalste plekken van het Amerikaanse continent loopt.

> Ondanks de wereldwijde groeiende interesse kan je op de vele eilandjes die het land rijk is, of in een van de vele beschermde natuurgebieden, als toerist nog echt off the beaten track gaan

Ook was het land ooit bekend vanwege het schrikbewind van generaal Manuel Noriega, de dictator die van 1981 tot 1989 met ijzeren hand over Panama regeerde. Tijdens zijn bewind werd Panama een centrum van drugshandel en witwasserij.

Tegenwoordig gaat het goed met Panama want door een gunstig belastingklimaat zijn de buitenlandse investeringen er heel groot. Zo zijn er onder meer plannen voor de bouw van een van de hoogste wolkenkrabbers ter wereld, en ook de Amerikaanse zakenman Donald Trump heeft zijn zinnen gezet op een groot kantoor- en hotelcomplex in de Panamese hoofdstad Panama City. Ondanks de wereldwijde groeiende interesse kan je op de vele eilandjes die het land rijk is, of in een van de vele beschermde natuurgebieden, als toerist nog echt off the beaten track gaan. En dat is precies waar ik aan toe ben. Op de kaart lijkt Panama niet meer dan een streepje tussen Noord- en Zuid-Amerika, maar het land is ongeveer twee keer zo groot als Nederland en telt zo'n drie miljoen inwoners. Het land is verdeeld in negen provincies en heeft drie autonome indianenreservaten. Al vanuit het vliegtuig ziet Panama er veelbelovend uit: een felgroene strook land met aan beide kanten azuurblauw water; aan de noordkant dat van de Caribische Zee en aan de zuidkant het water van de Grote Oceaan. Ik vlieg op hoofdstad Panama City, een stad die wel wat weg heeft van Miami door de vele grote flats. Gelukkig vind je er ook de wijk Panama Viejo, met historische ruïnes uit de zestiende eeuw, en de zeventiende-eeuwse koloniale Spaanse wijk Casco Viejo. Ik eet de eerste avond in een sfeervol oud restaurantje in Casco Viejo en bestel veel te veel caipirinha's om even mijn verstand op nul te zetten.

Na een lange nacht pak ik de volgende morgen met een wazig hoofd de bus naar het noordoosten van de stad, waar de Miraflores-sluizen zijn. Vanaf dit punt heb je goed zicht op het pronkstuk van Panama: het Panamakanaal. Gemiddeld veertig schepen passeren dagelijks het kanaal dat tachtig kilometer lang is en zich uitstrekt van Panama City aan de Grote

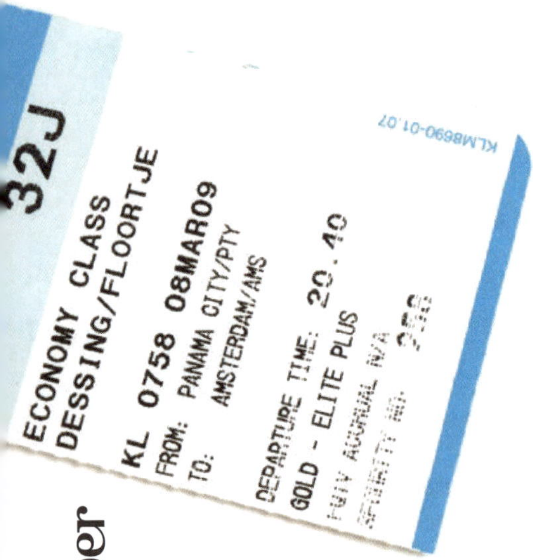

Oceaan tot aan de havenstad Colón aan de Caribische kust.
Het Panamakanaal is continu in bedrijf en zo'n tienduizend mensen verdienen hier hun brood. De sluizen zijn 305 meter lang en 33,5 meter wijd, maar sommige schepen zijn zo groot dat ze, als ze door de sluizen komen, aan beide kanten nog maar een meter over hebben tussen de wal en het schip. De boten worden door de toevoer van water vanaf zeeniveau naar een hoogte van zesentwintig meter boven zeeniveau getild; een indrukwekkend gezicht.
De geschiedenis van de constructie van het kanaal is roerig. Aan het eind van de negentiende eeuw waren het de Fransen die met de graafwerkzaamheden begonnen. Door gebrek aan geld en allerlei ziektes zoals malaria mislukte deze poging, waarbij meer dan twintigduizend mensen om het leven kwamen. Na de onafhankelijkheid van Panama in 1903

waren het de Verenigde Staten die een tweede poging waagden. Met succes: op 15 augustus 1914 voer het eerste schip door het Panamakanaal.
Het kanaal werd Amerikaans grondgebied, tot grote ontevredenheid van de Panamese bevolking. In 1979 kwam er uiteindelijk een verdrag tot stand tussen de Amerikaanse president Jimmy Carter en de Panamese president Omar Torrijos over de overdracht van het Panamakanaal, die uiteindelijk pas plaatsvond op 31 december 1999.

De hele middag zit ik in het restaurant boven de sluis aan een tafeltje bij het raam terwijl onder me de schepen worden geschut. Het is een indrukwekkend gezicht om alle bedrijvigheid rond de sluizen gade te slaan, maar echt goed voel ik me niet. Mijn hoofd lijkt vol te zitten met watten en ik kan niet helder denken. Morgen voel ik me vast beter.
Helaas blijkt dat maar gedeeltelijk te kloppen, want ook de volgende dag wil de mist in mijn hoofd niet optrekken. Ik verlaat de stad, op aanraden van een Braziliaan die ik de eerste dag in het hotel ontmoet heb, en pak de bus richting het noorden. Aan boord herinner ik me weer hoe het er in een bus in Latijns-Amerika aan toegaat: een volle bak, mensen nemen gerust hun kippen mee

en er klinkt keiharde salsamuziek uit de speakers. Met twee Panamese jongens naast me die alle liedjes uit volle borst meezingen, hobbel ik in tweeënhalf uur naar El Valle, ten westen van Panama City. Naarmate ik dichter bij El Valle kom, wordt de omgeving groener en groener en langzaam rijdt de bus omhoog. Het stadje ligt in de krater van een uitgestorven vulkaan die drie miljoen jaar geleden met zo veel kracht uitbarstte dat hij zijn eigen top eraf blies. Nadat het meer dat vervolgens ontstond in de loop der eeuwen weer langzaam leegliep, vestigden de indianen zich er om het vruchtbare land te bewerken.

Deze vallei is een paradijs van ontelbare felgekleurde bloemen, bomen, sprankelende beekjes en watervallen. Daarnaast is het ook de thuisbasis van veel verschillende vogelsoorten en de zeldzame gouden kikker. Op de markt die elke zondagochtend wordt gehouden koop ik verse mango's, watermeloen en ananas, en verbaas me er weer over hoeveel beter het fruit hier smaakt dan in Nederland. Naast fruit verkopen de Guyamis, Embera en Wounaan-indianen met de hand gemaakte spullen zoals houten schalen en bakjes, hangmatten en keramiek.

Drie dagen blijf ik in en rond mijn kleine hotelletje, waarbij ik niet veel meer doe dan eten, lezen en slapen in mijn hangmat op de veranda. Mijn lijf is gesloopt, en mijn geest wil ook niet echt. Alle vermoeidheid lijkt er deze dagen uit te komen en ik lig vaak al om negen uur te slapen. Maar dat was ook wel nodig...

Met de grootste moeite duw ik mezelf op dag vier de bus in richting het bergdorpje Boquete, richting de grens met Costa Rica.

Binnen dertig seconden ben ik doorweekt

Dit dorpje, dat op zo'n zestienhonderd meter hoogte ligt, is net als El Valle een populaire vakantiebestemming voor Panamezen vanwege het frisse klimaat. Als ik 's middags uitstap bij het busstation regent het pijpenstelen; binnen dertig seconden ben ik doorweekt. Eenmaal in mijn guesthouse maak ik kennis met Feliciano, die bij de receptie werkt. Als ik hem vertel dat het in Nederland heel vaak regent en dat we daar vaak over mopperen, lacht hij. Panamezen zijn juist heel blij met elke druppel regen, zo vertelt hij. Vandaar dat het in dit deel van Panama ook zo groen is! Nadat ik droge kleren heb aangetrokken, zit ik de rest van de avond op de veranda voor mijn huisje terwijl ik een fles wijn leegdrink en uitkijk over de lichtjes in het dal. Nederland is ver weg en ik merk dat dit me goed doet. Langzaam raakt mijn hoofd leeg en kan ik eindelijk alles een beetje op een rijtje zetten. Het was een goed idee om in mijn eentje weg te gaan en tijd te nemen voor mezelf. Toch val ik die avond verdrietig in slaap; misschien had ik niet naar zo veel sentimentele muziek moeten luisteren op mijn iPod.

De volgende morgen is de regen verdwenen en schijnt de zon fel. Ik open mijn raam en kijk uit over de omgeving van Boquete, die voornamelijk bestaat uit groene glooiende heuvels met overal koffieplantages. In de hal van het hotel kom ik Feliciano weer tegen, die me vertelt dat hij vrij heeft en vraagt of ik zin heb om een lange wandeling te maken. Niet veel later lopen we over een smal pad de heuvel op. Hij blijkt prima gezelschap te zijn en verhaalt uitgebreid over Boquete en omgeving. Volgens Feliciano is het leven in dit dorpje heel prettig en gezond, gezien het grote aantal Boqueteños dat de honderd jaar al lang en breed gepasseerd is. Ook is het een plaats waar veel Amerikaanse gepensioneerden op afkomen, die hier in het gezonde klimaat genieten van hun Amerikaanse pensioen.

De hele ochtend lopen we over kleine slingerende paadjes om te eindigen in Caldera. De naam van dit plaatsje betekent 'kokende pot' en het dankt die naam aan de natuurlijke warmwaterbronnen die je hier vindt.

Even later zitten we samen in het warme water terwijl we lauwe biertjes drinken en bananenkoekjes eten die we bij een klein tentje hebben gekocht. Dit zijn van die momenten die je vast wil blijven houden en waarvoor je al die kilometers hebt afgelegd. Pas als het donker wordt hijsen we ons met een verrimpelde huid uit het water om terug te gaan naar het hotel.

Ook in Boquete kom ik maar met moeite weg, want dit zijn dorpjes waar je met gemak weken kan blijven hangen. Uiteindelijk is het toch tijd om mijn rugzak in te pakken en Feliciano gedag te zeggen, waarna ik in de bomvolle bus stap, op weg naar mijn volgende bestemming: de eilandengroep Bocas del Toro, gelegen aan de grens met Costa Rica en een van de grote toeristentrekpleisters van Panama.

Het gelijknamige plaatsje Bocas del Toro op het eiland Colón is de belangrijkste nederzetting van deze eilandengroep. Dit is weer een heel ander soort Panama dan ik tot nu toe op mijn reis gezien heb; door de mooie houten huizen, de Caribische restaurantjes en de reggaemuziek die overal gedraaid wordt voelt het alsof je in de Cariben bent.

Op nog geen tien minuten varen van Bocas del Toro ligt het kleine eilandje Isla Bastimentos, waar het leven voor mij weer uit niet veel meer bestaat dan lezen, slapen, zwemmen, in de hangmat hangen en rum drinken met de bewoners aan het einde van de dag. Het eiland is gemoedelijk, de mensen zijn vriendelijk en het pikante creoolse eten is heerlijk. Een aanrader op dit eiland is het Al Natural Resort, een ecohotel dat prachtig aan zee ligt. De bungalows in dit resort zijn gebouwd volgens de technieken van de Ngobe-Bugle-indianen, gecombineerd met moderne apparatuur als zonnepanelen. Wederom een plek waar het leven een tikje langzamer lijkt te gaan en Nederland heel ver weg is.

Voordat ik weer naar huis vlieg, wil ik nog een eilandengroep bezoeken: de San Blas-eilanden. Vanaf Panama City is het maar vijfenveertig minuten met het vliegtuig, maar je waant je op de San Blas echt in een andere wereld. Niet door weer die prachtige witte stranden en palmbomen omgeven door een azuurblauwe

zee; wat deze eilanden bijzonder maakt is dat het de Kuna-indianen, de oorspronkelijke bewoners, gelukt is redelijk onafhankelijk te blijven van de Panamese overheid. Hierdoor is de provincie dus min of meer zelfstandig.
De Kuna's leven van de visserij en de export van kokosnoten. Sommige families verdienen wat bij door voor toeristen te koken en boottripjes en rondleidingen te organiseren. Ik verblijf vijf dagen op het eilandje Nalunega, hooguit één vierkante kilometer groot, met één hotel, een schooltje, een klein museum, een dorpsplein en wat hutjes. Ik geniet, met niet meer dan een boek, een snorkel en een hangmat om met een leeg hoofd, een uitgerust lijf en weer genoeg energie de hele wereld weer aan te kunnen.
Tijd om aan het werk te gaan!

Meer informatie

Beste reistijd
Reizen is het hele jaar door goed mogelijk, maar de drogere periode valt grotendeels tussen november en mei.

Al Natural Resort
www.alnaturalresort.com

Bocas del Toro
www.bocas.com

Panamakanaal
www.pancanal.com

San Blas-eilanden
www.enjoypanama.com

Shoot Out-festival

festival

Meer info Boulder
www.ci.boulder.co.us

Meer info festival
www.theshootoutboulder.com

Het stadje Boulder ligt aan de voet van de Rocky Mountains, op zo'n vijftig kilometer van Denver, de hoofdstad van Colorado. Leuk aan Boulder is dat het veel gezichten heeft.

Er is een grote universiteit, maar het is ook een stad met een omvangrijke alternatieve scene met new age-centra, boeddhistische en meditatie-oorden en alternatieve winkels. Daarnaast is Boulder heel sportief want door de relatief hoge ligging wonen er veel atleten. Ook de overige inwoners zijn een stuk sportiever dan de gemiddelde Amerikaan; zo gaat bijna iedereen in zijn vrije tijd mountainbiken, bergbeklimmen, skiën of hardlopen. Veel jonge Amerikanen houden van de plaats omdat het er een stuk progressiever is dan in andere steden in de regio. Het drugsbeleid is soepeler dan in de rest van de Verenigde Staten; zo is er bijvoorbeeld een regeling voor verstrekking van marihuana op medische gronden.
Het leukste evenement hier vind ik het jaarlijkse Shoot Out 24 Hour Filmmaking-festival. Je schrijft je een maand van tevoren in, bij voorkeur als team. Op de festivaldag meld je je met camera en filmbandjes om zes uur 's avonds voor het Boulder County Courthouse. Iedereen krijgt dezelfde opdracht: maak binnen vierentwintig uur een speelfilm(pje) van zeven minuten, zonder montages. Dit betekent chronologisch de scènes opnemen en als er iets misgaat, de tape terugspoelen en opnieuw beginnen. Op de festivaldag krijg je een aantal 'ingrediënten' die in je film verwerkt moeten worden, bijvoorbeeld een dierenwinkel, een spoorwegovergang of een bubbelbad.

Na afloop worden de films bekeken door een deskundige jury. De tien beste inzendingen winnen sponsorprijzen en worden diezelfde avond op groot scherm aan het publiek getoond. Heb je geen regie- of camera-ambities, maar wil je graag acteren: geef je dan op voor de shooting star-competitie. Aan het begin van de 24-uurs filmcompetitie stel je je als acteur voor aan de verschillende teams. Degene die in de meeste films mag optreden, wint de shooting star-trofee. Lijkt dit festival je wat en wil je alvast inspiratie opdoen, check dan de winnaars van voorgaande jaren op www.fastfilmtv.com/theshootoutboulder. Succes!

Vrijwilligerswerk in het buitenland

'Ik wil iets zinvols gaan doen met mijn leven': steeds meer Nederlanders kennen dit gevoel, zeker mensen die veel gereisd hebben. Gelukkig maar, want dankzij deze ambities worden er wereldwijd heel wat goede initiatieven gerealiseerd.

Vrijwilligerswerk heeft tal van voordelen, voor de projecten, maar ook voor jezelf. Je bent door anderen te helpen op een zinvolle manier bezig, wat je een enorm goed gevoel kan geven. Ook kan dit werk je zelfvertrouwen een boost geven. Door, vaak zelfstandig, ergens aan de slag te gaan, nieuwe dingen te leren en problemen te overwinnen, voel je je na afloop meestal een stuk sterker.
Nog een voordeel van vrijwilligerswerk: je kan een lange reis maken of langdurig in het buitenland verblijven zonder dat het je al te veel kost. Daarnaast is het doen van onbetaald werk een geweldige manier om een land, de bevolking, de cultuur en de taal écht goed te leren kennen. Door onze afkomst, onze scholing en onze talenkennis zijn wij Nederlanders erg geliefd als vrijwilligers. En tot slot: als je terug bent in Nederland staat het ook nog eens heel goed op je cv. Bij deze een aantal tips die je verder kunnen helpen:

01 . Het is nogal voor de hand liggend, maar bedenk eerst wat je sterke punten zijn. Ben je bijvoorbeeld een sociaal type die graag iets voor mensen betekent, of ben je meer een eenling die graag in de natuur aan de slag gaat.
Je hoeft niet per definitie geschoold te zijn om een redelijke functie te krijgen. Je kan jezelf ook vooraf bijscholen door het volgen van cursussen. Er zijn talloze vrijwilligersbanen die bepaalde eisen stellen, zoals goede communicatieve vaardigheden of in staat zijn conflictsituaties op te lossen; ervaring die je in je loopbaan of tijdens je studie kan hebben opgedaan.

02 . Je kunt kiezen voor vrijwilligerswerk via gespecialiseerde reisbureaus; bijvoorbeeld via het Nederlandse Fox Feel Good, Activity International of Green Canyon Reizen. Verder kan je onder meer terecht bij Engelse organisaties als Trekforce en Yomps. Deze bemiddelingsinstanties bieden over het algemeen georganiseerde programma's aan waarbij alles geregeld is; van de vlucht en de accommodatie tot de verzekeringen en assistentie ter plekke.

03 . Je kunt ook aan de slag via een non-profitinstelling. Daarvoor kan je heel goed terecht bij de ontwikkelingsorganisatie VSO, die ook een Nederlandse afdeling heeft. VSO bemiddelt tussen lokale organisaties en vrijwilligers. Een andere instelling is de European Voluntary Service (EVS), gesubsidieerd door de Europese Unie, die een kleine vergoeding betaalt voor je werkzaamheden en de gemaakte kosten ter plekke. Je moet voor deelname wel tussen de achttien en vijfentwintig jaar zijn.

04 . Je kan ook je eigen verblijf en werkplek regelen. Voordeel hiervan is dat je veel flexibeler bent en dat het goedkoper is. Nadeel is dat je zelf alles moet regelen, geen assistentie ter plekke hebt en soms zelf 'het wiel moet uitvinden'.

05 . Wederom een schot voor open doel, maar echt essentieel: bedenk goed of je met mensen of met dieren wil werken, of je voor een maatschappelijk of een natuurproject aan de slag wil gaan. Kies je bijvoorbeeld via de organisatie Real Gap Experience ervoor studenten in Moldavië Engelse les te geven of wil je liever in Guatemala meewerken aan een schildpaddenproject via South America Inside?

06 . Bijna overal ter wereld (met uitzondering van Antarctica) kan je aan de slag. In sommige landen, zoals Peru of Nepal, zijn veel vrijwilligers actief, wat het een stuk makkelijker maakt als je nog niet zo veel (reis)ervaring hebt. Maar ook in afgelegen plaatsen zoals Noordoost-Siberië of Madagaskar kan je zeker iets betekenen, hoewel je wel een type moet zijn dat goed kan improviseren, alleen kan zijn en problemen kan oplossen.

07 . Je bent nooit te oud om aan hulpverlening te doen. De laatste jaren gaan steeds meer gepensioneerden aan de slag voor diverse internationale projecten. Met alle opgedane ervaring na een lange loopbaan kan je heel waardevol zijn.

08. Er zijn tegenwoordig hotels waar je vrijwilligerswerk kan doen in ruil voor gratis hotelovernachtingen, en dat zijn niet de minste! Het Soneva Gili Resort is een van de mooiste en meest duurzame resorts op de Malediven. Als je in de speciale actieperiode vijf hotelovernachtingen betaalt, en daarna vijf dagen vrijwilligerswerk doet, krijg je vijf nachten gratis. Je werkt gemiddeld drie tot vijf uur per dag aan projecten waar het hotel zich voor inzet: onderwijsprojecten op een nabijgelegen atol bijvoorbeeld, het planten van palmbomen, maar je kan ook Engelse les geven aan locals. Voor meer informatie, actieperiodes en boekingen, check:
www.sixsenses.com

09. Je hoeft niet per se een lange periode als vrijwilliger te werken. Sommige projecten zijn kort, zoals de Arabian leopard-expedities naar Oman van Biosphere Expeditions, die maar twaalf dagen duren, of een project in een kindertehuis in Zuid-Afrika van twee weken van Global Vision International. Zelfs als je maar heel weinig tijd hebt kan je toch iets zinvols doen op reis, zoals het bezoeken van gevangenen. Dit kan voor de gedetineerde erg waardevol zijn, alleen al omdat ze het gevoel krijgen niet te worden vergeten.

10. Heb je je keuze gemaakt, zorg dan dat je goed voorbereid op reis gaat, met de juiste vergunningen en visa, een goede verzekering, alle inentingen, medicijnen zoals malariatabletten, kennis van de plek waar je naartoe gaat, een mobiele telefoon, creditcard en adressen van de Nederlandse ambassade ter plekke.

Meer informatie

Georganiseerd op reis en aan het werk
www.trekforce.org.uk
www.yomps.co.uk
www.fox.nl
www.activityinternational.nl
www.greencanyon.nl
www.joho.nl

VSO
www.vso.nl

EVS
www.ec.europa.eu

Zelf vrijwilligerswerk regelen doe je onder andere met de volgende websites
www.truetravellers.org
(Canadese organisatie)
www.independentvolunteer.org
(opgezet door ervaren vrijwilligers)

Overzicht van wereldwijde vrijwilligersprojecten
www.volunteerabroad.com

Engelse les geven in Moldavië
www.realgap.com

Schildpaddenproject Guatemala
www.southamerica-inside.com

Project Oman
www.biosphere-expeditions.org

Project Zuid-Afrika
www.gviusa.com

Bezoeken van gevangenen wereldwijd
www.prisonersabroad.org.uk

Normandië & Jersey

short trip

Een paar maanden geleden kreeg ik een mailtje van Marc, een Fransman met wie ik meer dan twaalf jaar geleden een tijdje over de wereld heb gezworven. Destijds ontmoetten we elkaar in het Caribisch gebied, waar hij werkte als kapitein op zeilschepen van rijke eigenaars. Samen maakten we onder meer lange zeilreizen door de Cariben, naar Corsica en de Canarische Eilanden, maar na een halfjaar was het gedaan met de pret omdat hij twee jaar ging werken op een schip in Azië. Omdat ook ik voortdurend onderweg was, verloren we elkaar uiteindelijk uit het oog.

Nu, na zo veel jaar, is er ineens weer een teken van leven. In zijn mail vraagt hij hoe het met me gaat, en of ik een keer

langskom in zijn nieuwe huisje in Normandië. Het duurt uiteindelijk meer dan vier maanden voor ik in de TGV stap, en vervolgens de intercity neem richting Caen, een stad in het oosten van Normandië.

Enigszins gespannen stap ik uit de trein; het is zo lang geleden dat we elkaar gezien hebben dat ik hoop dat ik hem niet straal voorbijloop. Maar al vanuit de verte herken ik zijn gestalte en lachend sluiten we elkaar in de armen. Ondanks een paar extra rimpels zijn we allebei niet veel veranderd de afgelopen jaren en binnen de kortste keren is het alsof we elkaar vorige maand nog gezien hebben.

Het is nog een klein halfuur rijden naar Ouistreham, waar Marc sinds een jaar of twee woont. Ouistreham is zo'n dorpje waarvan je er talloze vindt aan de kust van Normandië: een smalle hoofdstraat met veel toeristenwinkeltjes die koffie, crêpes, ijs en streekproducten verkopen; en veel statige strandhuizen met prachtige houten erkers en torentjes, waarvan sommige slechts door de boulevard zijn gescheiden van het strand.

Marc parkeert zijn auto vlak voor het strand bij een statig huis dat wel wat weg heeft van een minikasteel, inclusief toren en kantelen; geen slechte plek om te wonen. Niet veel later kijk ik vanaf de derde verdieping, waar hij woont, uit over het uitgestrekte strand recht voor de deur.

De rest van de avond praten we aan één stuk door en verwonderen we ons over hoe onze levens zijn gelopen: ik nog steeds altijd onderweg terwijl hij zich gevestigd heeft in zijn geboortestreek, waar hij werkt als kapitein op een veerboot die tussen Normandië en Jersey vaart.

Zijn appartement blijkt een prima plek te zijn om een paar dagen te bivakkeren, bij te praten en aardig wat flessen wijn te drinken. Maar Marc laat me ook de regio zien. Je vindt alleen al in dit deel van Normandië meer dan tweehonderd kilometer fietspad en we maken onder andere een lange tocht langs het kanaal naar Caen, waarna we terugrijden via het zuiden en weer naar de kust. Pal voor Marcs deur blijkt dé ideale kitespot van deze streek te liggen en omdat ze er gelukkig ook spullen verhuren kan ik een paar middagen geweldig kiten.

Een paar dagen na mijn aankomst moet Marc weer aan het werk op de veerboot en omdat ik nog niet direct naar huis hoef, besluit ik mijn terugreis naar Nederland even uit te stellen en twee dagen mee te gaan naar Jersey. Via de kustweg rijden we richting het zuiden. Mocht je hierheen gaan, neem vooral de tijd voor deze rit, want deze prachtige weg voert je langs een heel mooi stukje Frankrijk met groene glooiende velden, oude boerderijen en aan zee veel kleine baaien en verscholen

stranden die je helemaal voor jezelf hebt. Dit gebied is redelijk afgelegen en de huizen zijn hier dan ook spotgoedkoop: voor de prijs waarvoor je in Amsterdam een vierkamerappartement koopt, schaf je hier een kasteeltje aan. Onderweg passeren we onder andere Agon Coutainville, een dorpje waar aardig wat mooie huizen staan en Marc legt me uit dat veel Parijzenaren in deze plaats hun tweede huis hebben, dat vaak ook te huur zijn voor toeristen. Ook mooi is Regneville-sur-Mer, een klein plaatsje aan zee. In dit dorpje vind je een imposante oude ruïne, een café en een klein kampeerterrein dat direct uitkijkt over de baai. Vlak naast de camping vind je hostellerie de la Baie, een klein sfeervol hotelletje waar je niet zelden de enige gast bent en de eigenaar zelf voor je kookt. Normandië staat bekend om heel veel specialiteiten zoals de beroemde drank calvados, maar ook diverse kazen, ingeblikte vis en het speciale schapenvlees - omdat veel schapen hier langs de kust grazen, heeft het vlees een bijzondere, enigszins 'zoute' smaak.

Deze prachtige weg voert je langs een heel mooi stukje Frankrijk met groene glooiende velden, oude boerderijen en aan zee veel kleine baaien en verscholen stranden die je helemaal voor jezelf hebt

Eenmaal door de douane weet je direct dat je Frankrijk verlaten hebt, want een van de eerste dingen die je ziet is een grote fish and chips-tent aan de overkant van het havengebouw

De boot waar Marc op werkt vertrekt vanuit Granville, een klein stadje aan zee dat in een halvemaanvorm gebouwd is rond een grote baai. Het oude centrum ligt hoger dan de rest van Granville en kijkt uit over de haven, die volledig droogvalt als het eb is, waarna de talloze bootjes op het natte slib liggen te wachten tot het water weer terugkeert.
Vanuit de vissershaven kan je elke dag naar Jersey varen, een tocht van zo'n anderhalf uur. Omdat Jersey onder de Engelse kroon valt, moet ik wel eerst door de douane, waarna ik aan boord ga van het schip waarop Marc in zijn kapiteinsuniform al staat te wachten. Niet veel later varen we de haven uit en zetten we koers naar het westen.
Jersey is het grootste van de groep Kanaaleilanden die verder bestaat uit Guernsey, Herm, Sark, Alderney, Jethou, Brecqhou en Lihou. Ondanks het feit dat het slechts tweeëntwintig kilometer van de Franse kust ligt, hoort Jersey bij Engeland, hoewel er in de afgelopen eeuwen door Frankrijk en Engeland heel wat strijd is gevoerd over de eilandengroep, vooral in de achttiende eeuw. Dat resulteerde onder andere in de bouw van een groot aantal verdedigingswerken, waaronder de beroemde dertig ronde torens, die je nog steeds overal langs de kust ziet staan.
Tijdens de Tweede Wereldoorlog was Jersey het enige Engelse gebied dat bezet werd door de Duitsers en ook daarvan zie je nog sporen. Zo kan je een bezoek brengen aan de Jersey War Tunnels, een verzameling tunnels die men had gegraven en uitgehakt, en waar tijdens de oorlog zelfs een ondergronds ziekenhuis in gevestigd was.

Na een heftige boottocht van anderhalf uur - er staat een redelijk harde wind, dus voor sommige passagiers is het even afzien - doemt eindelijk Jersey op in de verte. Voor we de haven in varen passeren we eerst het prachtige Elizabeth Castle, gebouwd op het kleine eilandje Saint Helier, dat alleen bij eb vanaf de kust bereikbaar is. Niet veel later manoeuvreren Marc en zijn bemanning het schip de haven binnen en meren we aan.

Eenmaal door de douane weet je direct dat je Frankrijk verlaten hebt, want een van de eerste dingen die je ziet is een grote fish and chips-tent aan de overkant van het havengebouw. En er zijn meer onmiskenbaar Engelse zaken: links rijden bijvoorbeeld, maar ook Engelse winkels als Marks & Spencer en Topshop, de bouwstijl van de huizen en de smalle landweggetjes, omzoomd met lage heggen die over het eiland kronkelen. Toch heeft het eiland ook een heel eigen cultuur met onder meer een eigen bestuur, taal, vlag en munteenheid: de Jersey pound.
De haven ligt in het hart van de hoofdstad Saint Helier, die de laatste jaren enorm gegroeid is. Aan het water zijn onder andere talloze dure appartementen gebouwd die bestemd zijn voor de vele gefortuneerde Europeanen die Jersey als woonplaats kiezen. De reden daarvan is dat de Kanaaleilanden zogenoemde 'belastingparadijzen' zijn, omdat ze onder meer geen btw kennen en een veel lagere inkomensbelasting heffen. De eilanden vallen officieel onder de Britse kroon, maar zijn verder onafhankelijk en horen ook niet bij de Europese Unie. Wil je hiervan profiteren en er komen wonen,

dan moet je wel over een behoorlijk kapitaal beschikken, want met minder dan een miljoen euro op je bankrekening hoef je het niet eens te proberen.
Die rijkdom valt je ook al snel op als je hier even rondloopt; in Saint Helier is op bijna elke straathoek wel een (private) bank gevestigd, er rijden heel wat dure auto's en buiten de stad zie je talloze landhuizen met brede oprijlanen en niet zelden een golfbaan in de buurt. Toch kan je Jersey als toerist prima bezoeken zonder een dikke portemonnee, omdat uit eten gaan, autohuur en hotelovernachtingen niet veel duurder zijn dan op het Franse vasteland.
Nadat Marc zijn blauwe broek en witte blouse met gouden strepen weer verruild heeft voor een spijkerbroek en een zwarte trui, drinken we koffie op de boulevard. Morgenmiddag hoeft hij pas weer terug, dus hebben we anderhalve dag de tijd om rond te kijken. Marc is een groot liefhebber van goed eten en hij wil me graag meenemen naar een paar van zijn favoriete adressen.
Hoewel Jersey geen grote landbouwindustrie heeft, vind je op het eiland wel een bijzondere eetcultuur. Steeds meer restaurants hebben zich aangesloten bij de zogenoemde slow food-beweging, wat onder andere inhoudt dat ze zo veel mogelijk lokaal geproduceerd voedsel op de kaart zetten. Ook zie je overal langs de kant van de weg kleine stalletjes waar boeren en landeigenaren hun zelfgekweekte producten verkopen, voor heel weinig geld.
Met een gehuurde fiets rijden we als eerste langs de baai die zich meer dan zes kilometer uitstrekt vanaf Saint Helier naar het westen. Het strand is eindeloos breed en verlaten en aan het einde ligt St. Aubin's Harbour, een klein plaatsje met het bekende Somerville Hotel en The Boat House, een goed restaurant met een terras aan de haven.
We blijven er uren zitten en bestellen een fles lokale witte wijn, verse mosselen met gember en koriander, en een groene salade

met Jersey-cheddarkaas. De rest van de middag fietsen we over kleine weggetjes, eten het befaamde Jersey Cream-ijs op het uiterste zuidwestelijke puntje van het eiland, le Grouet, en lopen langs het uitgestrekte strand van Saint-Ouen, waar bij de juiste wind alle kite- en windsurfers zich verzamelen.

We slapen die avond in Longueville Manor, een redelijk chic hotel dat beroemd is door het restaurant dat erbij hoort, waar ze onder meer een Taste of Jersey-menu serveren met lokale specialiteiten. Omdat Marc een van de koks kent, krijgen we een kleine rondleiding door de keuken met een eigen rokerij; in een omgebouwd fornuis roken ze de zalm die ze 's morgens direct van de vissers kopen, acht uur lang voor de specifieke smaak. Ook wandelen we door de groentetuin waar de meeste groente die op de kaart staat, verbouwd wordt.
Wil je trouwens niet zo veel geld uitgeven aan een overnachting, neem dan een tent mee en kampeer op de Rozel Campsite, een prachtige plek waar je hetzelfde mooie uitzicht hebt.
De volgende dag rijden we verder over Jersey in een gehuurde Smart. We bezoeken de ruige noordkust met talloze hoge kliffen, kleine verscholen baaien en een van de mooiste zandstranden, Greve de Lecq, dat vroeger een oude smokkelhaven was.
Je kan hier de hele dag op een bedje liggen of een kajak huren en langs de kust varen naar baaien en grotten die alleen per boot bereikbaar zijn.
Jersey heeft trouwens een zogenoemd microklimaat: het is hier gemiddeld een paar graden warmer dan op het vasteland en het is er regelmatig mooi weer terwijl het in Normandië regent. Als we richting het oosten rijden, passeren we eerst het kiezelstrand van Rozel Bay met op de pier de beroemde eettent The Hungry Man. Het volgende dorpje aan zee is Gorey, met het indrukwekkende Mont Orgueil-kasteel, dat hoog boven de huizen uittorent.

Vlak bij Saint Helier stoppen we nog even bij Samarès Manor, een landhuis dat omgeven wordt door een gigantisch park met onder meer een bijzondere kruidentuin. In het bijbehorende Herb Garden Restaurant kan je niet alleen de zelfgemaakte lavendellimonade proberen, maar ook een Menu de Terroir bestellen dat voor meer dan tachtig procent bestaat uit lokale producten. Ook de moeite van een bezoekje waard is de La Mare Vineyard, waar ze plaatselijke wijnen verkopen en zelfgestookte appelbrandewijn.

Op de weg terug naar de veerboot zie ik een poster hangen voor het Jersey Filmfestival dat sinds kort elk jaar in september gehouden wordt en over een paar dagen zal beginnen. Volgens Marc is het een bijzonder evenement, omdat er films worden vertoond op heel speciale locaties: een oude kerk, een tunnel in het Tunnelmuseum, op de top van een klif en in een honderd jaar oude Belgische spiegeltent. Misschien moet ik dan morgen, als Marc weer moet werken, toch nog een keer met hem terugvaren naar dit eiland...

Meer informatie

Beste reistijd
April tot en met oktober.

Hostellerie de la Baie
Le Port 50590 Regnéville sur Mer

Restaurant The Boat House
www.theboathousegroup.com

Kanaaleilanden
www.kanaaleilanden.net

Longueville Manor
www.longuevillemanor.com

La Mare Vineyard
www.lamarewineestate.com

Rozel Campsite
www.rozelcamping.co.uk

Saint Elizabeth Castle & Mont Orgueil
www.jerseyheritage.org

Samares Manor
www.samaresmanor.com

Hotel Somerville
www.dolanhotels.com

Tunnelmuseum
www.jerseywartunnels.com

Mama Shelter

hotel

Hoewel ik bijna vijf maanden per jaar het land uit ben, hou ik er nog steeds van om in het weekend mijn tas te pakken en een buitenlandse stad te gaan verkennen. Parijs is een voor de hand liggende bestemming, maar het blijft altijd heerlijk om erheen te gaan!

Sinds Mama Shelter haar deuren heeft geopend, is het helemaal een feest om een weekendje Parijs te doen. Dit hotel is gevestigd in het minder bekende stadsdeel Saint Blaise, niet ver van Père-Lachaise, de beroemde begraafplaats waar onder meer Frédéric Chopin, Oscar Wilde en Jim Morrison begraven liggen.

Mama Shelter ligt aan een grote, doorgaande weg en op het eerste gezicht lijkt het hotel niet heel speciaal, eerder een grote moderne flat met een onopvallende entree. Eenmaal binnen merk je direct dat je toch met een bijzonder hotel te maken hebt. Overal in het pand zie je de hand van alleskunner en designer Philippe Starck, die onder meer het ontwerp van de kamers voor zijn rekening nam. Die zijn niet al te groot, maar wel voorzien van alle zaken die een hotelkamer geslaagd maken: een prima bed, flatscreen-televisie en een docking station voor je iPod.
Het fijnste aan Mama Shelter vind ik het

restaurant en de bar op de begane grond, achter de lobby. Deze grote ruimte staat vol met verschillende relaxte banken, stoelen en fauteuils, waardoor je hier de hele dag onderuitgezakt met een drankje en je laptop op schoot kan werken of een boekje kan lezen. Overal zijn kleine details die de plek net even iets extra's geven, zoals een open haard met een grote stapel stripboeken ernaast of de lange leestafel met ingebouwde televisieschermen waarop diverse zenders te zien zijn.

Ontbijten doe je aan de achterzijde van het hotel, in het restaurant, maar je kan ook buiten op het terras zitten (helaas met uitzicht op een muur, je kunt niet alles hebben). Het ontbijt is prima, net als de gerechten die je 's avonds in het restaurant kan bestellen. Zeker niet overslaan!

Het idee voor Mama Shelter komt van de bekende creatieve ondernemers Serge Trigano en zijn zonen (medeoprichters van Club Med), de filosoof Cyril Aouizerate en designer Philippe Starck. Deze heren participeren ook in de alternatieve nachtclub Flèche d'Or aan de overkant van de straat. Als gast van Mama Shelter sta je in het weekend op de gastenlijst van de club en kan je de lange rij voor de deur overslaan, ook niet verkeerd.

Wil je overdag de stad in, neem dan de metro of een van de goedkope huurfietsen die je op verschillende plekken in Parijs vindt. Bij dit systeem meld je je aan met je creditcard, waarna je op een van de opstappunten een fiets uit het rek kan halen. Vlak bij Mama Shelter is zo'n locatie. Rij de hele dag door de stad en lever de fiets in waar je maar wilt. Een van de belangrijkste voordelen van Mama Shelter is toch wel de prijs. Want in welke grote wereldstad vind je een designhotel waar je al een kamer kan boeken vanaf zo'n 80 euro?

Prijzen
vanaf 80 euro voor 1 pers.

Meer informatie
www.mamashelter.com

Buurt
www.mairie20.paris.fr

Ecuador

Maak op je reis in Ecuador een stop in de kleurrijke indianenstad Otavalo. De inwoners, de Otavalieno-indianen, zijn er goed in geslaagd hun eigen cultuur te behouden, juist door met de tijd mee te gaan en onder andere de textielnijverheid te moderniseren, wat een goede bron van inkomsten is voor het stadje. De gastvrijheid hier is overweldigend en er is een levendige markt. Ga ook zeker een drankje doen in een van de vele muziekbarretjes waar live wordt opgetreden.

www.otavalo.com

Italië

Het Italiaanse eiland Sicilië, in de Middellandse Zee, is een bestemming bij uitstek voor een fly & drivevakantie. In één week kan je al veel hoogtepunten van dit eiland zien. Denk aan de hoofdstad Palermo, de badplaats Mondello, het middeleeuwse plaatsje Cefalù en de tempelvallei. Afgezien van deze bezienswaardigheden is het heuvelachtige en gevarieerde landschap van Sicilië prachtig om doorheen te rijden. En je kan je natuurlijk ook gewoon overgeven aan het mediterrane leven op dit eiland: rustig aan, een kleine siësta in de middag, laat aan tafel, en voordat je de bar in gaat even langs de ijssalon.

www.landenkompas.nl

Indonesië

Alleen al vanwege de schoonheid zou deze plek heilig verklaard mogen worden: het gebedsoord Borobudur op Midden-Java, Indonesië. Het is een boeddhistisch heiligdom met verschillende etages vol zogenaamde stoepa's, de traditionele boeddhistische bouwwerken met daarin beelden van Boeddha. De lotusvormige tempel is waarschijnlijk in de achtste eeuw gebouwd en naar schatting hebben er zesenveertigduizend bouwers, dragers en beeldhouwers aan gewerkt.

www.buddhanet.net

Botswana

De Okavango-delta is ook in de droge periode een goede bestemming voor wildlife watching. Omdat dit moerasgebied wordt gevoed door de zestienhonderd kilometer lange Okavango-rivier, waarvan het water er een halfjaar over doet om vanuit Angola te stromen, staat in deze periode het waterpeil het hoogst. Dit zorgt voor voedsel en daar komen de dieren op af. Je bent hier dus niet aan de grillen van het regenseizoen overgeleverd voor een geslaagde safari.

www.okavango-delta.net

Europa, Caribisch gebied

Iedereen die wel eens de intocht van Sail Amsterdam heeft gezien, weet hoe mooi tall ships zijn! Er zijn heel veel mogelijkheden om op zo'n schip mee te varen, maar ben je tussen de vijftien en de vijfentwintig jaar, dan kan je je opgeven voor een reis met de Wylde Swan. In samenwerking met de stichting STAN (Sail Training Association Netherlands) worden korte en langere reizen in Europa, maar ook onder andere in het Caribisch gebied, georganiseerd waarbij je meevaart tijdens een tall shiprace. Tijdens dit spannende spektakel leer je alles over het leven op zee en maak je ook nog eens kennis met heel veel andere internationale deelnemers.

www.stanetherlands.nl

10 oktober

Op 1 oktober is het de Nationale Dag van de Volksrepubliek China. De overheid organiseert verschillende feesten met concerten en veel vuurwerk | **Op 12 oktober vieren Spanje en verschillende Zuid-Amerikaanse landen de Dag van de Hispanidad. Gevierd wordt dat Columbus in 1492 de Nieuwe Wereld ontdekte** | Op 28 oktober is het in Griekenland Nee Dag. Men herdenkt dat Griekenland weigerde in te gaan op een ultimatum van de Italiaanse politicus Mussolini, waarin hij een vrije doortocht voor zijn Italiaanse troepen eiste

10

LONG TRIP

Arizona, Verenigde Staten

oktober

Arizona

long trip

Oktober. Het jaar is alweer bijna voorbij. Een jaar vol reizen, afspraken, drukte en gekte. Omdat ik gemiddeld vijf maanden per jaar onderweg ben, zijn mijn dagen in Nederland altijd helemaal gevuld. Elke minuut probeer ik zo zinnig mogelijk te besteden. Langsgaan bij mijn familie, vrienden zien, op kantoor bijpraten, een vergadering, nog een vergadering en ga zo maar door.

Op die manier is het gedaan met de overvolle agenda, word ik niet de hele tijd achtervolgd met telefoontjes en zijn er geen vergaderingen waar ik nog even heen moet. Geen afleiding en eindelijk rust voor lijf en geest. Ik ben niet de enige die lijdt aan de welvaartsziekte genaamd stress en om die groep tegemoet te komen is er de laatste jaren een steeds groter aanbod

van zogenaamde ontspanningsreizen en -oorden. Zo kan je op yogavakantie naar Italië, kuren in Kroatië of mediteren in het Spaanse Andalusië. Wil je het liefst weg in het najaar, dan moet je het verder van huis zoeken. Bijvoorbeeld in het stadje Sedona, midden in het ruige landschap van Arizona. Meer dan 25.000 jaar geleden vestigden de eerste inheemse volkeren zich in het gebied dat nu Arizona heet. Pas in de zestiende eeuw werd de streek ontdekt door Europeanen, die op zoek waren naar goud. Algauw verloor men de interesse voor deze regio, omdat in de staat New Mexico meer te halen was. Na een korte periode waarin de Mexicanen de Amerikaanse streek in bezit hadden, keerde de rust weer terug totdat in 1863 de staat Arizona werd uitgeroepen. Dit leidde tot conflicten en uiteindelijk tot een oorlog met de Apache-indianen die het gebied al eeuwenlang bewoonden. Het werd een gevecht dat de Apachen verloren.
Er zouden nog meer buitenstaanders volgen die Arizona ontdekten. Eind negentiende eeuw werden grote voorraden koper en later zilver gevonden, waardoor tienduizenden gelukszoekers de staat binnentrokken, op zoek naar het grote geld.
In de jaren die volgden groeide de staat doordat grote irrigatieprojecten de droge grond steeds geschikter maakten voor landbouw. In hoog tempo dijde Phoenix, de hoofdstad van de

staat Arizona, uit tot een metropool waar tegenwoordig meer dan anderhalf miljoen mensen wonen. Daarmee is het de vijfde stad van de Verenigde Staten.
Het plaatsje Sedona ligt op zo'n tweeënhalf uur rijden van Phoenix, waar ik per vliegtuig ben aangekomen (met een klein oponthoud, omdat het presidentiële toestel met aan boord vicepresident Joe Biden voorging, die in Phoenix een congres bezoekt). Met de lange vlucht nog in mijn lijf besluit ik mijn verblijf goed te beginnen. Dat betekent niet meteen een auto huren en zelf achter het stuur kruipen, maar me laten vervoeren. Dit klinkt misschien duur, maar dat is het helemaal niet dankzij diverse vervoersbedrijfjes die je op het vliegveld vindt. Elk uur vertrekt er een minivan richting het noorden die je voor rond de vijftig dollar voor de deur van je hotel of op een andere bestemming afzet.
Mijn medepassagiers zijn drie dames. Een inwoonster van Los Angeles die een oude schoolvriendin gaat opzoeken, een oudere dame die vooral druk is met het uittrekken van de haarspelden uit haar ingewikkelde kapsel- om er zo goed mogelijk uit te zien voor haar nieuwe vriend - en een jong meisje met een gelukzalige glimlach die we met een reuzenkoffer afzetten bij een christelijk retreat, waar ze een maand zal verblijven om haar 'band met God' te versterken.
De tocht naar Sedona is prachtig en ondanks het tijdverschil blijf ik de hele rit wakker om naar het heuvelachtige landschap vol immense cactussen te staren. We klimmen via een bochtige weg naar een uitgestrekt plateau om vervolgens na een

halfuur weer de diepte in te gaan, richting het dal waarin Sedona ligt. Dan wordt het landschap pas écht mooi: immense, horizontaal gestreepte, rode rotsen die je de adem benemen, zo prachtig. Sedona ligt aan de voet van een aantal van deze schitterende bergen, en je begrijpt meteen waarom deze stad gezien wordt als een van de mooiste in het westen van de Verenigde Staten.
De plaats dankt haar naam trouwens aan Sedona Schnebly die, nadat hun winkel in Missouri failliet dreigde te gaan, samen met haar man Carl en zijn broer hier in 1902 de nederzetting stichtte die later zou uitgroeien tot Sedona. Toen het stel verhuisde, werd Sedona door haar vader uit zijn testament geschrapt en om dat enigszins te compenseren gaf Carl de nederzetting haar naam.

In tegenstelling tot in veel andere Amerikaanse steden gelden hier strenge bouwvoorschriften. Zo mogen de gebouwen niet hoger dan drie verdiepingen zijn en mag men slechts een paar natuurlijke kleuren, voornamelijk rood en bruin, voor de buitenkant gebruiken die ook in het landschap voorkomen. In de hele stad vind je geen grote billboards en 's avonds is slechts een bepaalde hoeveelheid kunstlicht toegestaan.
Dit zorgt ervoor dat Sedona op sommige plaatsen lijkt op te gaan in de omgeving. Niet voor niets is het een favoriete vakantiebestemming voor veel Amerikanen, ook al omdat het weer het hele jaar door goed is. De zomers zijn niet te heet omdat Sedona redelijk hoog ligt, en in de winter is het er redelijk mild, hoewel er af en toe een klein laagje sneeuw kan vallen in december en januari.

Ook celebs hebben Sedona ontdekt. Een dag voor ik aankom is acteur Al Pacino net vertrokken en actrice Jodi Foster heeft hier onlangs een weekje gelogeerd, maar ook yuppen uit grote steden zoals San Francisco en Los Angeles verblijven hier graag. Allemaal komen ze voor de adembenemend mooie natuur, maar

Dan wordt het landschap pas écht mooi: immense, horizontaal gestreepte, rode rotsen die je de adem benemen, zo prachtig

ook voor de speciale vibe die in de lucht hangt. Sedona is namelijk een plek waar je spirituele rust kan vinden en daar lijkt iedereen naar op zoek te zijn. Meer dan vier miljoen toeristen per jaar ontvangt de stad en dat aantal groeit alleen maar.
De spirituele belangstelling voor Sedona ontstond in de jaren tachtig. Aanhangers van de metafysica kwamen tot de conclusie dat deze plek een planetair krachtpunt zou zijn. Een punt waar, volgens hen, mentale en fysieke energievormen zonder enige belemmering de aarde kunnen verlaten. Ze noemden deze bron van energie 'vortex' en die is voor de aanhangers van deze new age-stroming de belangrijkste vorm van kracht. Vanaf die tijd stroomden de 'verlichte geesten' naar deze regio en tot op de dag van vandaag vind je nog steeds velen van hen in de omgeving. Overal in Sedona zijn kleine winkeltjes en bedrijven die gesticht zijn door de spirituele bewoners: tarotkaartlezers, helderzienden, zaken met kristallen, masseurs en ga zo maar door. Velen zijn tevens kunstenaar en ze laten zich inspireren door de prachtige rode rotsen in het gebied. Je vindt er dan ook meer dan vijftig galerieën. Deze 'kunst' is trouwens over het algemeen behoorlijk Amerikaans en voor ons Nederlanders toch vaak ietwat zweverig.
In Sedona raak ik op een terras aan de praat met Sean, een goed in zijn vel zittende jongen met een vrolijke lach. Nadat we het even over het weer hebben, dat deze week uitzonderlijk goed is (alleen maar zonneschijn en overdag temperaturen van rond de 25°C), vertelt hij me waarom hij hier is. Eigenlijk komt hij uit de staat Georgia, maar hij merkte dat hij een eentonig leven leidde dat vooral bestond uit geestdodend werk. Hij besloot zijn leven om te gooien en op zoek te gaan naar innerlijke groei. Dat bracht hem een paar maanden geleden naar Sedona en sinds die tijd is hij in de leer bij David Hawkins, een spirituele meester die in de stad lezingen geeft die iedereen kan bijwonen. Hij vertelt me dat hier een hele scene van mensen is die, net als hij, op zoek zijn naar geestelijke groei. Als je er de tijd voor neemt kan je hier heel makkelijk contacten maken en de juiste mensen vinden die je verder helpen met bijvoorbeeld goedkope

overnachtingsmogelijkheden en de juiste new-ageleraren.
Zoveel tijd heb ik niet; ik blijf maar vijf nachten en dat is veel te kort om mezelf te hervinden. Maar ik kan in ieder geval een begin maken.
In tegenstelling tot wat ik meestal doe, heb ik vijf nachten geboekt in een redelijk prijzig hotel: het Enchantment Resort, op zo'n vijf kilometer van Sedona. De ligging van het vakantiecomplex is werkelijk spectaculair: aan het einde van een dal, omgeven door hoge, horizontaal uitgeslepen rode rotsen die hier en daar begroeid zijn met lage struiken. Het resort is zo veel mogelijk tussen de bomen en de struiken aangelegd en het hoogste gebouw telt niet meer dan twee verdiepingen.
Er zijn een paar extra's die de kamers net even wat meer bijzonder maken. Zo vind je in elke kamer een (gas) open haard en heb je een balkon met daarop een barbecue, waarvoor je bij de roomservice een grillpakket kan bestellen om je eigen feestje te bouwen.

> De ligging van het vakantiecomplex is werkelijk spectaculair: aan het einde van een dal, omgeven door hoge, horizontaal uitgeslepen rode rotsen die hier en daar begroeid zijn met lage struiken

Maar daarvoor ben ik hier niet. De reden dat ik juist deze plek heb uitgekozen, is de Mii Amo Spa die bij het resort hoort. Deze spa is al jaren verkozen, door onder meer de lezers van het beroemde Condé Nast Traveller-reismagazine, tot een van de beste spa's van Noord-Amerika en om er gebruik van te kunnen maken moet je overnachten in het Enchantment Resort. Bijzonder is dat ze niet alleen de gebruikelijke behandelingen aanbieden, zoals massages en facials, maar dat veel speciale therapieën gericht zijn op persoonlijke groei. Er zijn handlezers, tarotkaartleggers, je kan je aura laten fotograferen, en is er een astroloog die je inzicht in je verleden en toekomst kan geven.

Daarnaast worden behandelingen aangeboden die moeilijker te omschrijven zijn. De Soul Seeker bijvoorbeeld, waarmee door middel van een vorm van hypnose je energiebanen worden gezuiverd. Of de Past Life Regression, waarbij je op zoek gaat naar vorige levens en de blokkades die daaruit voortvloeien en waar je nu mee te maken hebt.

Dan zijn er nog de behandelingen die teruggrijpen naar de plek waar we zijn, Arizona, oorspronkelijk het gebied van de Native Americans. Ik kies als eerste voor de Inner Quest, een behandeling waarbij men gebruikmaakt van planten die voor de indianen van belang zijn. Volgens de beschrijving is het een therapie die ervoor zorgt dat je weer in contact komt met jezelf en die de heilige wijsheid van de indianen in leven houdt.

Terwijl het buiten schemert lig ik op de behandeltafel en word toegedekt met een wollen deken met daarop een dessin van een in vieren gedeelde cirkel. De therapeute is een wat oudere dame met een vriendelijk gezicht en een dikke zwarte staart op haar rug. Ze steekt kruiden aan waardoor de ruimte zich vult met een bedwelmende lucht, waarna ze met een indiaanse drum om me heen loopt; ze slaat er zachtjes op

terwijl ze de geesten van dit gebied oproept met zacht geprevelde spreuken. Ik voel door dit tafereel een lichte drang om te lachen opkomen, maar besluit me volledig aan de behandeling over te geven en alles zo goed mogelijk te ervaren. Na een zachte massage met hete stenen laat ze me alleen en ik merk dat ik langzaam wegdommel.

Eenmaal terug wappert ze met een waaier van veren en sprenkelt kruiden om me heen. Ook krijg ik een lichtblauwe steen in mijn handen gedrukt die ik na afloop in een klein leren tasje mag meenemen. Die zal me beschermen op mijn reis. Ik heb er een beetje een dubbel gevoel over, omdat ik niet direct iets spiritueels ervaren heb. Wel voel ik op een of andere manier dat de mist in mijn hoofd aan het optrekken is. Ik ervaar een enorme rust in mijn hoofd, alsof de storm van gedachten is gaan liggen. Maar dat heeft waarschijnlijk ook te maken met het feit dat ik eindelijk een beetje tijd neem voor mezelf.
In het donker wandel ik terug naar mijn appartement. Nog lang blijf ik buiten op het terras staan om naar de Melkweg en de miljoenen sterren te staren die hier, bij gebrek aan stadslicht, haarscherp te zien zijn. De afgelopen maanden heb ik veel te weinig getraind, vaak omdat ik te moe was om na al het werk nog een stap te verzetten. Daardoor merk ik dat mijn lijf niet meer zo in vorm is als de afgelopen jaren en dat stoort me al tijden.
Daarom meld ik me om acht uur in de sportschool van de spa, voor een Zumbales. Als ik anderhalf uur later bezweet de zaal verlaat weet ik dat ik, eenmaal thuis, naast het hardlopen ook weer regelmatig naar dit soort lessen moet gaan. Mijn eerste goede voornemen is vandaag dus al genoteerd.
De spa beschikt ook over een binnen- en buitenzwembad, twee whirlpools, een sauna en een stoomruimte, en na mijn Zumba-escapades is het tijd om daar gebruik van te maken. Ik duik de stoomruimte in en beland midden tussen drie Amerikaanse vrouwen die elkaar blijkbaar net hebben ontmoet, maar meteen al een diepgaand gesprek hebben aangeknoopt. De vrouw rechts van mij blijkt net genezen te zijn verklaard van lymfeklierkanker en viert dat hier. Ook de twee dames op rechts maken zware tijden door want hun broer is vijf maanden geleden om het leven gekomen. Ik voel me enigszins beschaamd om zo tussen hen in te zitten, maar de dames vinden het juist fijn ervaringen met vreemden uit te wisselen. Binnen no time wordt er een verbond gesmeed, worden ervaringen en e-mailadressen uitgewisseld en strooien we rijkelijk met levenslessen in de trant van 'het leven is zo kostbaar, geniet van elke dag want het kan zo voorbij zijn'.
Als ze een kwartiertje later de ruimte

verlaten, blijf ik een beetje beduusd achter van zo veel informatie en emoties op de vroege morgen.
De rest van de ochtend doe ik niet veel meer dan zwemmen, in de zon liggen en vooral slapen, want mijn lijf protesteert, na het sporten van vanmorgen.

Als ik de volgende dag wakker word, is de zon net niet hoog genoeg om boven de rotsen uit te komen, waardoor het buiten nog aardig fris aanvoelt. Straks, als de zon gaat schijnen, wordt het een stuk behaaglijker, maar echt warm wordt het niet in deze tijd van het jaar. November is wat mij betreft een goede periode om in Sedona te zijn, juist door die kou 's morgens en 's avonds. Je hebt niet het gevoel dat je eindeloos buiten op een terras hoeft te blijven, maar je nestelt je de hele avond met een goed boek of, in mijn geval, een laptop voor de open haard. 'Rupsen' noem ik dat altijd: heerlijk lezen, eten en slapen. Dit is ook een goede reistijd voor dit gebied omdat er aanzienlijk minder toeristen zijn dan in de zomer. Sedona ligt op zo'n twee uur rijden van de Grand Canyon en dat zal je weten ook, want in het hoogseizoen is het in deze regio erg druk.
Ik besluit die ochtend een mountainbike op te halen bij de receptie van het hotel, om Sedona te bekijken en eens rond te neuzen bij de verschillende spirituele winkels. Ik heb nog nooit een tarotsessie gedaan en hoewel dit in de spa ook kan, lijkt het me een goed idee om het in de stad zelf te proberen, daar is het in ieder geval goedkoper, ik blijf een Nederlander.
Bijna een uur zit ik op de fiets richting Sedona, geheel tegen mijn gewoonte in zonder iPod om ook nu de rust in mijn hoofd zo veel mogelijk te bevorderen.
Het is even stevig doorbijten, want er zijn nogal wat hoogteverschillen, maar ik voel me sowieso al een stuk beter dan de voorgaande dagen, of misschien zelfs weken. Eindelijk beweeg ik weer. En dan nog wel in zo'n prachtige omgeving!
In de buitenwijken van Sedona staan dure villa's wat soms echt architectonische hoogstandjes zijn, die volledig lijken op te gaan in het landschap. De hoofdweg van het centrum, waar alle winkels aan liggen, is heel Amerikaans. Alhoewel, de eerder genoemde bouwvoorschriften zijn ook hier van toepassing. Zo heeft de plaatselijke McDonald's zelfs een groen logo in plaats van het vertrouwde geel, omdat dit te veel zou detoneren. Ook de shopping mall is zo neutraal mogelijk. Het winkelcentrum

LONG TRIP
Arizona, Verenigde Staten

oktober

bestaat uit bruine lage gebouwen met slechts kleine borden erop van grote ketens als Starbucks, Wal-Mart en andere.
Ik lunch in een van de vele alternatieve restaurants, in dit geval een vegetarische lunchroom waar ze fenomenaal eten bereiden. Ernaast ligt een esoterische boekhandel en op mijn zoektocht naar rust mag ik die natuurlijk niet overslaan. Dus sta ik een halfuur te staren naar titels als Engelen op aarde, Door angst sterker worden en De zeven chakra's voor beginners. Uiteindelijk wandel ik de winkel uit met Meditatie voor beginners, dat er nog enigszins begrijpelijk en niet al te zweverig uitziet. Daar moet ik vanavond maar eens aan beginnen.

Terug in de hoofdstraat zie ik de eerste spirituele zaak, en met enige aarzeling loop ik naar binnen. De ruimte is niet al te groot en wordt vooral gevuld door een tafel met folders, een kan thee en aan de wand diverse kruidenpreparaten en zweverige schilderijtjes. Ik word hartelijk begroet door een dame met grijs haar die meteen polst waarvoor ik kom, maar als ik meer informatie vraag, verwijst ze me naar een jong meisje dat met een chihuahua op schoot achter haar laptop aan het msn'en is. 'Het is mijn eerste dag dus ik weet nog niet zoveel,' vertrouwt de oudere vrouw me toe. Het meisje sjokt op me af en geeft me een folder. Ze bieden onder meer aurafotografie, handpalm lezen, toekomst voorspellen en hypnose. Met deze informatie moet ik het doen, want het meisje weet ook niet veel meer te melden dan dat de meeste therapeuten al naar huis zijn. Ik bedank de vrouw en het meisje vriendelijk en loop snel naar buiten. Dit lijkt me niet echt de plek waar ik 'het licht' ga zien.
Schuin aan de overkant van de straat heb ik meer geluk. Ook deze spirituele winkel is niet al te groot, maar het is er in ieder geval een stuk levendiger en ze verkopen er allerlei zaken voor lichaam en geest, zoals een uitgebreide collectie heilzame kristallen, tarotkaarten, Boeddhabeelden, yogamatjes en rustgevende cd's. De dame achter de kassa lijkt meer verstand van zaken te hebben en ook zij vraagt me wat ik nodig heb. Ik merk dat ik nog wat aarzel om mijn werkelijke beweegredenen te vertellen, maar ze lijkt het al te raden want ze wijst op een jong uitziende vrouw met lang donker haar en een wijde zwarte blouse. 'Dit is Janice en zij kan vandaag een reading voor je doen.' Dit is net het kleine duwtje dat ik nodig heb en even later zit ik met Janice in een kamertje achter de winkel.

Ze legt me uit dat ze werkt met tarotkaarten en daarnaast boodschappen doorkrijgt 'van boven' over wie ik ben en over de onderwerpen waarmee ik worstel. Nieuwsgierig naar wat ze te zeggen heeft, geef ik haar mijn rechterhand nadat ik een stapel tarotkaarten in drie stapeltjes neer mag leggen. Eén voor één legt ze de kaarten in een bepaalde volgorde voor zich en sluit haar ogen.

'Je bent onrustig,' zegt ze. 'Je weet dat je moet veranderen, maar het lukt niet. Het heeft ook te maken met het feit dat je altijd maar onderweg bent en jezelf geen rust gunt.' Verwonderd kijk ik haar aan. Dat is meteen aardig in de roos. Ze praat verder en vraagt me af en toe wat over mijn thuissituatie. Niet altijd heeft ze het bij het juiste eind, maar al snel noemt ze het feit dat ik op het water woon (juist), zegt ze dat mijn relatie soms moeilijk is omdat ik zoveel weg ben (inderdaad) en noemt ze mijn twijfel over het wel of niet krijgen van kinderen door mijn rare leven (ook juist). Drie kwartier later schud ik haar de hand. De hele weg terug op de fiets blijf ik nadenken over de dingen die Janice gezegd heeft en ik merk niet eens hoe zwaar het is om weer over de heuvels te klimmen.

De dagen die volgen rijgen zich geruisloos aaneen. Ik zit in warme baden onder de sterrenhemel, laat me masseren, lees mijn zojuist aangeschafte boek op een van de vele bedjes langs het binnenzwembad, onderga een kleurenbehandeling waarbij de therapeute aan de hand van de door mij gekozen flesjes met kleuren haarscherp mijn karakter neerzet; ik slaap meer dan ik in tijden heb gedaan en laat langzaam de rust over me neer dalen en mijn gedachten tot stilstand komen. Deze vijf dagen zijn veel te kort geweest om mezelf helemaal op te lappen, maar ik heb in ieder geval een heel goed begin gemaakt...

Meer informatie

Beste reistijd
Mei tot en met november.

Enchantment Resort
www.enchantmentresort.com

Mii Amo Spa
www.miiamo.com

Sedona
www.visitsedona.com

Salone Internazionale del Gusto
festival

Meer informatie
www.salonedelgusto.com

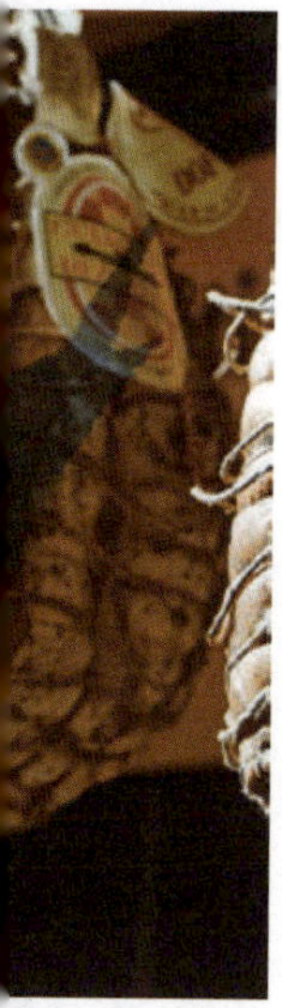

Als je meer dan twee jaar een relatie hebt met een Italiaan uit Calabrië, leer je heel wat over jezelf en je Nederlandse nationaliteit. Ik dacht bijvoorbeeld altijd dat ik wel iets wist van lekker eten, maar daar blijkt niet zo gek veel van te kloppen.

Wij Nederlanders gaan op zijn zachtst gezegd nogal nonchalant om met ons eten, met saus uit een pakje, pizza's uit de diepvries, cappuccino uit een blikje en stoommaaltijden van de Albert Heijn. Voor de gemiddelde Italiaan is dit een crime. Ik herinner me een trip naar mijn Italiaanse schoonfamilie, waarbij het vier dagen lang alleen maar om eten draaide. 's Morgens arriveerde de kokkin, die in no time een grote schaal met lokale groentes omtoverde in een geweldige lunch. Na de siësta was ze alweer terug voor het avondmaal.

Mijn meest memorabele culinaire moment is toch wel het bezoek aan de Salone Internazionale del Gusto, een jaarlijks terugkerend festijn in Turijn dat draait om slow food. Deze beweging verzet zich tegen de vele fastfood-zaken in de wereld en staat voor het behoud van de traditionele keuken en het oorspronkelijke gebruik van gewassen, zaden en dieren. De slow food-beweging telt ruim tachtigduizend leden uit meer dan vijftig landen, die tijdens de Salone del Gusto samenkomen. Nergens vind je zo'n verscheidenheid aan voedsel vanuit de hele wereld. Van vanille uit Mexico tot jam van huismoeders uit Transsylvanië. Daarnaast zijn er koks, wijnkenners en meer dan vijfhonderd voedingsproducenten aanwezig.
Je vindt er verder zo'n 254 stands waar je onder meer kaas, wijn en chocolade kunt proeven. Ook zijn er talloze andere evenementen die met eerlijk eten te maken hebben, zoals lezingen, kookdemonstraties, en nog veel meer.
Mijn kijk op voeding is in ieder geval voorgoed aangepast. Gelukkig at ik altijd al redelijk gezond (geen vlees en veel fruit), maar toch is er ook bij mij iets veranderd. Zo skip ik tegenwoordig zo veel mogelijk de supermarkt om de hoek en loop tien minuten verder, naar de natuurwinkel. Ik leer het wel…

Reizen per vrachtschip

Vlieg je van Amsterdam naar New York, dan ben je niet veel langer onderweg dan zeven uur. Neem je daarentegen een vrachtschip naar de andere kant van de Atlantische Oceaan, dan ben je toch algauw een week onderweg. Waarom zou je dan een reis met een vrachtboot maken? De reden is eenvoudig: omdat het draait om de reis zelf en niet om de bestemming.

Een reis op een kolossale containerschuit is de ultieme manier van slow travelling; reizen waarbij je alle tijd hebt om te genieten van de zee en je je dagen kan vullen met staren over de eindeloze oceaan, boeken lezen, een praatje maken met de bemanning en als je geluk hebt: scholen dolfijnen bewonderen die voorbij zwemmen. Zelf heb ik al een aantal keren zo'n reis gemaakt en ik vind het echt geweldig. Het is heerlijk om urenlang op het dek te zitten met je iPod op en volledig tot rust te komen. Zonder verplichtingen en zonder gestoord te worden door je mobiele telefoon.
Toch is het varen op een vrachtboot soms ook afzien door lange wachttijden bij de havens, zwaar weer en weinig comfort aan boord. Zo reisde ik drie jaar geleden per vrachtschip van de Azerbeidjaanse hoofdstad Baku naar de Turkmeense havenplaats Türkmenbaşy. Het begon er al mee we dat we een halve dag vertraging hadden voor het schip vertrok, omdat we moesten wachten op een deel van de lading. Mijn hut was vervolgens voorzien van een van de meest smerige bedden die ik ooit gezien heb, van porno aan de wand en dubieuze vlekken

in het matras. Eenmaal onderweg bleek er geen eten aan boord te zijn, sprak niemand Engels en maakte de motor een oorverdovend lawaai, zodat slapen vrijwel onmogelijk was. Als klap op de vuurpijl moesten we nog eens een etmaal wachten voor we in Turkmenistan eindelijk aan land mochten. Toch vond ik het echt geweldig, omdat het zo bijzonder was om als een van de weinige westerlingen aan boord te zijn en de Armeense bemanning te zien kaarten en wodka drinken; om de boot te verkennen die volgeladen was met treinwagons, en om de zon te zien opkomen terwijl kleine kleurige vissersbootjes langs voeren.

Wil je zelf ook zo'n bootreis maken? Hierbij enkele tips:

01 . De gemakkelijkste manier om een reis met een vrachtschip te boeken is via een gespecialiseerd reisbureau. Bijvoorbeeld de Engelse bedrijven The Cruise People of Cargo Ship Voyages. Ook in Nederland vind je een aanbieder van dit soort bootreizen, het in IJmuiden gevestigde Cargo Ship Cruises. Een paar jaar geleden heb ik contact met dit bedrijf gehad over een reis per schip en helaas trof ik toen een mevrouw die niet zo heel vriendelijk was, maar dat kan natuurlijk veranderd zijn...

02 . Veel van de grote zeevrachtmaatschappijen zoals CMA CGM en Bank Line bieden reizigers de mogelijkheid om mee te varen. Als betalende passagier heb je een eigen hut, mag je vrijwel overal komen en eet je elke dag mee met de crew. De bemanning zit weken of soms maanden op zee en vindt het vaak leuk als er nieuwe gezichten aan boord zijn.

03 . Je kan in principe vanuit elke grote havenstad in Europa vertrekken, dus ook vanuit Rotterdam. Andere opstaphavens in de buurt zijn IJmuiden, Antwerpen, Le Havre en Hamburg.

04 . Qua bestemmingen kan je echt overal naartoe, het hangt er vooral van af hoeveel tijd je hebt. Je reist vrijwel altijd naar meerdere bestemmingen, daardoor duren de reizen ook langer dan je misschien verwacht. Zo kan je bijvoorbeeld in een week van Antwerpen via het Ierse Cork naar Dublin reizen en weer terug. Maar het is ook mogelijk om in twee weken Finland te bezoeken, met onder meer stops in de Finse steden Turku en Helsinki. Tochten naar andere continenten duren langer: een enkeltje Canada vanuit het Italiaanse Genua, kost je zo'n vijftien dagen. In veertig dagen vaar je vanaf Europa naar Zuid-Amerika, waarbij je onder andere Venezuela en Brazilië bezoekt. Voor trips naar Azië en Afrika moet je sowieso een lange tijd uittrekken. De langste bootreis die ik kan vinden is een Round the World-tour van maar liefst 126 dagen! De route: Hamburg, Antwerpen, Genua, Suezkanaal, Jakarta, Singapore, Ho Chi Minh, Hong Kong, Sjanghai, Yokohama, Panamakanaal, Houston, New

Orleans, Camden en terug in Hamburg (waarschijnlijk kan je daarna even geen schip meer zien...).

05. De prijzen voor een reis per vrachtschuit verschillen enigszins, maar reken op zo'n honderd euro per dag. Dit is niet veel geld als je bedenkt dat alle maaltijden zijn inbegrepen. Op echte lange reizen gaan die prijzen omlaag. Zo betaal je voor de Round the World-trip van 126 dagen zo'n 8600 euro, en dat komt neer op nog geen zeventig euro per dag.

06. Op veel internationale scheepvaartroutes varen gecombineerde passagiers/cargomaatschappijen. Dat zie je bijvoorbeeld in regio's met veel eilanden, zoals bij Indonesië en de Filippijnen, maar ook in de Stille Zuidzee en rond Afrika. Op grote binnenzeeën als de Zwarte Zee en de Kaspische Zee kan je eveneens op deze manier meevaren. Vaak is maar een (heel) klein deel van de boot beschikbaar voor passagiers en de rest is bestemd voor de lading. Je koopt een ticket bij een rederij, net zoals je dat doet als je een ferry neemt. Hou er rekening mee dat het soms enorm omslachtig is om zo'n ticket aan te schaffen, vooral in landen waar slecht Engels wordt gesproken. Boeken via internet kan je sowieso bijna altijd vergeten.
Ook zijn deze rederijbedrijven vaak weinig servicegericht. Onderweg in Kazachstan kwam ik bijvoorbeeld een Engels stel tegen dat maar liefst negen dagen moest wachten voor iemand ze een kaartje wilde verkopen om per vrachtschip van Baku, in Azerbeidzjan, naar Kazachstan te varen.

07. Reis je met een gecombineerde passagiers/vrachtboot? Bereid je dan goed voor. Het vinden van de haven is vaak lastig. Neem een taxi, print vooraf een routebeschrijving uit in de lokale taal en betaal desnoods de chauffeur om met je mee te gaan naar het loket zodat hij vragen kan stellen aan de locals achter de balie. Ga je als vrouw alleen, zoek dan een reisgenoot, want niet zelden liggen de havens op achteraflocaties waar je redelijk kwetsbaar bent. Kijk de hele tijd alsof je precies weet wat je aan het doen bent, wees brutaal en doortastend. Besteed geld aan een goede hut (zie mijn ervaring op de Kaspische Zee). Stop je de purser wat extra's toe, dan krijg je vaak een van hun eigen hutten.

08. Tot slot: neem nooit een boot als je haast hebt of ergens op tijd moet zijn. Nergens ben je zo afhankelijk van diverse factoren, zoals de weersomstandigheden, als op zee.

Meer informatie

Algemene info
www.seaplus.com

Reizen boeken
www.cruisepeople.co.uk
www.freighterworld.com
www.freightercruises.com
www.cargoshipvoyages.com

In Nederland
www.cargoshipcruises.nl

Via een cargobedrijf
www.cma-cgm.com

Belgrado

short trip

12 Mei 2007. Ze is al lange tijd favoriet bij de bookmakers, maar Marija Šerifović moet het die avond in Helsinki nog wel waarmaken. Datgene waar heel Servië op hoopt gebeurt, want met 280 punten wint ze met haar ballad 'Molitva' overtuigend het Eurovisiesongfestival. De winst betekent ook dat Servië het jaar daarop het spektakel mag organiseren, iets wat het land goed kan gebruiken.

Een van de meest opvallende zaken van haar overwinning is het feit dat buurland Bosnië-Herzegovina Marija het maximale aantal punten heeft toegekend, bijzonder

als je de recente geschiedenis van de twee landen kent (zie pag. 194 over Sarajevo). Hoewel het 'maar' om het songfestival ging, was dit wel een teken dat de verhoudingen in deze regio langzaam aan het veranderen zijn.
Jarenlang was Servië een no-go area en niet alleen voor de Bosniërs. Alleen al de naam 'Servië' riep bij de meeste mensen negatieve associaties op, veroorzaakt door de oorlog. Maar na jaren het zwarte schaap van de Balkan te zijn geweest, krabbelt het land weer op en komen de toeristen langzaamaan weer terug.
Omdat Patrick Lodiers zijn eerste item gaat draaien voor 3 op reis ga ik ook een paar dagen mee.

Als ik aankom draait de crew, die al twee dagen aan het filmen is in een bewolkt Belgrado, nog een interview. Ik loop even rond in de belangrijkste winkelstraat, Knez Mihailova. Die is, helemaal als de lucht grijs is, redelijk deprimerend, maar het is wel een plek waar je een aantal goede terrassen vindt, zoals Pascucci.
Slenterend over straat snuif ik de geur op van geroosterde maïskolven en gegrilde ćevapi, populaire gehaktrolletjes die je overal kan kopen. Bij een marktkraampje luister ik naar 'turbofolk', de typisch Servische muziekstijl die een mix is van Servische liederen met een housebeat eronder. De wijk rondom de winkelstraat is een wonderlijke verzameling bouwstijlen waarbij mooie gebouwen uit de Habsburgse periode worden afgewisseld met vervallen communistische woontorens; echt mooi kan je het niet noemen.
Niet ver van het centrum staat ons hotel, een goed en betaalbaar designhotel waar ik in de late namiddag heb afgesproken met mijn collega's. Het is geweldig leuk om ze hier te zien en de hele avond praten we bij en drinken we Jelen Pivo, prima Servisch bier.

De volgende morgen is het gelukkig stralend weer en als we met alle apparatuur worden afgezet bij de Kalemegdan-citadel, moet ik direct mijn beeld van de stad bijstellen. Op het punt waar de rivier de Donau samenkomt met de Sava-rivier ligt, hoog op een heuvel, dit gigantische fort.

Na jaren het zwarte schaap van de Balkan te zijn geweest, krabbelt het land weer op en komen langzaam de toeristen weer terug

Al ten tijde van de Kelten, meer dan tweeduizend jaar geleden, werden hier de eerste fundamenten gelegd en in al die jaren is het fort talloze keren verwoest en weer opgebouwd. Nu vind je er vooral een grote muur, vanwaar je een prachtig uitzicht hebt over de stad. Binnen de muren ligt een groot park met onder meer een militair museum, een klokkentoren en een aantal mooie poorten.
Terwijl de crew enkele shots maakt, lig ik in het gras, eet pistachenootjes en praat met de gids over zijn leven hier in de stad. Hij houdt van Belgrado en zou nergens anders willen wonen, al heeft hij nog niet veel van de wereld gezien. Wel vindt hij het jammer dat zo weinig Europeanen de moeite nemen Belgrado zelf te komen bekijken, om de vooroordelen weg te nemen die bij veel mensen leven na de oorlog op de Balkan. Ondanks de oude wonden is er, volgens hem, een nieuwe generatie opgestaan die niets liever wil dan vooruitkijken en een normaal leven leiden.
Die middag gaan we richting de Donau, waar je grote parken en zelfs een lang fietspad langs het water vindt. Ondanks het feit dat Beograd (Belgrado in het Servisch) letterlijk vertaald 'witte stad' betekent, is het een van de groenste steden van deze regio. Aan de beroemde rivier de Donau, die dwars door Belgrado stroomt, ligt ook Zemun, een soort dorp op een eiland

binnen Belgrado en dé ontmoetingsplek voor veel Servische schrijvers, kunstenaars en filmers. Met een klein houten bootje kan je iedere dag op en neer tussen het eiland Zemun en het vasteland. Een ideale plek om de drukte van de stad volledig te vergeten en veel inwoners hebben er dan ook een klein vakantiehuisje.

We drinken thee op een terras met uitzicht op de Donau in de beroemde wijk Skadarska, een van de verborgen schoonheden van de stad. Met een beetje fantasie lijkt het wel wat op Montmartre in Parijs, door de kleine smalle straatjes met keien, kleurige huisjes, verschillende kunstgalerieën en terrassen waar hippe jonge inwoners van de stad hun koude biertjes komen drinken. De bar waar we zitten heeft trouwens niet de minste bezoekers gehad. Zo hangt er beneden een foto van de eigenaar samen met Sting, die hier regelmatig te vinden is.

Even later stappen we in de minibus op weg naar Sveti Sava, de grootste orthodoxe kerk van Servië, die je niet mag missen. Het gebouw ziet er vanbuiten prachtig uit, maar het vreemde is dat het al sinds 1894 wacht om afgebouwd te worden. Geldgebrek en verschillende oorlogen zorgen ervoor dat er in de kerk nog steeds talloze steigers staan. Er moeten onder andere nog enorme mozaïeken worden aangebracht, en het interieur moet nog verder bekleed worden met witte marmeren platen.

We klimmen de eindeloze, niet afgemaakte trappen op met aan de rechterkant een gapend gat waardoor je in de duizelingwekkende diepte kijkt. Buiten, bijna op de top, worden we beloond met een prachtig uitzicht over de stad. De gids

Buiten, bijna op de top, worden we beloond met een prachtig uitzicht over de stad

vertelt dat hij hier vaak kwam met zijn vrienden ten tijde van de bombardementen op Belgrado, nu meer dan tien jaar geleden. Met een krat bier keken ze nachtenlang naar de inslagen vanaf de volgens hem beste en meest veilige plek in de stad.
In tegenstelling tot wat je zou verwachten vonden deze bombardementen niet plaats tijdens de Balkanoorlog van 1992 tot 1995, maar hadden ze te maken met de kwestie Kosovo, een voormalige provincie van Servië. In die regio wonen vooral veel Albanezen en na het ontstaan van het onafhankelijke Servië in 1992 verloren ze, tot hun grote woede, hun autonome status. Eind jaren negentig ontstonden de eerste uitbarstingen van geweld in Kosovo, de Servische reactie op hun roep om onafhankelijkheid. De internationale gemeenschap ging zich vervolgens met de zaak bemoeien, maar een vredesoverleg mislukte. Ondertussen begon de staat met het 'zuiveren' van Albaniërs, als reactie op de opstanden in Kosovo, waardoor honderdduizenden mensen op de vlucht sloegen. De NAVO reageerde daar weer op met een 78 dagen durend bombardement op Belgrado, waarbij vooral fabrieken, overheidsgebouwen en militaire objecten het doelwit waren, maar ook onbedoelde locaties, zoals de televisietoren, werden geraakt. Er vielen ook burgerslachtoffers. Uiteindelijk trok Servië zich een jaar later terug uit Kosovo, onder druk van de luchtaanvallen.
In de zomer van 2010 werd door het Internationaal Gerechtshof bepaald dat Kosovo het recht heeft om als onafhankelijke staat te bestaan, ondanks het feit dat de Serviërs Kosovo nog steeds als een eigen provincie beschouwen.
De NAVO-bombardementen zijn het enige oorlogsgeweld dat Belgrado sinds de Tweede Wereldoorlog (waarin de stad zwaar onder vuur kwam te liggen) te verduren heeft gehad. In tegenstelling tot de hoofdstad van Bosnië-Herzegovina, Sarajevo, zie je hier dus geen kogelgaten in de huizen en de flats. Wel heeft het stadsbestuur besloten een aantal gebouwen te laten staan op onder meer het Slavija-plein, gebouwen die tijdens de bombardementen hevig beschadigd raakten, als herinnering aan die tijd.

In Belgrado gaat het leven inmiddels zijn normale gang en is er een nieuwe generatie jongeren die de oorlog en alle ellende niet bewust heeft meegemaakt. Die lichting is elk weekend in de stad te vinden om flink te feesten. Bijzonder is dat Belgrado onder jonge Europeanen langzaam bekendheid krijgt vanwege het nachtleven; elk weekend, vooral in de zomer, wemelt het in het centrum van de jongeren die hier komen stappen.

Wij beginnen die avond met een diner van gegrilde vis op een restaurantboot op de Sava. De koude Servische witte wijn doet bij mij aardig zijn werk en enigszins onstabiel loop ik de deur binnen van een statig pand in het hart van de stad. Gestart als een ontmoetingsplaats van tegenstanders van Milosevic eind jaren negentig, is deze bar nu uitgegroeid tot een populaire plek waar veel artistieke jongeren komen en er treden regelmatig muzikanten op. De naam van de bar heeft ook een bijzondere naam: Federal Association of Globetrotters en dat slaat weer op het feit dat dit café vol hangt met souvenirs uit de hele wereld die de bezoekers hebben meegenomen. Een plek om lang te blijven hangen.

Naast vele bars en discotheken in de hele stad vind je in Belgrado de zogenoemde spavlovi, drijvende clubs op de Donau en de Sava. Alles bij elkaar is er hier op het water een strook van meer dan tweeënhalve kilometer vol nachtclubs en restaurants, die vooral in het weekend afgeladen vol zijn. We lopen de loopplank naar club Freestyler over en terwijl Patrick zijn eindpresentatie

doet, begeef ik me tussen de mensenmassa die vooral bestaat uit 'gewone' mannen en oogverblindend mooie vrouwen. Ik kijk mijn ogen uit; op een balkon boven de massa dansen twee halfnaakte vrouwen naast de dj. Op de boot ernaast is de setting hetzelfde, en daar word ik aangesproken door de Nederlander Menno en zijn vriend Guillermo. Ze zijn naar Servië gekomen om een week lang volledig los te gaan in het nachtleven en zich te vergapen aan de bloedmooie vrouwen. Volgens Menno is het uitgaansleven in Belgrado zo veel beter dan in Nederland dat hij zich erover verbaast dat nog maar zo weinig landgenoten hiernaartoe komen. Ik glimlach en bestel aan de bar een biertje. De avond is nog lang...

Meer informatie

Beste reistijd
Mei tot en met oktober

Meer informatie
www.belgradeeye.com
www.belgradenet.com

Café Pascucci
Terazije broj 8

Freestyler
www.splavfree.rs

Federal Association of Globetrotters
Bul. Despota Stefana 7/-1
011 32 42 303

Luthan Hotel & Spa

hotel

Filmen in Saoedi-Arabië: dat leek volslagen onmogelijk. Het is door de strikte regelgeving niet eenvoudig als toerist het land te bezoeken, laat staan om er met je camera binnen te komen.

Toch is er de laatste jaren een verandering gaande in dit gigantische land in het hart van het Midden-Oosten. Saoedi-Arabië tast namelijk langzaam de mogelijkheden af van het ontwikkelen van een toeristenindustrie. Daar heeft het land een goede reden voor, want het is prachtig met hoogtepunten als de Madain Saleh, de enorme uit rotsen gehakte tempels.

Nadat wij in contact komen met een uiterst vriendelijke dame die eerder voor een Nederlandse documentairemaakster toegang heeft weten te regelen, krijgen ook wij het felbegeerde visum. En dus reis ik af naar dit verborgen land, waar we in het Westen maar zo weinig van weten en zo veel vooroordelen over hebben.

Daar blijken er een aantal van te kloppen: zo mogen vrouwen hier niet autorijden, moeten ze gesluierd over straat en mogen ze niet stemmen. Maar waar je ook achter komt, is dat veel Saoedische vrouwen naar

de universiteit gaan en steeds meer van hen een goede baan weten te bemachtigen. Sinds kort is er daarnaast een nieuwe regeling van kracht, waardoor vrouwen nu ook in gemengde hotels mogen verblijven zonder aanwezigheid van een mannelijk familielid. Wederom een voorzichtige stap om vrouwen meer vrijheid te geven, hoewel er nog maar weinig dames zijn die hier daadwerkelijk gebruik van kunnen maken.

Om het vrouwen makkelijker te maken er eens op uit te gaan, is er in 2008 een nieuw hotel geopend in de hoofdstad Riyad, het Luthan Hotel & Spa. Het bijzondere is dat dit hotel, dat in handen is van twintig Saoedische prinsessen en zakenvrouwen, alleen toegankelijk is voor vrouwen en ook volledig door hen wordt gerund. Iedereen, van de bellboy via degene die de klusjes uitvoert tot de bedrijfsleider, is vrouw. Voor mannen is dit hotel verboden terrein en aangezien ik met een mannelijke regisseur en cameraman op stap ben, ga ik alleen naar binnen met een kleine camera. Ben je eenmaal langs de receptie, dan kan je in een speciale ruimte je chador (het gewaad dat elke Saoedische vrouw buiten draagt) uittrekken.
Het hotel zelf is modern en voor onze westerse smaak misschien wat kitscherig ingericht, maar heeft wel een prachtige spa. Het is een verademing om te zien dat vrouwen hier in hun gewone kleding kunnen rondlopen, met elkaar thee drinken op het dakterras of tijdschriften lezen in de ontspanningsruimte bij de spa. Hopelijk is dit een tafereel dat in de toekomst in Saoedi-Arabië veel vaker normaal zal worden...

Meer informatie
www.luthanspa.com

Australië

Aan de oostkust van Australië, Queensland, liggen de Whitsunday Eilanden: ruim negentig eilandjes waarvan een klein gedeelte de status van nationaal park heeft gekregen. De eilanden zijn kleine paradijsjes op zich, met goede snorkelplekken. Vanuit Airlie Beach, aan de oostkust van het vasteland, kan je verschillende boottrips regelen, met een zeilboot of catamaran. Een goede manier om de archipel te verkennen is met een driedaagse cruise; best luxe, en vaker nog goedkoper dan overnachten in een van de resorts op de eilanden zelf.

www.whitsundaytourism.com

Vietnam

Ga je naar Vietnam, maak dan een reis over de Mekong-rivier en door de Mekong-delta, het gebied ten zuiden van Ho Chi Minh, grenzend aan Cambodja. De Mekong-delta bestaat uit een web van rivieren en rijstvelden. Onderweg krijg je een goede indruk van het leven in dit deel van Vietnam: overal zijn mensen aan het werk, ze wassen, zwemmen of varen, en er wordt uitbundig gezwaaid. Goed vertrekpunt voor je tocht is de stad Ho Chi Minh, het voormalige Saigon.

www.mekongdelta.vietnamjourney.nl

Zuid-Afrika

Wandel de Hoerikwaggo-trail, een prachtige hike op en rond de Tafelberg in Zuid-Afrika, van Kaapstad tot Kaap de Goede Hoop. In dit beschermde natuurgebied kan je onder andere bavianen, struisvogels en de zeldzame Afrikaanse suikervogels tegenkomen. Er zijn wandelingen van twee tot zes dagen. Vanaf de Tafelberg kijk je op elfhonderd meter uit over Kaapstad en de zee. Het leukst is om de trail met een gids te lopen, zodat je geen bijzondere dieren of planten over het hoofd ziet.

www.tablemountainwalks.co.za

De Iguazú-watervallen

Vanuit Paraguay én Argentinië kan je naar dit natuurlijke wereldwonder toe gaan; op de plek waar deze drie landen samenkomen, stromen de watervallen van Iguazú. In totaal zijn de watervallen meer dan twee kilometer breed; met een oorverdovend geluid storten ze zich in een tachtig meter diepe kloof. Door de grens tussen Argentinië en Brazilië loopt de grootste: de Garganta del Diablo (duivelskeel). Omdat je vanuit Brazilië het beste uitzicht hebt over de watervallen, maar je vanuit Argentinië dichterbij kan komen, wordt er wel gezegd: Argentinië levert de watervallen terwijl Brazilië van het uitzicht geniet.

www.reisbijbel.nl

Kreta

Heb je zin om de herfst nog even uit te stellen, dan kan dit in het stadje Paleochora, op een landtong in het zuidwesten van Griekenland. Het water bij het strandje aan de westkant, Sandy Beach, is ideaal om te windsurfen. Langs Pebble Beach aan de oostzijde vind je de meeste restaurants en vindt het uitgaansleven plaats. Van oudsher is Paleochora een vissersdorp, maar nadat de hippies het ontdekten in de jaren zestig is het toerisme hier toegenomen. Een aanrader is om vanuit Paleochora met de boot naar het eiland Gavdos te gaan, een van de zuidelijkste eilanden van Europa

www.thepaleochorasite.com

11

november

Doordat in november de dagen steeds korter worden en de temperatuur daalt, wordt november vaak gezien als een sombere maand | **11 november is de Nationale Onafhankelijkheidsdag in Polen** | Op 1 en 2 november viert met name Mexico de Dia de los Muertos, de dag van de doden. Dit feest heeft een vermelding op de Lijst van Meesterwerken van het Orale en Immateriële Erfgoed van de Mensheid van UNESCO | **Ook in de rest van Latijns-Amerika, de Verenigde Staten en op de Filipijnen wordt de Dia de los Muertos gevierd**

november

Iran

long trip

In de herfst van 2007 is het eindelijk zo ver: ik ga naar Iran, een reis waar ik al lang naar uitkijk. Uiteraard is deze trip geen simpele onderneming. Zo moet je in Iran als vrouw altijd een hoofddoek dragen en je armen en benen bedekken. Toch is het voor mij een van de meest bijzondere bestemmingen die ik dit jaar bezoek.

Helaas heeft Iran de afgelopen jaren een zware tijd doorgemaakt met de opstand en de harde reactie daarop van het bewind, waarbij veel doden vielen en de regels verder aangescherpt werden. Toch wil ik Iran niet overslaan in dit boek. Het is een van de mooiste bestemmingen in dat deel van de wereld, waar je je ogen uitkijkt maar ook onvoorstelbaar veel hartelijkheid zal ontmoeten. Iran stond aan de wieg van de westerse beschaving en je struikelt er bijna over de prachtigste historische gebouwen. Het is ook een natie waarvan de bevolking het al eeuwenlang zwaar te verduren heeft,

Het meest speciale van het hotel zijn de gasten, zelden heb ik zoveel hardcore reizigers bij elkaar gezien

maar desondanks blijft men vooruitkijken. Door dit land zelf te bezoeken en de mensen te ontmoeten, leer je het beter kennen en begrijpen.
Iran is ontzagwekkend groot en er is veel te zien, dus moeten we keuzes maken, ook al omdat we een kort visum hebben gekregen dat maar zes dagen geldig is. We besluiten Teheran over te slaan; deze immense metropool met zijn twaalf miljoen inwoners is volgens velen gekmakend en zeker te missen als je niet veel tijd hebt. Als eerste bestemming kiezen we daarom de centraal gelegen stad Yazd, niet al te ver van de grote woestijn in het hart van Iran. Eigenlijk willen we zo veel mogelijk met het openbaar vervoer reizen, maar de afstanden zijn hier zo groot dat we onze kostbare tijd dan vrijwel uitsluitend in trein of bus zouden doorbrengen en daarom nemen we het vliegtuig. Opmerkelijk is dat vliegtickets hier bijna niets kosten omdat de kerosine zo goedkoop is en dus vliegen we voor minder dan twintig euro in anderhalf uur dwars door het land, van Teheran naar Yazd. Het toestel van Iran Air, een oude Russische Toepolev, ziet er niet al te geruststellend uit met zijn zwartgeblakerde staartmotor, de dikke zilveren vleugels en een interieur dat sinds de jaren zeventig niet veranderd is. Ik zet maar weer eens voor de zoveelste keer mijn verstand op nul en twee uur later zijn we er, veilig en wel. Yazd ligt

midden in de woestijn, aan de rand van een berg. Van bovenaf gezien lijkt deze plaats op een stad als het Marokkaanse Marrakech; een doolhof van kleine straten en lemen huizen, die via de daken met elkaar in verbinding staan. Een stad waar je eindeloos in kan verdwalen!

Per bus worden we eerst afgezet bij het Silk Road Hotel, onze slaapplaats voor vannacht. Daar wacht ons meteen een verrassing: de Nederlandse eigenaar Bas! Al bijna twee jaar woont hij hier in Yazd, als enige buitenlander. We zitten uren te praten terwijl we muntthee drinken en platte witte broden met fetakaas eten. Zijn reis begon een tijd terug in Istanbul en het was de bedoeling om door te reizen naar Pakistan. Hij werd echter spontaan verliefd op Iran, en nadat hij hier in het Silk Road Hotel was aangekomen wist hij dat hij wilde blijven.

Nu is dit hotel een oase voor backpackers en reizigers die, net als Bas, veel langer dan gepland blijven hangen op de koele binnenplaats, liggend op de oriëntaalse bedden met dikke kussens. Er staan bloemen en planten in potten, er groeien rozen en in het midden van de binnenplaats ligt een kleine blauwe vijver. Het meest speciaal zijn de gasten want zelden heb ik zo veel hardcore reizigers bij elkaar gezien. In het Silk Road Hotel komen de echte bikkels, de reizigers die hier per fiets, per motor, per four-wheel drive of zelfs te voet naartoe komen.

Zo zijn er de twee Japanners met Palestinasjaals om die een documentaire maken, een Duitse dame van in de vijftig die al vijfendertig jaar onderweg is, en twee Duitse fietsers die net begonnen zijn met hun reis om de wereld. Het is een bonte verzameling paradijsvogels; kleurrijke karakters die wekenlang verhalen kunnen vertellen, veel meer dan ik zelf ooit zou kunnen.

Het is een bonte verzameling van paradijsvogels; kleurrijke karakters die wekenlang verhalen kunnen vertellen, veel meer dan ik zelf ooit zou kunnen

Het hotel zelf is gevestigd in een oud lemen pand. Het telt slechts negen kamers die allemaal rondom de binnenplaats liggen. De ligging van het Silk Road Hotel is prachtig: midden in het oude centrum, pal naast de Jameh-moskee. Die is oogverblindend mooi, met enorme minaretten, typische blauw-witte tegels en een prachtige toegangspoort waardoor diepgelovigen haastig naar binnen schuifelen voor het gebed. In het centrum bevindt zich een doolhof van kleine smalle straatjes waar je in een mum van tijd kan verdwalen. Iraniërs noemen dat labyrint de peacemaking alleys, oftewel 'vredestraatjes': stegen die zo klein zijn dat als je iemand tegen komt die je niet mag, je die persoon toch echt gedag moet zeggen.

Om halfeen staat onze bus voor en rijden we naar een buitenwijk die minder traditioneel is. Hier woont de familie Imani, die ons heeft uitgenodigd voor een echte Iraanse lunch, de belangrijkste maaltijd van de dag. Opvallend is dat Iran niet echt een restaurantcultuur heeft: de familiebanden zijn hier zo hecht dat men meestal thuis eet als er iets te vieren valt. Daarbij komt nog dat de gemiddelde Iraniër vindt dat zijn vrouw de allerbeste kok is die er bestaat, waardoor er weinig reden is om buiten de deur te eten. En dus zijn er voor toeristen over het algemeen alleen veel fastfoodrestaurants (hoewel er in de grote steden en in belangrijke plaatsen als Yazd natuurlijk wel een paar goede restaurants te vinden zijn).
Even later worden we welkom geheten door de familie Imani, bestaand uit vader, moeder en drie dochters. Het huis is ruim, maar eenvoudig. Er staan geen tafel en

stoelen, maar op de grond liggen dikke tapijten om op te zitten en een simpel plastic tafelkleed waar het eten op wordt uitgestald. Het ziet er heerlijk uit: een Iraanse specialiteit van groente, linzen en rundvlees, witte platte broden, gesmoorde kippenpoten, verse kruiden, een schaaltje yoghurt, een schaaltje salade en natuurlijk een enorme schaal rijst met op de bodem krokant gebakken schijven aardappel, het lekkerste onderdeel van de rijstschotel.
Er is veel meer dan we ooit op kunnen. Als je in Iran wordt uitgenodigd voor het eten, zal de gastvrouw of gastheer er alles aan doen om het de gasten volledig naar de zin te maken. Het eten smaakt heerlijk en na afloop bedanken we de familie met wat kleine cadeautjes uit Nederland.
We hebben die middag afgesproken met Bas om te gaan kijken naar zurkhaneh, een typisch Iraanse sport. Het lijkt op worstelen, maar eigenlijk is het een mengeling van dans, religie, conditie- en krachttraining en poëzie, en dit alles onder begeleiding van opzwepende trommels en gezang. Op de maat van de muziek bewegen de mannen met hun lichaam, draaien ze hun lijven,

roepen ze teksten en zwaaien met hun armen. Fascinerend om te zien, maar er is één nadeel: er hangt een bijna ondragelijke zweetlucht.
Drie kwartier houden we het uit, dan ontvluchten we de ruimte, ondanks het feit dat het een prachtig spektakel is. We eten een ijsje om de hoek; bij gebrek aan cafeetjes waar je een biertje kan drinken, hebben ze hier winkeltjes waar je verse sapjes en ijs kan kopen. Heerlijk, vooral het granaatappelijs en de bananenmelk met gemalen pistachenootjes en kokos.

De rest van de avond zitten we op de binnenplaats van het Silk Road Hotel. We drinken Islamitisch bier (zonder alcohol) en praten over Iran, de Nederlandse televisie, George Bush, drop, motoronderdelen in Kazachstan en nog veel meer. Dit hotel is een plek om niet snel te vergeten.
De volgende morgen zeggen we Bas gedag en nemen de bus naar Isfahan, een rit van ongeveer vier uur, dwars door de droge woestijn. De route is niet echt mooi, door het vlakke en dorre laagland, met veel industrie. Wel het bekijken waard zijn de indrukwekkende bergmassieven en de historische burchten waar we af en toe langs rijden: eigenlijk is Iran één groot openluchtmuseum zonder hekken.

De hele middag reizen we door het lege woestijnlandschap richting het oosten. Gelukkig wordt het uitzicht steeds mooier met ruige kale bergen die plotseling uit het landschap omhoogrijzen.
In Esfahan aangekomen checken we eerst in bij het Sadaf Hotel, een monsterlijk kitsch hotel met veel spiegels aan het plafond en namaakbeelden. De grote eetzaal met witte tegels op de vloer is helemaal leeg, op één tafel na waar een groepje jongeren zit. Ik raak met ze aan de praat en het blijkt dat een van de jongens zijn zeventiende verjaardag hier viert samen met vrienden en vriendinnen.

Het bekijken waard zijn de indrukwekkende bergmassieven en de historische burchten waar we af en toe langs rijden. Eigenlijk is Iran één groot openluchtmuseum zonder hekken

Het valt me meteen op dat ze redelijk progressief gekleed zijn; ze dragen aardig strakke spijkerbroeken en shirts, en de hoofddoeken van de meisjes zijn wat losser getrokken, zodat je een gedeelte van hun kapsel kan zien. Ook zitten ze gearmd en niemand lijkt zich daar erg druk om te maken. 'Ik heb mijn vriendin zelf kunnen kiezen,' zegt een van de jongens. 'In andere zaken zijn we nogal gebonden, bijvoorbeeld als het gaat om een studie, want onze ouders hebben grote invloed op de studierichting die we gaan doen. Qua vrije tijd zijn er maar weinig plekken waar we een feestje kunnen geven en daarom zitten we hier in een lege hotel-eetzaal. Ook moeten we om negen uur weer thuis zijn en is roken en drinken uit den boze. Hoofddoeken dragen de meisjes liever niet, maar dat is nu eenmaal hoe het hier gaat.'
Ondanks die beperkingen lijken ze verder in alles op jongeren bij ons in Nederland. Ze dragen moderne kleding, hun haar is goed geknipt, de meiden dragen make-up en hun hoofddoeken zijn van prachtige stoffen. De groep is heel nieuwsgierig naar waar wij vandaan komen en wil dolgraag met ons op de foto.
Als het donker is lopen we naar het Imamplein, het belangrijkste stadsdeel én het op

een na grootste plein van de wereld; alleen het Plein van de Hemelse Vrede in Beijing is groter. Het is vrijdag, het begin van het weekend, en het is er daarom een drukte van belang. Overal op het gras zitten families op grote picknickdekens met manden vol eten en drinken en er staan zelfs kleine barbecues, zodat er ter plekke kebab gegrild kan worden. Met een beetje fantasie zou het zo een stadspark kunnen zijn in Amsterdam of Rotterdam op een warme zomeravond.
We eten die avond in een restaurant aan het Imam-plein, Bastani, waar we heerlijke saffraanrijst, gegrilde auberginepuree en gekruide groentestoofschotel krijgen voorgezet. Ze serveren hier ook Khoresh fesenjoon, een gerecht dat je niet vaak op de menukaart vindt maar dat typisch Iranees is: kip overgoten met een saus van walnoten, granaatappel, suiker en kardemom. Niet te missen!

In het café zelf staan diverse kleine tafels waar inwoners van de stad sterke thee drinken en met elkaar de verhalen van de dag doornemen

De volgende morgen bezoeken we de Imam-moskee, een van de belangrijkste monumenten van dit gebied. Het is een immens complex met in het midden een grote binnenplaats, maar helaas wordt de moskee net verbouwd dus is er weinig te zien van de prachtige blauwe koepels. Daarna gaan we door naar de rivier de Zayandeh, heel populair bij de inwoners van de stad. Stelletjes varen in witte bootjes, die de vorm van een zwaan hebben, en langs de kant zitten gezinnen op bankjes; ze maken foto's van de omgeving. Onder aan het begin van de Si-o-se polbrug zit een geweldig klein theehuis: Qahveh-Khanih. In de keuken staat een groot fornuis met enorme ketels vol heet water. In het theehuis zelf staan diverse kleine tafels waar de inwoners van de stad sterke thee drinken en met elkaar de verhalen van

پارکینگ
عمومی

de dag doornemen. Erg leuk zijn ook de oude gebruiksvoorwerpen aan de muur en aan het plafond, en de foto's van filmsterren, olielampen, schilderijtjes en ga zo maar door.
Daarna gaan we door naar de Armeense wijk: het meest moderne district, met redelijk Europees-aandoende winkels en veel westers uitziende jongeren. Ook zie je regelmatig meisjes die net een neusoperatie hebben gehad, de pleisters zitten nog op hun neus. Omdat Iraanse vrouwen in het openbaar altijd een hoofddoek moeten dragen, besteden ze extra veel aandacht aan hun gezicht: bijna nergens op de wereld worden er zo veel 'nose jobs' uitgevoerd als hier. Daarnaast zit het zichtbare haar altijd fantastisch en gebruiken bijna alle (jonge) vrouwen make-up.
Ook in het Armeense deel van de stad valt trouwens weer op hoe vriendelijk iedereen is want heel wat keren worden we aangesproken door nieuwsgierige passanten die vriendelijk lachen en alles van ons willen weten.

Na de lunch bezoeken we een plek die alles te maken heeft met de geschiedenis van Iran. Op een kwartier van het centrum ligt namelijk de begraafplaats van de soldaten uit de Iran-Irakoorlog, een trauma dat tot op de dag van vandaag zijn uitwerking heeft op de samenleving. Wat voor ons de Tweede Wereldoorlog is, is voor de inwoners van Iran deze strijd, die woedde van 1980 tot 1988. Meer dan een half miljoen Iraniërs (en even zo veel Irakezen) lieten hierbij het leven, en miljoenen mensen verloren huis en haard.
In veel steden in Iran zie je nog steeds grote posters van de 'martelaren', zoals ze hier genoemd worden: soldaten en burgers die stierven tijdens deze oorlog.
Op het kerkhof liggen duizenden militairen die afkomstig zijn uit Isfahan begraven. Alle graven hebben, behalve een grote stenen plaat met een inscriptie in het Farsi, een grote foto van de overledene erop. Een bijzonder indrukwekkend gezicht, vooral omdat er zoveel graven naast en achter elkaar liggen. Het meest aangrijpend zijn de beelden van de heel jonge soldaten, jongens die vaak nog niet eens veertien waren.
Wekelijks komen er nabestaanden naar het kerkhof en het gebeurt niet zelden dat ze huilend bij het graf staan van de overleden vader, broer of neef. Bijna iedereen in Iran heeft wel een of meerdere familieleden verloren in de Iran-Irakoorlog.

Aan het eind van de dag melden we ons op het centraal station, dat ver buiten het centrum ligt. We nemen de trein naar het zuiden, richting Bandar Abbas, aan de Perzische Golf. Onderweg mogen we niets fotograferen of filmen, omdat in het gebied waar we doorheen rijden een aantal kerncentrales staat en daar mag je niets van vastleggen, ook niet als toerist. Doe je dat toch en word je betrapt door bijvoorbeeld een politie-agent, dan heb je een groot probleem.
Vanuit de trein zien we weer de woestijn, met sporadisch een paar kleine dorpjes waar slechts spaarzaam bomen groeien. De hele avond zitten we op kleine opklapbankjes in het smalle gangetje naast de coupés. We drinken koude citroen thee, maken een praatje met onze mede passagiers en vallen uiteindelijk doodmoe in slaap.

Als we de volgende morgen uitstappen in Bandar Abbas daalt de hitte meteen als een warme deken over ons heen. Bezweet nemen we een taxi naar de haven, maar als we bij de werf aankomen zijn we onze vermoeidheid en vieze lijven in één klap vergeten als we het blauwe water van de Perzische Golf zien!
De haven op zich is al een belevenis. Het is er een komen en gaan van reizigers uit alle windstreken; Arabieren in smetteloos witte dishdasha's, witte lange gewaden, en geruite zwarte of rode sjaals om hun hoofd, maar ook werklui uit Pakistan en Afghanistan in wijde bruine en beige broeken. Daarnaast zien we moderne Iraanse vrouwen in spijkerbroek, met een zwarte hoofddoek en dure zonnebrillen. Het mooist zijn nog wel de traditionele Arabische vrouwen die in deze streek wonen. Ze dragen versierde bruine en

Wat vooral opvalt is dat hun gezicht volledig schuilgaat achter een rode geborduurde doek met daaroverheen een zwart of rood gezichtsmasker dat de ogen bedekt.

beige doeken als een sari om hun lichaam gedrapeerd. Daaronder zie je nog net een mooie kleurig geborduurde broek en lederen sandalen.
Wat vooral opvalt is dat hun gezicht volledig schuilgaat achter een rode geborduurde doek met daaroverheen een zwart of rood gezichtsmasker dat de ogen bedekt. Ze lijken enigszins op de Venetiaanse maskers uit Italië, maar deze hebben een soort dubbele plooi over de neus, en een smalle opening om doorheen te kijken. Heel bijzonder om hier op deze plaats, in het dagelijkse leven, zo'n wonderbaarlijke traditionele dracht te zien.
Een kwartier later zitten we op de boot richting Qeshm. De tocht duurt maar een halfuur, en had van mij best langer mogen duren omdat ik, met mijn lange broek, blouse met lange mouwen, plus hoofddoek, eindelijk een beetje kan afkoelen. De zee is kalm, overal

varen enorme olietankers in de verte en regelmatig worden we gepasseerd door snelle speedboten die juist bij het eiland vandaan komen. Niet veel later zien we de contouren van het eiland zelf; ruige kale rotsen die uit de zee omhoogkomen, verschillende grote gebouwen en het silhouet van de minaret van de moskee. In de haven liggen verschillende boten, maar het is er niet al te druk en al snel nadat we aangelegd hebben staan we op de kant, waar de hitte meteen weer immens is.

We worden opgewacht door een gids die in een van de dorpen op het eiland woont en dus alles weet en iedereen kent. Even later zitten we in een minibusje waar we meteen de airconditioning op tien zetten om af te koelen. Onze eerste stop is het winkelcentrum voor wat nieuwe lichtere hoofddoeken voor mij, die niet zo warm zijn. Qeshm is een belastingvrije zone en dus zijn er verschillende malls voor de Iraniërs die hier kleding, stereoapparatuur of sportspullen willen aanschaffen. Er zijn talloze winkels waar van alles te koop is en ik zie zelfs een winkel waar ze snowboards verkopen!
Even buiten de stad begint meteen het 'echte' Qeshm; een kale, heuvelachtige streek met wonderlijk geformeerde rotspartijen en zandformaties. Het lijkt een beetje op een maanlandschap met eindeloos lege vlaktes waar bijna niets groeit. Maar opeens wordt het uitzicht groener en duiken er dorpjes op met lemen woningen waar kleine kinderen voor de deur spelen. Af en toe duikt er een vrouw op, die prachtige kleding en een maskers draagt, maar zo gauw ze ons ziet, gaat ze snel weer naar binnen.
Terug op de weg slaan we af richting het hart van het eiland. Niet ver hier vandaan is namelijk een bijzonder natuurfenomeen: de Vallei van de Sterren. Het verhaal gaat dat Qeshm ooit geheel onder water lag, totdat er miljoenen jaren geleden een meteoriet insloeg. Die klap was zo enorm dat de omliggende zeebodem omhoogkwam en zo dit eiland vormde.
De vallei is prachtig. Een verzameling van zandkleurige rotsen, die grillig omhoogsteken, alsof er met gigantische graafmachines tussendoor gegraven is.
De rest van de middag bekijken we het zuiden van het eiland. Als de zon begint te zakken rijden we door een klein dorpje waar veel mannen bij elkaar in een grote tuin zitten. Er is een traditioneel huwelijksfeest aan de gang en we hebben geluk want we mogen een kopje thee mee drinken. Tientallen kinderen staren ons

Tientallen kinderen staren ons verwonderd aan en een eindje verderop staan de vrouwen in een poort nieuwsgierig naar ons te kijken

verwonderd aan en een eindje verderop staan de vrouwen nieuwsgierig naar ons te kijken. Wij zijn vooral gefascineerd door de traditionele dansers met hun drums en witte gewaden. Tegen de muur waarvoor de mannen dansen, is een dik Perzisch tapijt gespannen en daarvoor staat een grote rode stoel voor de bruidegom. Hij maakt even later zijn opwachting, begeleid door een aantal mannen loopt de jongeman voorzichtig richting de dansers.

Ondertussen zijn alle kinderen naar voren gehold en als de bruidegom vlak bij de kinderen is, worden er bankbiljetten en snoepjes in de lucht gegooid waar de kinderen zich als gekken op storten.

De muziek wordt intenser en de bruidegom gaat op de grote stoel voor het tapijt zitten. Maar waar is de bruid? Dan legt onze begeleider me een belangrijk gegeven uit: de bruid krijgen wij, omstanders, niet te zien. Zij blijft bij de vrouwen in het huis en daar zal ze het feest vieren. De enige mannen die haar te zien krijgen zijn de bruidegom en haar naaste mannelijke familieleden, zoals haar vader en broertjes. Na deze spontane onderbreking van onze toer is de zon bijna onder. We stoppen daarom bij een uitgestrekte woestijnvlakte waar een aantal kamelen graast, om daar de zon langzaam als een gloeiende bal achter de horizon te zien verdwijnen. Morgen zullen we dit land weer verlaten omdat ons visum dan afloopt, maar ik heb het gevoel alsof mijn reis door Iran pas begonnen is...

Meer informatie

Beste reistijd
April, mei en half september tot en met half november.

Veiligheid in Iran
www.calamiteitenfonds.nl

Wil je een reis maken naar Iran dan moet je van tevoren goed checken hoe het op dat moment met de veiligheidssituatie is gesteld, bij voorkeur op de site van het ministerie van Buitenlandse Zaken: www.minbuza.nl

De beste optie is om een georganiseerde reis te boeken bij een (grote) reisorganisatie, dan worden de formaliteiten het snelst en best geregeld. Zo ben je in Iran verzekerd van hulp tijdens je reis, ook in geval van calamiteiten.

Deze reisorganisaties gaan, in het algemeen, bij het besluit om hun reizen wel of niet aan te bieden af op de adviezen van het Calamiteitenfonds. Als dit fonds een dekkingsbeperking voor een land opstelt, zal de organisatie de bestemming (voorlopig) niet aanbieden. Ten tijde van het samenstellen van dit hoofdstuk, in juli 2010, gaan de meeste reizen naar Iran gewoon door omdat er geen dekkingsbeperking is.

Voor meer informatie
www.calamiteitenfonds.nl

Bastani
Imam Square

Silk Road Hotel
www.silkroadhotel.ir

Loy Krathong

festival

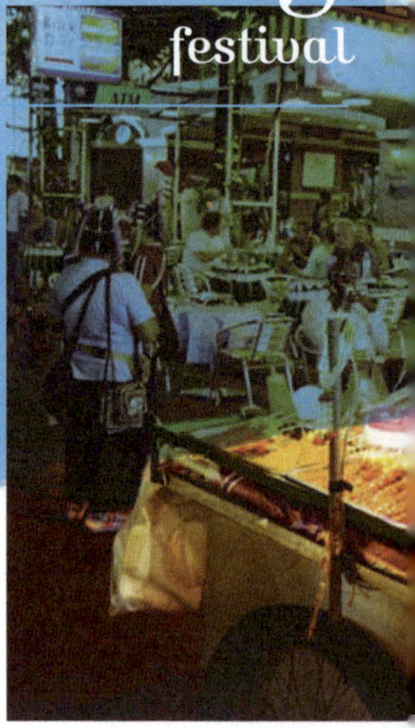

november

Meer informatie
www.thailand.com

Info Thailand
www.thaisverkeersbureau.nl

Let op
In mei 2010 waren er ernstige onlusten in Thailand, met name in de hoofdstad Bangkok. In verband met een soms onzekere en instabiele politieke situatie wordt aangeraden waakzaamheid te betrachten.

Check voor vertrek het meest actuele reisadvies op
www.minbuza.nl

Thailand is een land waar zo ongelofelijk veel kleurrijke festivals plaatsvinden dat het moeilijk is er eentje uit te kiezen. Toch is het Loy Krathong-festival, ook wel 'het feest van het licht' genoemd, heel speciaal.

Je kan dit feest op veel plaatsen in Thailand vieren, maar een goede plek om het mee te maken is Chang Mai, in het noorden van Thailand. De stad ligt aan de rivier de Ping en is populair bij reizigers, die er meestal heen gaan om te ontsnappen aan de hitte in het zuiden en als uitvalsbasis voor een trektocht door de bergen. Tijdens Loy Krathong is het één groot spektakel in de stad: alle bars en cafés zijn afgeladen vol en overal staan kleine standjes waar je eten, drinken en vuurwerk kan kopen. De hele avond zijn er diverse parades.

Het festival wordt gehouden tijdens volle maan op de twaalfde maand van de maankalender, hetgeen meestal in november valt. Tijdens het traditionele feest, dat al meer dan zevenhonderd jaar wordt gevierd, betonen de Thai respect aan Mae Khongkha, de godin van het water. Dit doen ze door het te water laten van drijvende krathongs, kleine zelfgemaakte bootjes van bananenblad versierd met bloemen, kaarsjes, wierook, fruit en andere offergaven.
Bij het te water laten wordt vaak ook wat kleingeld in de bootjes gestopt voor gelukwensen. Hoe verder de krathong wegdrijft en hoe langer de kaars blijft branden, des te meer voorspoed en geluk de Thai te wachten staat. Er varen trouwens ook grote boten in de rivier, gesponsord door bedrijven en ook versierd met kaarsen en lichtjes. Het is een prachtig gezicht als je al die verschillende vaartuigen in het donker voorbij ziet glijden. Maar er zit ook een diepere betekenis achter de schepen. Voor de makers ervan staan ze symbool voor het loslaten van slechte gewoontes en voor het begin van een nieuw hoofdstuk in je leven. En alsof dat allemaal nog niet genoeg is, worden er vervolgens duizenden Khom Loy opgelaten, Thaise wensballonnen. Deze kleine luchtballonnen met een kaarsje erin zijn in Bangkok (en ook in Nederland) tegenwoordig verboden, maar op veel andere plekken in Thailand kan je ze nog steeds bewonderen. Geloof me, de aanblik van al die lichtjes die langzaam de rivier af drijven en naar de hemel zweven, zal je niet snel vergeten...

FELIX

Vliegen

Toegegeven: vliegen is pas echt fijn als je business class vliegt. Een grote stoel, geen drukte om je heen maar rust en ruimte, en fijne maaltijden met chocolaatjes toe. Maar, in tegenstelling tot wat veel mensen denken, vlieg je als je een reisprogramma presenteert gewoon economy.

Simpelweg omdat we ondanks ons bizar drukke schema niet het budget hebben om de business class te kunnen betalen.
Toch leggen we regelmatig lange afstanden af en overbruggen we vele tijdzones. Daarom zorg ik ervoor dat ik voor lange reizen een dag of twee eerder vertrek, waarna ik op de plaats van bestemming alleen maar slaap tot de ploeg er is. Probleem is dat ik al een jaar of elf zo'n beetje non-stop onderweg ben en dat mijn lichaam daar steeds meer tegen protesteert. Door eerder te gaan kan ik toch nog enigszins fatsoenlijk aan de reis beginnen, zonder compleet gesloopt te zijn.

Maar ja, een lange vlucht naar bijvoorbeeld Australië of Kaapstad blijft nog altijd best pittig. Gelukkig zijn er wat manieren om zo'n lange reis goed te doorstaan, dat heb ik in al die jaren wel geleerd. Bij deze een paar van mijn 'vliegtips' zodat je volgende keer hopelijk iets minder verkreukeld aankomt.

01 . Neem een directe vlucht, al is dat soms duurder. Het scheelt minstens drie uur wachten op een vliegveld, nog afgezien van het feit dat je een langere wachttijd hebt als je je aansluiting om wat voor reden dan ook mist. Bovendien is het ook beter qua CO_2 uitstoot.

02 . Controleer vooraf hoeveel bagage je mag meenemen; dat scheelt je veel gezeur bij het inchecken (en voorkomt bijbetalen). Hang een extra bagagelabel aan je tas(sen), waarmee je de kans vergroot dat je je spullen terugkrijgt als de bagage kwijtraakt. Stop alvast een tandenborstel, eventuele lenzenvloeistof, ondergoed, sokken, een schoon T-shirt en medicijnen in je handbagage. Mochten je spullen niet op tijd aankomen, dan kan je in ieder geval de eerste dag uit de voeten.

03 . Op de site www.seatguru.com vind je gedetailleerde tekeningen van alle toestellen van bijna alle luchtvaartmaatschappijen (met uitzondering van kleine lokale maatschappijen). Hier kan je precies zien welke stoel zich waar bevindt, maar ook hoe ver de stoel naar achteren kan, hoeveel beenruimte er is en welke extra voorzieningen er zijn, zoals een eigen audio- en videosysteem of wiegjes om je baby in te vervoeren. Handig om te checken voor je je stoel reserveert.

04 . Reserveer meteen je stoel als je je ticket boekt. Dat kan bij heel veel vliegmaatschappijen, ook als je via internet boekt.

05 . Check in via internet, ook dat is tegenwoordig bij veel luchtvaartmaatschappijen mogelijk. Het scheelt je lange wachttijden bij de incheckbalie en je weet zeker dat je mee kan. Je kan ook alsnog een stoel reserveren als je dat bij het boeken vergeten bent.

06 . Vlieg je vaker dan vier keer per jaar via Schiphol overweeg dan een Privium-lidmaatschap. Voor iets meer dan honderdtachtig euro per jaar passeer je met een irisscan de lange wachtrijen voor de bagagecheck (Schengenlanden) of de douane (de rest van de wereld). Voordeel is dat je ook gebruik kan maken van de speciale Privium Clublounge, waar je gratis kan ontbijten, internetten en kranten en tijdschriften lezen. Dan begin je in ieder geval relaxed aan je reis (de lounge is gesloten in het weekend).

07 . Qua stoel: een zitplaats bij het raam is fijn bij nachtvluchten om te kunnen slapen met je hoofd tegen het raam; het gangpad heeft als voordeel dat je niet over iedereen heen hoeft te klimmen voor een toiletbezoek. Vermijd de middenstoelen, daar word je niet gelukkig van.

08 . Zit je in de buurt van een afscheidingswand, achter de business class of halverwege het toestel, dan is er een redelijke kans dat je in de buurt van (huilende) baby's zit; die worden bij veel maatschappijen in het midden geplaatst, omdat ze een babybakje aan de wand kunnen hangen.

09. Upgrades naar de business class komen niet vaak voor, dus zeuren bij de (incheck)balie heeft niet veel zin. Een van de weinige kansen die je hebt is als de vlucht overboekt is. Ze nemen dan wel eerst de passagiers die de duurste economy-tickets hebben, of mensen die lid zijn van het frequent flyer-programma.

10. Vooraf kan je al enigszins inschatten hoe druk het gaat worden in een vliegtuig: populaire bestemmingen als New York, Los Angeles, San Francisco, Montreal, Vancouver, Curaçao, Kaapstad, Dubai, Kuala Lumpur, Singapore, Bangkok, Hong Kong en Beijing zitten altijd behoorlijk vol, vooral rondom de vakantieperiodes. Boek je in het weekend, dan zijn er minder zakenreizigers; dagen aan het begin en het eind van de week zijn meestal drukker.

11. Als je kan kiezen, neem dan een dag- en geen nachtvlucht. Je slaapt voor je vertrekt, en als je aankomt kan je ook weer sneller gaan slapen.

12. Veel luchtvaartmaatschappijen hebben een zogenoemde comfort class met meer beenruimte (ook onlangs bij KLM geïntroduceerd). Kost wat extra, maar is het geld bij drukke vluchten wel waard.

13. Ik zorg er altijd voor dat ik iets meeneem waar ik blij van word, zoals een boek dat ik al lange tijd wil lezen, een dikke dvd-box van mijn favoriete tv-serie die ik nog niet gezien heb, of een stapel goede tijdschriften. Voor mij is vliegen het moment om me daar ongegeneerd in te storten, zonder me schuldig te voelen omdat ik eigenlijk moet werken, en zonder dat mijn telefoon constant overgaat.

14. Vergeet zaken als een oogmasker, oordoppen, en bij een lange vlucht een zwak (homeopathisch) slaapmiddeltje niet.

15. Stel je in op de vliegreis zonder er een al te groot ding van te maken. Het is 'maar' maximaal een uur of twaalf en dan ben je het vliegtuig weer uit. Ik kan me altijd verbazen over mensen die er dagen tegen opzien; ik ben er van overtuigd dat je je vlucht met een relaxte instelling veel beter doorstaat.

16. Neem altijd je iPod mee: je hebt nu eenmaal rampvluchten met krijsende kinderen, luchtzakken, vervelende passagiers en propvolle vliegtuigen. Het enige wat je in zo'n geval kan doen is erin berusten, een stevige borrel bestellen (ja, ik weet het, niet al te goed als je vliegt, maar soms is het de enige oplossing) en je favoriete muziek op te zetten. Met een goede hoofdtelefoon kan je je in ieder geval afsluiten van de gekte om je heen.

17. Bij nachtvluchten: informeer bij het inchecken hoe druk het is; als de vlucht niet al te vol zit kan je het beste vragen naar een stoel in het midden van een middenrij achterin. Aardige kans dat je niet veel of geen mensen naast je krijgt zodat je drie tot wel vier stoelen voor jezelf hebt.

Fuerteventura & Lanzarote

short trip

Een journalist vroeg me laatst tijdens een interview wat de meest beroerde plek is waar ik ooit ben geweest. Zo'n plek waar je zelfs je ergste vijand niet naartoe zou sturen. Sinds kort heb ik het antwoord direct klaar: Morro del Jable, op het uiterste zuidoostelijke puntje van Fuerteventura, een van de Canarische Eilanden.

Het hele eiland is nog het beste te vergelijken met het binnenland van Marokko, waar het ook bijna naast ligt: dor, droog en kaal met grote indrukwekkende rotsformaties waar hier en daar kuddes geiten op rondscharrelen. Fuerteventura heeft wel, zoals bijna alle Canarische Eilanden, prachtige uitgestrekte zandstranden en Morro del Jable ligt ook aan zo'n fijn wit strand. Dit is meteen de enige reden dat deze

stad überhaupt ooit gebouwd is, want de mensen die hier logeren willen vooral één ding: op dat strand liggen.

Het klimaat van de Canarische Eilanden is het hele jaar door uiterst aangenaam door de ligging en dus strijken er elke week grote zwermen toeristen neer die de Europese kou willen ontvluchten. Omdat het voor sommigen van hen niets uitmaakt waar ze slapen zolang er maar een strand is, bestaat een oord als Morro del Jable. Alles, maar dan ook alles, is lelijk hier. De massale betonnen appartementencomplexen die vaak terrasvormig zijn aangelegd, de uitgestrekte shopping malls waar de merknamen je vanaf de gevel toeschreeuwen, de troosteloze restaurants waar stukgekookt voedsel in bakken ligt te wachten op hongerige toeristen, en ga zo maar door.

Wij maken op dag één meteen kennis met Morro del Jable. Op het vliegveld huren we een auto en besluiten eerst een dag over het eiland te toeren. Morro del Jable ziet er op de kaart uit als een goede plek om te gaan lunchen, maar als we de eindeloze rijen bedroevende appartementen zien draaien we direct om; die lunch kan wel wachten. Via een bochtige weg met prachtig uitzicht over de immense kale dalen belanden we een uurtje later in het kleine dorpje Pájara, dat als een oase oogt door de dikke dadelpalmen die rij na rij bij de entree van het dorp staan. Pájara is vooral bekend door de beroemde Nuestra Señora de la Regla-kerk, met haar kale witte muren en een rijkelijk versierd altaar met een groot gouden beeld van Maria met Jezus. Overdag wordt het kerkje overspoeld door toeristen die bij voorkeur groepsgewijs binnen komen walsen, maar in de avond hebben de dorpelingen de kerk weer voor zichzelf en dragen ze er de mis op.

Tegenover de kerk ligt het pension Casa Isaitas, gehuisvest in een mooi traditioneel zwart-wit huis met een grote binnenplaats. De eigenaresse is afkomstig uit Madrid en meer dan tien jaar geleden verruilde ze die metropool voor Fuerteventura. Het pension heeft slechts vier kamers en een geweldig restaurant waar ze de sterren van de hemel koken. Onze gastvrouw staat zelf in de keuken en combineert gerechten uit Fuerteventura met haar eigen Madrileense recepten.

Verwacht geen ingewikkelde dure ingrediënten, maar seizoensproducten, die ook nog eens veelal van het eiland zelf komen. En dus eten we gefrituurde kaasreepjes met een vinaigrette van cactusvruchten, zachte groentekroketjes, vers brood met kummel en anijs, plakken geitenkaas met kleine olijfjes en zoute aardappelen met mojo rojo, een rode saus met pepers.

Aan het eind van de middag rijden we richting de zee, op nog geen tien minuten van het hotel. De westkust van Fuerteventura is een stuk minder populair dan de oostkust, waar Morro del Jable aan ligt, omdat de rotsen veel grilliger en de stranden ruig zijn. Het is er prachtig; neem bijvoorbeeld het kleine weggetje naar Playa la Solapa en volg het ruwe zandpad dat vanaf dit strand naar het noorden loopt. Onderweg passeer je heel wat mooie, verlaten baaien met scheepswrakken, hoge uitgesleten rotsen waar de golven op stuk spatten en hier en daar een zandduin die door de vaak straffe wind constant van vorm verandert.

's Avonds zien we de zon in de zee zakken bij het strand van Ajuy. Het slaperige vissersdorpje heeft een zwart lavastrand dat overdag aardig populair is, vooral bij de locals. Als de zon ondergaat bestel je een zoete muntthee bij het kleine cafetaria Puesta del Sol, hoger op de rots gelegen en

Even verderop ligt dan toch echt Flag Beach, een van de mooiste stranden van het eiland

met uitzicht over de hele baai. Weg zijn de toeristen, weg is de drukte. Hier tikt de tijd een beetje langzamer.

De volgende dag word ik wakker en hoor buiten de wind door de dadelpalmen zwiepen. Eindelijk kan ik kitesurfen, een van de redenen dat ik naar Fuertaventura ben gereisd! Snel springen we in de auto op weg naar het noorden, naar het beroemde Flag Beach, waar alle kiters zich verzamelen bij noordenwind.

De rit voert langs redelijk vlak, kaal land dat na twintig minuten plotseling verandert in een grote zandbak met eindeloze zandduinen en lange witte stranden. Zo veel moois is natuurlijk niet onopgemerkt gebleven bij de massa en dus staat er midden in dit gebied een gigantisch Ibis hotelcomplex dat

wanstaltig boven de duinen uitsteekt.

Even verderop ligt dan toch echt Flag Beach, een van de mooiste stranden van het eiland. Het kijkt uit op het kleine eilandje Isla de los Lobos, een natuurreservaat, en het verderop gelegen Lanzarote.

Heb je nog nooit gesurft of gekite, dan kan je het hier proberen, want je vindt er een klein schooltje dat niet meer voorstelt dan een oude zitbank met ernaast een stapel kitezeilen, planken en pakken, maar er werken goede instructeurs.

Een uurtje nadat ik het water op ben gegaan, kom ik in de problemen doordat mijn kite gedraaid in het water beland. Terwijl ik tevergeefs probeer weer te starten drijf ik langzaam af naar het rif en net als ik bedenk dat ik nu toch wel erg dicht bij de rotsen kom, verschijnt er een leraar van de kiteschool.

Meer dan twintig minuten kost het hem om me mee terug te slepen naar de kant. Het moet aardig zwaar voor hem zijn, maar hij lacht vrolijk als ik hem uitvoerig bedank. Al snel is hij weer verdwenen, de golven in.

Het liefst was ik tot zonsondergang op het water van deze prachtige kitestek gebleven, maar we zijn van plan de boot naar buureiland Lanzarote te nemen, en dus pak ik tegen vier uur mijn spullen in.

Elk uur is er vanuit de haven van Corralejo wel een afvaart met een van de twee rederijen die Fuerteventura aandoen. De goedkoopste boot doet er het langst over, maar dan nog ben je al in veertig minuten aan de overkant.

Lanzarote mag dan vlak bij Fuerteventura liggen, toch is het landschap er totaal anders. Dit eiland heeft eveneens veel vulkaantoppen, alleen zijn deze veel recenter tot uitbarsting gekomen. Vooral de zuidkust en het hart van het eiland worden gedomineerd door uitgestrekte zwarte lavavlaktes. Er zijn nogal wat mooie wegen op het eiland, bijvoorbeeld de weg die door het nationale park Timanfaya voert, waar je enkel en alleen lava ziet. Ook mooi is de route die recht over het eiland loopt door La Geria, de wijnstreek met links en rechts van de weg de kunstige wijngaarden. De vulkanische grond is zo vruchtbaar dat er druiven groeien, zij het met de grootste moeite. Om de struiken te beschermen zijn ze stuk voor stuk afgeschermd met kleine halvemaanvormige muurtjes, gebouwd van lavasteen.

Onderweg passeer je een aantal wijnhuizen waar je niet alleen kan zien hoe de wijn gemaakt en bewaard wordt, maar waar je ook direct wijn kan inkopen.

Niet lang nadat je de wijngaarden verlaten hebt, zie je al de punt van het eiland in het noorden, een imposante rotskust met steile kliffen. Hier vind je ook Lanzarotes equivalent van Flag Beach: Playa de Famara. Dit strand, dat in een bocht loopt, is vooral een mekka voor golfsurfers. Omdat de wind vrijwel altijd noordelijk en vaak behoorlijk stevig is, ben je gegarandeerd van goede zeegolven. Ze zijn vaak zo hoog dat je als kiter, maar ook als golf- of windsurfer heel veel ervaring moet hebben om hier het hoofd boven water te houden. In deze buurt wonen veel professionele surfers uit alle delen van de wereld, die op Lanzarote hun stek hebben gevonden. Regelmatig worden er World Cup-wedstrijden gehouden. Na een uurtje over de woeste golven staren (hier het water op gaan staat voor mij gelijk aan zelfmoord)

rijden we door naar het dorpje La Santa waar je het kleine restaurantje Amêndoa vindt, echt een plek om voor om te rijden. De serveerster is een Braziliaanse die hier kwam voor de golven en is blijven hangen voor de liefde. Ondertussen heeft ze een kind gekregen en is ze nooit meer op het water te vinden, maar ze heeft hier wel haar draai gevonden. Ze schenkt voor ons Bodega's Reymar in, droge witte wijn van Tenerife, waarna ze geschroeide tonijnfilet met sinaasappelsaus en dikke groene asperges met zeezout serveert. Daarna volgen Sint-Jakobsschelpen met gekonfijte pepers, warme lokale camembert met dadels, en Iberische ham met geroosterd brood. En we kunnen natuurlijk het pand niet verlaten zonder de appeltaart met ricotta en geroosterde amandelen geproefd te hebben.
Het is maar goed dat we stevig gegeten hebben, want ons hotel heeft geen eigen restaurant. Dat is ook meteen het enige minpuntje aan deze plek, want Casa el Morro is echt een klein paradijs. Het is even zoeken, maar als je in het dorpje Uga op het centrale plein staat met je neus richting de kerk, ga je rechtsaf de heuvel op tot je een groot, laag wit huis bereikt met een prachtige, vulkanische tuin vol cactussen, palmen en weelderige planten. Zo gauw je de brede trappen op loopt, tussen de dikke bomen door, heb je het gevoel alsof je in de Oriënt of zelfs in Azië terechtgekomen bent: het huis heeft een centrale binnenplaats waar een aantal kamers op uitkomt en overal zie je oosterse lantarens, meubels en kussens. De eigenaresse, Rachel, woonde jaren op Bali en nam op weg naar Lanzarote containers vol met prachtige spullen mee. Elk appartement is anders: zo heb je zelfs een kamer die ondergronds aangelegd is, waarbij het licht door de grote ramen in het dak komt. In de enorme tuin vind je verder een klein zwembad omgeven door Balinese bedden waar regelmatig yogales gegeven wordt. Zorg wel dat je op tijd reserveert; in

Casa del Morro is het 't hele jaar door druk omdat er op Lanzarote maar heel weinig van dit soort mooie overnachtingsplekken te vinden zijn. Ben je op tijd, dan kan je het grootste en mooiste huisje, nummer 103, huren.

Ik zou het liefst een week blijven hangen op Lanzarote, maar langer dan twee nachten kan ik hier niet vertoeven, want dan vertrekt mijn vlucht naar huis. Wat was ik hier graag nog even gebleven, al was het maar om ergens op dit eiland een plekje te vinden om mijn kite op te laten...

Meer informatie

Beste reistijd
Maart is een goede tijd om de Canarische Eilanden te bezoeken. Op het vasteland van Europa is het dan nog koud, terwijl het op Fuerteventura en Lanzarote prachtig is.
Voor professionele wind- en kitesurfers is juni en augustus een goede tijd. In de wintermaanden - van november tot februari - kan het 's avonds wat fris zijn en is het weer overdag ook iets minder goed, maar nog steeds heerlijk vergeleken bij onze koude, natte winters.

Restaurant Amêndoa
www.amendoalasanta.com

Pension & restaurant Casa Isaitas
www.casaisaitas.com

Wijnstreek La Geria
www.wijbrans.nl

Casa el Morro
www.casaelmorrolanzarote.com

Nationaal Park Timanfaya
www.lanzarote-info.nl

Ku'Damm 101

hotel

Elk jaar in maart is het vaste prik: de ITB in Berlijn, een van de grootste reisbeurzen ter wereld. Bijna elk land in de wereld is hier vertegenwoordigd en elke keer als ik er geweest ben, kom ik terug met een stapel visitekaartjes van hoteleigenaren, verkeersbureaus, natuurparken en andere attracties uit de hele wereld. Genoeg inspiratie om honderd afleveringen van 3 op Reis mee te vullen.

Jammer dat ik nooit tijd heb om Berlijn zelf te bekijken; de enige kilometers die ik afleg, zijn die op de beursvloer en zo gauw we alles gezien en iedereen gesproken hebben, ga ik weer snel naar huis om aan de slag te gaan. Als een vriendin me vraagt in november een weekend mee te gaan naar Berlijn, hoef ik geen moment te twijfelen; eindelijk tijd om de stad zelf te bekijken. Berlijn is voor Nederlanders nog altijd een van de meest populaire bestemmingen voor een weekendje weg. Het is een gigantische stad met meer dan 4,5 miljoen inwoners, opgedeeld in verschillende bezirke (wijken), waarvan Mitte, het historische centrum, de belangrijkste is. Je kan weken in Berlijn rondzwerven en je nog steeds niet vervelen omdat de stad heel veel

aparte en eigentijdse buurten heeft. Neem de U-Bahn, de metro, om je gemakkelijk en goedkoop te verplaatsen, of huur een fiets bij de Deutsche Bahn (de duitse spoorwegen).
In Berlijn vind je ongelofelijk veel goede overnachtingsmogelijkheden, maar wij kiezen voor een van de meest betaalbare designhotels: Ku'Damm 101. Dit honderdzeventig kamers tellende hotel ligt vlak naast de grote winkelstraat Kurfürstendamm en is gevestigd in een voormalig kantoorpand. Hoewel je hier niet veel betaalt voor een kamer in deze wereldstad (al vanaf 99 euro per nacht), heb je een heerlijk bed, overal wireless internet en een prima ontbijt in het restaurant op de zevende verdieping met uitzicht over de stad. Ook kan je tegen betaling een massage boeken in het wellnesscentrum, waar je ook gebruik kan maken van de sauna. Drie dagen lang dwalen wij door een winters Berlijn en we vermaken ons prima. We gaan onder andere naar de Weinerei, een wijnbar waar eigenaar Jürgen Stumpf uitgaat van de goedheid van de mens, want bij binnenkomst betaal je één euro voor de huur van een glas, waarna je de hele avond wijn kan proeven. Na afloop krijg je geen rekening, maar mag je zoveel geven als je het zelf waard vond. Tot laat blijven we hangen in Kaffee Burger, een hippe club waar twee keer per maand de bekende Russendisko wordt georganiseerd. Tijdens deze avonden vinden lezingen plaats, worden films vertoond en vervolgens gaat er een dj draaien. Uiteindelijk gebruiken we ons bed maar een paar uurtjes; volgende keer dat ik naar Berlijn ga, blijf ik minstens een week...

Prijzen
Vanaf 99 euro voor een eenpersoonskamer. Tweepersoonskamers van 119 tot 250 euro. Wie vroeg boekt krijgt Early Bird Discount van tien procent of meer.

Ku'Damm 101
www.kudamm101.com

Weinerei
www.weinerei.com

Russendisko
www.russendisko.de

Jemen

Het eiland Socotra ligt ongeveer vierhonderd kilometer ten zuiden van het Arabische vasteland, in de monding van de Golf van Aden. Het hoort bij het Arabische land Jemen, maar het landschap van Socotra is nog het beste als buitenaards te omschrijven: de flora en fauna zijn hier 'anders'; neem de blood dragon tree, een soort gekke variant op de bekende Afrikaanse baobab-boom. Door de geïsoleerde ligging leeft hier maar één zoogdier: de vleermuis. Het eiland is kandidaat voor de verkiezing van de zeven nieuwe natuurlijke wereldwonderen in 2011. Toch zijn er nauwelijks toeristen: toen ik het eiland bezocht, in 2008, kwam ik maar vier andere toeristen tegen.

www.socotraislandadventure.com

Egypte

De 'levensader van Egypte', de rivier de Nijl die door de Oostelijke Woestijn en de Nijlvallei tot aan Caïro loopt, heeft altijd al een grotere betekenis gehad dan alleen het vervoer van goederen. Een zeiltocht over de Nijl is een klassieker: in het begin van de negentiende eeuw voeren Europeanen op dahabiya's, in koloniale stijl gebouwde rivierzeilschepen, over deze rivier. Je komt door de Nijlvallei en passeert onder andere Luxor, Esna en Edfu, en uiteindelijk loopt de rivier uit in het Nasser-meer.

www.nilecruising.com
www.reisbijbel.nl

Laos

Laos is het enige land in Zuidoost-Azië dat niet aan zee grenst. Van alle kanten wordt Laos omringd door andere landen als China, Myanmar, Cambodja, Vietnam en Thailand. Laos is nog puur, ruig, ongerept en kent weinig toerisme. Maak je een reis door Laos, doe dan (een deel van) The Loop: een route van vijfhonderd kilometer door het Laotiaanse Karstgebergte, met onderweg uitzicht op grotten, meren en valleien. In Tha Kaek kan je een motor of scooter huren, en bij de Tha Khaek Travel Lodge haal je goede plattegronden en alle info over de do's and don'ts in dit gebied.

www.iguide.travel.com

Nepal

Bezoek in Nepal het Chitwan National Park. Dit eerste nationale park van Nepal werd in 1973 aangelegd en de flora en fauna van Chitwan behoren tot de meest gevarieerde in Azië, met als hoogtepunt toch wel de Indische neushoorn.
Deze neushoorn leefde ooit verspreid over heel Zuid-Azië, maar aan het begin van de twintigste eeuw was hij bijna uitgestorven. Hoewel de hoorn van het dier nog steeds als ingrediënt wordt gebruikt voor verschillende oosterse medicijnen, wordt deze neushoornsoort tegenwoordig goed en met succes beschermd.

www.chitwannationalpark.net

Argentinië

Breng een bezoek aan het meest zuidelijke stadje van de wereld: Ushuaia. Vanuit deze plaats gaan schepen richting de Zuidpool en veel Antarctica-avonturen starten hier. Door de zuidelijke ligging is het in Ushuaia maar een paar uur donker en zelfs dan is het nog niet echt donker. Ushuaia ligt aan een mooie baai aan de zuidkust van de provincie Vuurland.
Op nog geen twaalf kilometer ten westen van de stad vind je het natuurpark Tierra del Fuego, met een fantastisch uitzicht over de baaien en wouden.

www.happy-nomads.nl

12
december

Op 8 december herdenken de Mahayana-boeddhisten dat Boeddha onder een vijgenboom het ware inzicht kreeg en verlicht werd **10 december is de Internationale Dag van de Mensenrechten** In 1948 stelden de Verenigde Naties op deze dag de Universele Verklaring van de Rechten van de Mens vast | **Op 12 december viert Mexico het feest van de Maagd Guadalupe. Zij is de beschermheilige van dit land en duizenden mensen bezoeken op die dag de aan haar gewijde basiliek in Mexico-Stad** | Elk jaar begint december op dezelfde dag van de week als september

december

India

long trip

Er zijn van die bestemmingen waarvoor je altijd even diep adem moet halen eer je eraan begint en India is wat mij betreft het beste voorbeeld daarvan.Dit land is namelijk onvoorstelbaar overweldigend, meeslepend, vermoeiend, dichtbevolkt en imponerend vanaf de eerste minuut dat je er bent. Een bestemming waar je echt de tijd voor moet nemen, alleen al omdat het land zo ongelofelijk groot is.

Plan je een reis naar India, dan moet je keuzes maken. Tenzij je natuurlijk een jaar de tijd hebt of er als een gek met binnenlandse vluchten doorheen jakkert. Wat ik zeker weet is dat ik de Taj Mahal, een van de bekendste monumenten van India, met mijn eigen ogen wil zien, en ook Varanasi staat al lang op mijn lijstje, de stad die bekend is als de spiritueelste plek van India. Die twee wil ik combineren met een paar highlights in de noordelijke deelstaat Rajasthan en dan heb ik al een aardig druk reisschema.

Een exacte planning maak ik verder niet; ik vlieg in ieder geval naar de hoofdstad New Delhi en dan zien we wel waar deze trip me brengt.
India is de thuisbasis van 1,2 miljard mensen die met zijn allen goed zijn voor 415 verschillende talen. De hoofdtaal is Hindi, gesproken door ongeveer veertig procent van de bevolking. India heeft een oppervlakte van meer dan drie miljoen vierkante kilometer en is daarmee een van de dichtstbevolkte landen ter wereld.
Bij het verlaten van het vliegtuig weet je meteen dat je ergens bent waar alles anders is: de lucht ruikt niet alleen anders, alsof er ergens een enorm gekruid gerecht staat te pruttelen, maar voelt ook anders, de lucht lijkt hier dikker, en is vochtig en warm.
Ik besluit een nacht in Delhi te blijven om even bij te komen en uit te zoeken hoe laat de trein naar Bikaner, mijn

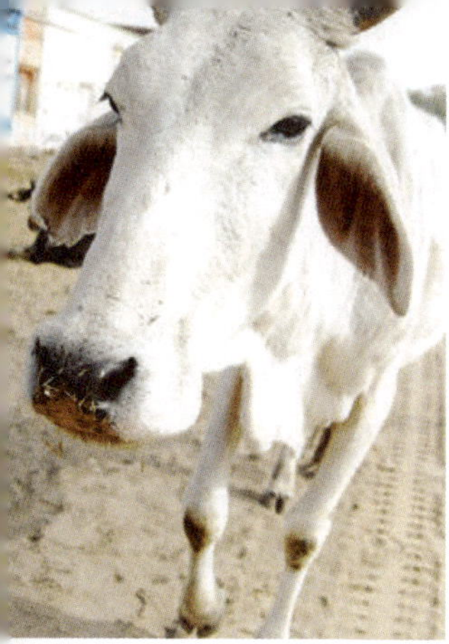

Op een grote markt kijk ik mijn ogen uit naar alle verschillende producten, kleuren, gewaden en lachende mensen

eerste bestemming, gaat. Delhi heeft een aantal bijzondere bezienswaardigheden; de stad barst van de moskeeën, forten, tempels, bijzondere hotels en goede eettentjes, maar liever reis ik de volgende dag snel door richting Rajasthan.
Rajasthan is een deelstaat in Noord-India en qua oppervlakte te vergelijken met Italië. Een groot westelijk deel ervan bestaat uit de Tharwoestijn, die grenst aan Pakistan. Alle stadjes in deze regio zijn goed te bereiken met de trein of met de bus.
Je kan verschillende klasses boeken, van heel erg afzien en spotgoedkoop, tot luxe voor Indiase begrippen maar nog steeds niet duur. Kies je voor het eerste, dan heb je grote kans dat je moet staan en airco kan je waarschijnlijk vergeten. Betaal je iets meer, dan heb je vaak een zit- of ligplaats en komt soms zelfs treinpersoneel langs met lekkere Indiase hapjes.
Zelf vind ik de trein prettiger reizen dan de bus. Op de autowegen rijden Indiërs als gekken en er lijken geen verkeersregels te bestaan, behalve dat degene die het hardst toetert of in de grootste wagen rijdt, voorrang heeft. Tel daarbij op dat koeien, die in India heilig zijn, ook gewoon op eigen houtje deelnemen aan het verkeer, en je begrijpt dat er regelmatig ongelukken gebeuren op de Indiase wegen.
Bikaner, mijn eerste stop, is op zich geen bijzonder stadje, maar het spreekt me aan dat deze plaats weinig toeristisch is. De mensen zijn er allemaal extreem vriendelijk. Velen van hen willen een praatje maken, zonder dat het opdringerig wordt.
Op een grote markt kijk ik mijn ogen uit naar alle verschillende producten, kleuren, gewaden en lachende mensen. Een heerlijke plaats om doorheen te struinen.

In totaal hebben vier ratten over mijn voeten gelopen, dat moet toch een beetje geluk brengen, zou je denken

Daarbij is Bikaner een goed vertrekpunt voor een van de meest bizarre tempels van India: de rattentempel van Karni Mata in de kleine stad Deshnok, vanuit Bikaner binnen een uur te bereiken. Onder voortdurend getoeter, remmen en gas geven hobbel ik in een overvolle bus naar Deshnok.
Volgens de lokale bevolking zijn de ratten in de Karni Mata-tempel de reïncarnaties van hun overleden familieleden. Zij geloven dat ze in een volgend leven als ratten terugkeren en een plekje in de tempel krijgen. Zoals in elke tempel in India geldt hier: schoenen uit. Wie wil kan gelukkig wel bij de ingang een soort blauwe sokken halen. Terwijl ik die aantrek vertelt een Indiase meneer, die op het punt staat met zijn hele familie blootsvoets de tempel te betreden, me dat het extra geluk en voorspoed oplevert als de ratten over je blote voeten lopen. Ik bedank hem voor de tip, maar ga toch liever op mijn blauwe sokjes.

Eenmaal binnen word je overweldigd door de enorme hoeveelheid ratten en er vliegen ook nog eens ontelbare duiven rond. De ratten worden gevoerd door priesters en pelgrims, zodat de diertjes helemaal niet meer schuw zijn. Terwijl de Indiërs onverstoord op hun knieën hun gebedje doen, lopen de toeristen een beetje schichtig rond, toch niet helemaal op hun gemak.
Hoewel het fascinerend is om dit tafereel gade te slaan, hou ik het uiteindelijk, alleen al door de penetrante lucht die er hangt, niet langer dan een halfuur uit. Met een zucht van verlichting trek ik bij de uitgang de blauwe sokken weer uit. In totaal hebben vier ratten over mijn voeten gelopen, dat moet toch een beetje geluk brengen, zou je denken.
De volgende avond neem ik de nachttrein naar Jaisalmer, een redelijk pittige tocht vanwege de drukke trein, het schommelen van de wagons en het gebrek aan comfort. Ik heb wel veel aanspraak; Indiërs vinden het maar wat leuk om met iemand te

praten die niet uit India komt. Om het halfuur loopt er iemand langs met chai-thee, de nationale drank met, volgens de ayurvedische leer, een positieve invloed op lichaam en geest. Chai is een combinatie van sterke thee, melk, veel suiker en kruiden als masala, kardemom en gember, en ik bestel aardig wat kopjes, omdat de drank op mij inderdaad een rustgevende werking heeft. Na een paar uur draaien op mijn harde bedje lukt het me uiteindelijk in slaap te vallen en als ik wakker word, ben ik in Jaisalmer.

'De gouden stad', zo wordt Jaisalmer ook wel genoemd en dat heeft alles te maken met het gele zandsteen waarmee de meeste huizen in de stad gebouwd zijn. De skyline van Jaisalmer wordt gedomineerd door een gigantisch fort, dat al van ver boven de stad uit rijst. Het bijzondere aan dit complex is dat het een van de weinige forten in India is dat nog in gebruik is. Het fort omvat een wirwar van straatjes met winkeltjes, betaalbare hotels en typisch Indiase restaurants, waarvan de meeste een terras op het dak hebben, waarvandaan je een prachtig uitzicht hebt over de omgeving. Omdat Jaisalmer grenst aan de Tharwoestijn is het een goede uitvalsbasis voor een kamelentocht. Ook ik stap een klein kantoortje binnen om zo'n tripje door de woestijn te boeken; in mijn geval een tocht van twee dagen, samen met vijf andere reizigers onder begeleiding van drie Indiase kamelendrijvers.

De volgende morgen gaat de wekker vroeg af en vlak nadat de zon is opgegaan, zijn we al onderweg. Op een kameel zitten is overigens een sport op zich. Het is namelijk niet echt comfortabel, en doet een aardige aanslag op je zitvlak, maar na een uurtje begint het langzaam te wennen.

De tocht is prachtig en urenlang staar ik, al schommelend, uit over de lege vlaktes. Onderweg passeren we af en toe kleine geïsoleerde dorpjes, waarbij ik me afvraag hoe het toch mogelijk is dat mensen hier kunnen leven. Veel mensen zien we niet, alleen duikt er soms opeens een woestijnbewoonster in een felgekleurd

gewaad op die ons kort groet, en dan haar eenzame weg vervolgt.
De hele dag trekken we richting het zuiden en pas vlak voordat de zon weer ondergaat, slaan we in de zandduinen ons kamp op. De begeleiders maken een kampvuur en zetten ons een geniale Indiase curry voor met chapati's, een soort Indiase hartige pannenkoekjes. Wie wil mag een tentje opzetten, maar we kiezen er allemaal voor in de openlucht te slapen, onder een indrukwekkende sterrenhemel. Mijn medereizigers, een paar Japanners en een Koreaan, spreken bijna geen Engels en dus lig ik in stilte op mijn matje en staar intens tevreden naar de fonkelende stipjes boven me. Hier in de woestijn kan ik even bijkomen van alle Indiase drukte die de eerdere dagen op me af kwam en ik merk dat het me heel erg goed doet.
Nadat we de volgende ochtend door de eerste zonnestralen zijn gewekt stappen we, na een klein Indiaas ontbijt, weer op onze kamelen. Het is tijd om langs dezelfde route terug te gaan naar Jaisalmer.De woestijn is nog net zo imponerend als gisteren.
Ook in Rajasthan moet je tijdens je reis keuzes maken, omdat er alleen al in deze deelstaat veel te zien is. Op aanraden van twee Duitse toeristen, die ik in het guesthouse in Jaisalmer ontmoet, reis ik door naar Jodhpur, ook wel bekend als 'de blauwe stad', vanwege de indigokleurige huizen in de binnenstad.
Een van de hoogtepunten in Jodhpur is het Umaid Bhawan-paleis, een van India's bekendste paleizen en tegenwoordig in gebruik als hotel. De bouw van dit gigantische paleis nam vanaf 1929 meer dan vijftien jaar in beslag, waarna het gebruikt werd door de koninklijke familie van Jodhpur. Als gewone sterveling kan je tegenwoordig ook ervaren hoe het is om in een koninklijk paleis te slapen, omdat er nu een hotel in gevestigd is. Hier kan je voor rond de tweehonderd euro per nacht een kamer boeken.

Op weg naar mijn volgende bestemming, Pushkar, kom ik de Amerikaan Anthony tegen, die ook in zijn eentje op reis is, en we besluiten samen een paar dagen verder te reizen. Anthony kent in Pushkar een goede overnachtingsplaats: Hotel Everest. Aangekomen op het plaatselijke busstation houden we de eerste de beste autoriksja aan; dit karretje, dat meer een soort omgebouwde scooter is met een overkapping, heeft een driepersoonsbankje achterin. In India is het echter geen uitzondering dat hele families in zo'n riksja worden vervoerd, oftewel gepropt. We vragen de bestuurder of het ver is naar het hotel. 'Reeeaaally far, madame,' is zijn antwoord, maar vlak voor we instappen zie ik een klein bordje aan de muur van het busstation hangen met daarop: 'Hotel Everest, vijfhonderd meter'. Vijf minuten later komen we te voet aan in het hotel en worden we welkom geheten door de eigenaar die ons vriendelijk vraagt hoe lang we denken te blijven. Ik heb nog geen idee. Deze plek bevalt me wel, het is er brandschoon en het hotel straalt een zekere rust uit, iets wat me hier in India altijd erg blij maakt. Als ik de eigenaar complimenteer, kijkt hij me aan en zegt dan met een zware stem alsof het hem van bovenaf wordt ingegeven: 'It's your place, not mine.' En dat voor driehonderd roepies, omgerekend nog geen vijf euro, per nacht.

Pushkar is onder andere bekend om de kleurrijke Brahma Mandir, de enige Brahmatempel in India. Voor Hindoes een heilige plaats en daarom zijn alcohol, vlees en eieren in de hele stad verboden. Ook bijzonder is het jaarlijkse kamelenfestival dat in november twaalf dagen lang gevierd wordt. Vanuit de wijde omgeving komen verkopers, al dan niet op hun kameel, naar Pushkar om spullen te verkopen. In eerste instantie draait dit festival om de handel, maar in de loop van het festijn raken de zaken op de achtergrond en wordt het meer een groot cultureel feest met een kamelenrace, een waterpot op hoofd-race voor vrouwen, acrobatiek en veel muziek.

Ik heb mezelf op het dakterras van het hotel geïnstalleerd met een pot chai-thee en een boek, en urenlang zit ik te lezen terwijl ik geniet van het uitzicht en het geroezemoes van de stad beneden me. Tegen vijven komt Anthony me halen omdat hij gehoord heeft dat aan het eind van de dag veel inwoners en toeristen zich verzamelen aan de rand van het meer om naar de zonsondergang te kijken. Komisch detail is dat er op dit moment geen water in het meer staat. Een jaar terug heeft men het drooggelegd omdat het te vies was geworden, maar omdat het daarna niet meer hard geregend heeft,is het meer nog altijd leeg. Zo zitten we samen aan een wat bijzonder meer, dat door de omringende gebouwen en de zonsondergang nog steeds indrukwekkend is, en ik kijk verwonderd naar alle aanwezige mensen. Hele families hebben zich geïnstalleerd op kleedjes met eten en drinken, en allemaal wachten we tot de zon als een vuurrode bol langzaam onder de horizon zinkt. Zoals zo vaak hier in India kan je genieten van dingen die (bijna) niets kosten, maar waar je geen genoeg van krijgt.

Zoals zo vaak hier in India kan je genieten van dingen die (bijna) niets kosten, maar waar je geen genoeg van krijgt

De volgende dag besluiten Anthony en ik ons te verdiepen in de Indiase keuken. De hoteleigenaar heeft wel een adresje waar we een kookles kunnen volgen. Na een kleine zoektocht door Pushkar vinden we de man die ons in zijn prachtige huisje kookles gaat geven. Hij stelt trots zijn vrouw en kinderen aan ons voor en neemt ons vervolgens mee naar de kleine provisorische keuken. De hele ochtend leert hij ons hoe verschillende vegetarische gerechten te maken, zoals saag, een pikante curry met spinazie, en alu gobi, gestoofde groenten met aardappel en onder andere paprikapoeder, kurkuma en kaneel. Ook vertelt hij ons hoe je chapati's en chai-thee, mijn nieuwe verslaving, maakt.
Hij spreekt nauwelijks Engels, maar legt alle handelingen in gebarentaal met zo veel overtuiging uit dat we hem toch kunnen volgen. De rest van de dagen in Pushkar doen we niet veel meer dan lezen, slapen en genieten van het uitzicht vanaf het dakterras op ons hotel. Ik heb het gevoel dat ik helemaal tot rust kom en bedenk dat ik nog nooit zo'n ontspannen trip heb gehad door India als deze keer.

Nog een bestemming staat er voor Anthony en mij op het programma: het stadje Agra in de deelstaat Uttar Pradesh, waar je het boegbeeld van India vindt, de Taj Mahal.
Dit is typisch zo'n plek die je duizend keer op foto's hebt gezien, maar als je er dan in real life voor staat is het geheel zo mogelijk nog indrukwekkender. We doen onze schoenen uit, gaan door

een strenge controle en betalen de entree (Indiërs tien roepies, buitenlanders zevenhonderdvijftig roepies) en kunnen dan eindelijk naar binnen.

De Taj Mahal is een van de zeven moderne wereldwonderen en heeft sinds 1983 een plekje op de UNESCO Werelderfgoedlijst. Grootmogol Shah Jahan liet de Taj Mahal in 1613 bouwen uit liefde voor zijn overleden vrouw. Hij beloofde zijn vrouw op haar sterfbed een monument voor haar te laten maken dat even mooi zou zijn als zij. Het resultaat: een waanzinnig mausoleum van 58 meter hoog en 56 meter breed, volledig opgetrokken uit wit marmer en uitbundig versierd met zwart marmer, bloemmotieven, edelstenen, koraal en kristal uit China, Perzië en Rusland. Jaarlijks doen zo'n twee miljoen bezoekers dit indrukwekkende bouwwerk aan.
De volgende ochtend neem ik afscheid van Anthony, die al vroeg naar Delhi reist om van daaruit terug te vliegen naar zijn woonplaats Chicago. Ik heb nog een paar dagen voor mijn laatste stop: Varanasi. Opnieuw heb ik een rit van ongeveer twaalf uur met de nachttrein voor de boeg. Voor ik de trein in stap meld ik me in mijn hotel voor een yogales; er zijn in India meer hotels die dagelijks yogalessen aanbieden in ruil voor een donatie waarvan je het bedrag zelf mag bepalen. Ideaal voor als je een lange, hectische treinreis voor de boeg hebt! De hele rit naar Varanasi lig ik ontspannen op mijn bedje en luister naar mijn iPod.
Hoe dichter ik bij Varanasi kom, hoe meer ik merk dat ik toch enigszins gespannen ben voor wat me te wachten staat in deze stad. Ik heb al veel gehoord over deze spirituele, oudste plaats van India; over de verkopers die je constant van alles willen aansmeren, de viezigheid van de stad, maar ook de verhalen van toeristen die verdwalen in de doolhoven die de smalle straatjes vormen. En dan zijn er natuurlijk de lijken die in de Ganges drijven, wat geen enkele bezoeker onberoerd laat.
Varanasi ligt aan de voor Hindoes heilige rivier de Ganges, ook wel 'de rivier van de hemel' genoemd, omdat dit water voordat het op aarde kwam, in de hemel zou hebben gestroomd. Wie in de Ganges gecremeerd wordt, wordt verlost van de cyclus van geboorte, dood en wedergeboorte en zal hiermee de langverwachte eeuwige bevrijding bereiken, zo geloven veel Indiërs.
Als ik na een koude douche mijn hotel in Varanasi verlaat, gaat meteen weer eens de ongeschreven regel op: wie alleen reist, is nooit alleen. Ik word aangesproken door de Engelsman Farell, die er met zijn lange dreadlocks en wikkelbroek uitziet alsof hij al maanden onderweg is door India. En dat klopt: anderhalf jaar geleden arriveerde hij

hier nadat zijn huwelijk op de klippen liep en hij zijn baan als accountant had opgezegd. De hele avond zitten we te praten in een restaurantje over zijn leven, zijn reis en zijn plannen; ik ben blij dat ik alleen op reis ben gegaan, op deze manier ontmoet je snel en gemakkelijk bijzondere mensen.
De volgende ochtend heb ik vroeg met Farell afgesproken voor een boottocht over de Ganges, om de burning ghats te gaan zien, de plaatsen waar lijken gecremeerd worden. Als we in de boot stappen wordt het net licht. Volgens Farell is dit het beste tijdstip omdat de inwoners van Varanasi dan een bad nemen om lichaam en geest te reinigen. Een 'goede' Hindoe begint zijn dag met drie keer kopje-onder en een slokje uit de heilige rivier om het ritueel af te sluiten. Inderdaad is het op dit vroege tijdstip al een drukte van jewelste langs de oever. Er gebeurt zoveel om me heen dat ik niet weet waar ik moet kijken. En hoewel ik de verhalen ken, ben ik toch geschokt als ik het eerste lijk zie drijven. De meeste mensen in India worden gecremeerd, maar er zijn uitzonderingen vanwege geloofsovertuigingen, zoals zwangere vrouwen, kleine kinderen en sadhoes (heilige mannen). Die lichamen verdwijnen dan linea recta in de Ganges.
In stilte kijk ik naar het tafereel voor me en probeer niet te veel van slag te raken door alles wat ik zie. Hoewel deze rituelen in India normaal zijn, lukt het me niet eraan te wennen. Als ik die avond in mijn bed lig, blijf ik uren woelen zonder in slaap te vallen. Morgen reis ik terug naar Delhi om vandaar uit naar huis te vliegen. Ik ben nog geen drie weken onderweg geweest, maar het voelt alsof ik hier al maanden ben...

Meer informatie

Beste reistijd
In Noord-India tref je van oktober tot april de lekkerste temperaturen met weinig tot geen neerslag. 's Nachts kan het dan wel behoorlijk fris worden.

Hotel Everest
www.everestpushkar.blogspot.com

Taj Mahal
www.tajmahal.org.uk

Rajasthan
www.rajasthantravelguide.com

Varanasi
www.varanasicity.com

Internationaal Sahara-festival

festival

Meer informatie
www.gonomad.com

Sprookjes bestaan in Tunesië. Bijvoorbeeld in Douz, in het midden van het land. Deze plaats is de grootste stad in dit deel van de Sahara en staat dan ook bekend als 'de poort naar de Sahara'. Ze is voor veel reizigers een vertrekpunt voor trektochten per kameel, motor en/of terreinwagen de woestijn in.

In Douz zelf is ook al genoeg te zien, bijvoorbeeld op de donderdagmarkt waar alles wat je maar nodig kunt hebben in de woestijn, verhandeld wordt. Ook interessant is het kleine museum waar een boeiende tentoonstelling is over het traditionele leven in de Sahara.

Ongeveer twaalfduizend mensen wonen in Douz en er staan minstens vier keer zo veel palmbomen. Dit is het gebied van het Mrazig-volk, een van oorsprong nomadenstam, waarvan de meeste mensen zich ondertussen in Douz zelf hebben gevestigd, maar die nog hun best doen om vast te houden aan een aantal oude tradities.
Eén keer per jaar, in december, komen al deze tradities samen in het Internationaal Sahara-festival. Vier dagen lang barst de stad bijna uit zijn voegen als van heinde en verre mensen toestromen voor dit bijzondere woestijnfeest.

Het begon allemaal in 1910, toen men voor het eerst het Kamelenfestival organiseerde. Deze happening groeide in de jaren zestig uit tot het grootste en meest bekende festival van Tunesië. De openingsceremonie van het Internationaal Sahara-festival vindt plaats in het H'naiech Stadion, dat omgeven is door bedoeïenententen. Wat volgt is een sprookje dat tot leven komt: galopperende Arabische paarden, woeste ruiters in wijde gewaden, een bedoeïenenbruiloft, groepen vanuit de hele Sahara die de hele avond zingen en dansen en sloughi, woestijnhonden, die konijnen door het zand najagen. In de avonduren maakt de hitte plaats voor koelte en verwarm je je aan de vele vuren die overal branden. Bedoeïenen dansen en dragen gedichten voor, waar men ademloos naar luistert. In de tenten worden goederen verkocht, verhalen verteld en maaltijden gekookt op open vuur. En als je de volgende morgen wakker wordt lijkt het alsof je gedroomd hebt, maar niets is minder waar...

De beste reiswebsites
deel 2

Het eerste reisprogramma dat ik ooit maakte was Veronica goes Down Under in 1995. Presentatoren van Veronica gingen op reis door Australië, maar ik kon er in die tijd alleen nog maar van dromen dat ik mee mocht. Ik was namelijk assistent-redacteur, waar ik trouwens ook al ongelofelijk blij mee was.

Door het tijdverschil zat ik nachtenlang aan de telefoon met Australische instanties om allerlei onderwerpen uit te zoeken. Het is nu bijna niet voor te stellen, maar toen werd internet nog niet op grote schaal gebruikt. Voor het verzamelen van informatie was ik aangewezen op de telefoon, naast alle reisgidsen en -bladen die ik doorspitte.

Nu, vijftien jaar later, lezen we nog steeds heel veel en bellen we de hele wereld over om 3 op Reis samen te stellen, maar we kunnen niet meer zonder internet. Onze vaste redacteuren Simone, Leslie, Hanneke, Daan en Paul zijn dag en nacht online, en met dank aan hen, hierbij nog een aantal goede websites voor het plannen van je reis:

Beoordelingssites

01.
www.virtualtourist.com
www.tripadvisor.com
www.fodors.com
www.travelpost.com
Deze websites zijn altijd bijzonder handig, ook voor ons als makers van een reisprogramma, omdat ze vol staan met verhalen van reizigers. Iedereen die reisinformatie met anderen wil delen kan zijn ervaringen, foto's, tips en adressen hier kwijt. Interessant is dat veel mensen ook insidertips geven over hun eigen woonplaats. Je kan zoeken op verschillende trefwoorden zoals hotels, vervoer, beste excursies, het nachtleven en je vindt er tips om buiten de gebaande paden te treden. Minpunt is dat je soms te maken hebt met 'gekleurde' informatie die er onder meer door de hotels zelf op wordt gezet. Bekijk daarom voor een goed oordeel altijd meerdere sites.

02. www.zoover.nl
Zoover.nl is een Nederlandse website met beoordelingen van nationale en internationale accommodaties. Je vindt hier meer dan een miljoen recensies van Nederlandse reizigers, inclusief een gemiddeld rapportcijfer van de betreffende accommodatie.

03. www.oyster.com
Ook op deze site vind je veel beoordelingen van hotels, maar dit keer geschreven door professionele journalisten. Oyster.com is minder uitgebreid dan bovenstaande sites, maar biedt goed geschreven, objectieve informatie.

04. www.igougo.com
Een goed platform voor globetrotters die hun avonturen met elkaar uitwisselen. Je vindt op igougo.com reisdagboeken, foto's en adviezen, speciaal voor de avontuurlijke reiziger.

Algemeen reizen

01. www.thefastertimes.com
The Faster Times is een online krant, die wordt gevuld door onder anderen journalisten die tijdens de recessie hun baan verloren bij bekende kranten als The New York Times en The International Herald Tribune. Je vindt in de reissectie veel nieuws, achtergrondinformatie, boekrecensies en actuele adviezen. Ook vind je op zondag een overzicht van alle reisbijlages van grote internationale kranten.

02. www.longitudebooks.com
Reisboeken kopen kan natuurlijk prima in een van de reisboekenwinkels die je in Nederland vindt, maar koop je liever online, dan is longitudebooks.com een aanrader. Je vindt bij deze aanbieder een gigantisch aanbod, gegroepeerd op bestemming, met aanbevelingen en een top vijf van de beste boeken per bestemming.

03.

www.condenasttraveller.com
www.thesundaytimestravel.com
www.wallpaper.com
www.columbus.nl
www.traveler.nationalgeographic.nl

Bekende reisbladen hebben vaak geweldige websites, bomvol goede informatie, filmpjes, adressen en aanbiedingen.

04. www.oanda.com

Heel handig: op oanda.com bereken je in een mum van tijd de koers van maar liefst 164 verschillende valuta.

05.

www.thesundaytimestravel.com
www.guardian.co.uk
www.travel.nytimes.com
www.volkskrantreizen.nl
www.ad.nl
www.telegraaf.nl

Ook kranten hebben zeer ervaren reisjournalisten in dienst en publiceren veel online artikelen. In het archief kan je veel informatie terugvinden.

06. www.thebathroomdiaries.com

Meer dan 120 openbare toiletten zijn allemaal uitvoerig beschreven op deze site. Aardige informatie voor op je iPhone.

07. www.urbanrail.net

Meer dan 250 verschillende metrokaarten heeft urbanrail.net verzameld. Een fijne tool voor als je bijvoorbeeld naar Londen of Moskou gaat en je vooraf graag wilt weten welke metrolijnen je het beste kan nemen.

08. www.mocoloco.com

Zoek je een bijzonder en minder bekend evenement, dan moet je zeker deze site checken. Je vindt er ook heel veel grappige en coole gadgets en de nieuwste (design) apparaten.

09. www.xs2theworld.com

Woordenboek dat je kan downloaden op je telefoon, voor als je onderweg bent.

10. www.fitforbusiness.com

Site met een overzicht van hotels die een gym hebben, voor als je onderweg in vorm wil blijven.

11. www.momsminivan.com

Een grappige site van een Amerikaanse moeder met talloze tips & tricks om je kinderen zoet te houden op lange autoritten en vluchten.

12. www.onebag.org

Weet jij ook nooit wat je mee moet nemen op reis? Check dan deze site, die als kop heeft: 'The art and science of travelling light'. Vol paklijsten, trucs en handige tips om nu eens niet met veel te veel bagage onderweg te zijn.

13. Heel veel mensen en bedrijven die werkzaam zijn in de reisindustrie kan je tegenwoordig terugvinden op Twitter. Ga naar www.twitter.com en zoek je favoriete reisbladen, journalisten en bedrijven. Check bijvoorbeeld 3 op Reis (en ja, ook ik ben te volgen via Twitter!).

Mallorca

short trip

Ik heb het wel eens vaker gezegd: op een of andere manier zijn er veel vakantiebestemmingen die een groot deel van de Nederlanders al gezien hebben, maar waar ik nog nooit geweest ben. Mallorca bijvoorbeeld, en dat is best opvallend aangezien ik de afgelopen jaren tientallen keren op Ibiza ben geweest, omdat mijn Italiaanse vriend Francesco daar woonde en de twee eilanden naast elkaar liggen.

Eind december is het zover: mijn vriendin Margot viert oud & nieuw bij haar schoonfamilie op Mallorca, en Francesco en ik zijn uitgenodigd om dat met hen mee te vieren.
Margot en haar vriend staan ons al op te wachten op het vliegveld van Palma, de hoofdstad van Mallorca. Ik heb uit Nederland een zak oliebollen meegenomen en onder luid gejoel scheuren we de zak open en eten op de parkeerplaats van het vliegveld de eerste bollen op.

De meeste toeristen die Mallorca bezoeken reizen in het hoogseizoen en komen vooral voor de stranden, maar eigenlijk is dit eiland vooral een natuurparadijs.

De meeste toeristen die Mallorca bezoeken reizen in het hoogseizoen en komen vooral voor de stranden, maar eigenlijk is dit eiland vooral een natuurparadijs. Van de 3640 vierkante kilometer die het grondgebied beslaat, is ongeveer een derde beschermd natuurgebied. De finca waar wij een paar dagen logeren staat in de Tramontana-regio, een hoge bergstreek die het eiland behoedt tegen de noordenwind en zorgt voor milde winters. Onderweg naar ons logeeradres verbaas ik me over de hoeveelheid prachtige gebouwen die we passeren, die alles te maken hebben met de roerige geschiedenis van Mallorca. Er is namelijk bijna geen volk in de wijde omgeving te vinden die niet zijn best heeft gedaan het eiland in zijn bezit te krijgen. De meeste, bijvoorbeeld de Romeinen, de Byzantijnen en de Moren, hebben hun sporen nagelaten in de vorm van fraaie bouwwerken en paleizen.

In de jaren vijftig van de vorige eeuw deed vervolgens een nieuwe invasie Mallorca aan: die van de toeristen. Zij ontdekten de eindeloze stranden, de prachtige bergmassieven en de eeuwenoude cultuur, en dat alles op slechts een paar uurtjes vliegen van Duitsland, Engeland of Nederland. Ook de toerist heeft zijn sporen qua bebouwing nagelaten, want helaas vind je op veel plekken langs de zee de meest monsterlijke resorts en hotels die hier met weinig gevoel voor esthetiek zijn neergezet.
Sinds de komst van het toerisme heeft het eiland wel een flinke economische vooruitgang doorgemaakt; de inwoners van Mallorca behoren nu tot de rijkste van heel Spanje. Het aantal toeristen is duizelingwekkend: in 1950 kwamen er nog geen honderdduizend bezoekers per jaar naar alle eilanden van de Balearen, maar in 2007 waren dat er alleen al op Mallorca meer dan 9,5 miljoen!
Wil je die niet allemaal tegenkomen, dan kan je het eiland het beste in de late herfst, de winter of in het vroege voorjaar bezoeken. Het weer is dan nog steeds prima, overdag is het ongeveer 18 °C met veel zon, maar je hebt geen last van de hordes toeristen. Nog enkele voordelen: je kan gemakkelijk een tafel krijgen in de goede restaurants, de prijzen zijn (iets) lager en de stranden zijn bijna leeg.

De finca waar we slapen ligt mooi tegen een berghelling en is omgeven door landerijen waar grote kuddes schapen grazen die je 's morgens wekken met de klingelende bellen om hun nek.
Op Mallorca is trouwens meer dan twintig procent van alle finca's in handen van buitenlanders. Daar is niet iedereen even blij mee, maar diezelfde Duitsers, Engelsen en Nederlanders doen bijzonder hun best om de gebouwen zo goed mogelijk te restaureren en de tuinen in ere te houden.
De volgende dag huren we in de hoofdstad Palma de Mallorca een scooter bij de haven om op die manier de stad te bekijken. Het mooiste gedeelte van Palma is natuurlijk de oude stad zelf; een doolhof met prachtige, hoge, statige huizen voorzien van de typische gesloten balkons en versierde puien en deuren.
Het meest in het oog springt de grote kathedraal, die je direct aan je rechterhand ziet opdoemen als je via de Paseo Maritimo, de grote doorgaande weg langs het water, de stad binnenrijdt. De bouw

van de kathedraal, La Seu genaamd, was klaar in 1601 en is daarmee een van de eerste gotische basilieken van Europa. Gaudí nam het interieur tussen 1904 en 1914 onder handen en recentelijk was het de beurt aan de Mallorcaanse artiest Miquel Barceló, die een paneel van keramiek mocht ontwerpen.
Ook mooi is het Es Baluard Museum, waar duidelijk wordt hoe mooi oud en nieuw samen kunnen komen, want dit museum voor moderne kunst is gevestigd in een van de oude stadsmuren die door een hedendaagse architect is uitgebouwd. Niet alleen qua collectie de moeite waard (er hangt onder andere werk van Giacometti en Picasso), maar ook om het café vanwaar je een prachtig uitzicht op de haven hebt en de spectaculaire zonsondergang kan bekijken. Als je toch bezig bent, ga dan ook naar het boven op de heuvel gelegen Castell de Bellver, waarin het stadshistorisch museum gevestigd is. Het lijkt in alles op de kastelen zoals je ze vroeger als kind tekende.

Na al deze bezienswaardigheden hebben wij ondertussen wat koolhydraten nodig en dus stappen we San Gonzalo binnen, een typisch Mallorcaans restaurant én de favoriet van Margots vriend.
De keuken van Mallorca is er niet direct één waar ik als vegetariër helemaal gelukkig van wordt, met specialiteiten als cochinillo asado (gegrild speenvarken), arroz brut (letterlijk: 'smerige rijst'), met groenten en vlees, caracoles (slakken) en frito Mallorquín, een soort stoofpot met groenten, aardappelen en zo ongeveer alle onderdelen van het varken. Gelukkig is verse, vaak gegrilde vis ook een belangrijk onderdeel van de keuken hier op Mallorca. Terwijl we uitgebreid zitten te eten, ontfutsel ik vriend Guillermo nog een paar van zijn favoriete restaurants hier in de stad. Restaurant Tast bijvoorbeeld, een moderne versie van de traditionele tapasbar, niet ver van de Plaza Mayor. Hier eet je goede tapas, zoals gegrilde asperges met zeezout, verse ansjovis met gegrilde zoete paprika en buffelmozzarella met Ibérico-ham en gegrilde tomaat.
Ook leuk zijn Wasabi en Wasabi Blue aan het strand, voor als je zin hebt in sushi in een mooie designomgeving, en restaurant Mistura, waar de keuken een mix is van Aziatische en mediterrane invloeden.
Een andere aanrader is Bar Bosch, waar de halve stad komt voor koffie of voor een kleine lunch.
Trek in iets zoets, ga dan naar Desaigua, een echte Mallorcaanse chocoladebar, voor warme chocolademelk en ensaimadas, een specialiteit van het eiland: zoet brood dat eventueel gevuld wordt met zoete vanillecrème of jam.
Wij doen die middag nog een poging om de calorieën van de overvloedige lunch eraf te rennen op het strand vlak bij de hoofdstad Palma, maar uiteindelijk belanden we in de spa van Hotel Valparaiso; ideaal als je even wilt ontspannen.
Wil je leuk overnachten, dan kan dat onder andere in Hotel Tres, in het oude centrum van Palma. Dit hotel is opgezet door drie Zweden, die flink hun best hebben gedaan om er een strak, maar toch sfeervol geheel van te maken. De kamers liggen rond een open binnenplaats en als je hier naar binnen stapt ben je in één keer uit de drukte van het centrum. Ook het dakterras is prachtig, met uitzicht op de oude stad.

Hotel Tres is wel wat aan de dure kant, maar dat is helaas geen uitzondering in Palma. Ben je op zoek naar een betaalbare overnachtingsmogelijkheid, ga dan de stad uit, waar de prijzen meteen dalen.

Veel vroeger dan ik zou willen gaat de volgende morgen de wekker af. Met dikke ogen van de slaap stap ik de auto in, op weg naar het Tramontana-gebergte in het westen, een van de twee kleine bergketens op het eiland. Daar hebben we namelijk om halfnegen afgesproken met Pedro, die we gisteren via Guillermo hebben leren kennen en die ons zal meenemen op een wandeltocht.

De autorit langs de noordkust richting de Tramontana-bergen is prachtig. Vanaf de weg zien we de hoge en indrukwekkende bergen, die op sommige plaatsen letterlijk in zee storten. Veel natuur is hier beschermd en niet volgebouwd, af en toe passeren we een klein dorp met oude, goed onderhouden huizen waarvan de luiken veelal dicht zijn.

Na een halfuurtje langs de kust rijden, arriveren we op de parkeerplaats waar we hebben afgesproken met Pedro en zijn vrienden, die er allemaal uitzien alsof ze aan een K9-expeditie gaan beginnen; professionele schoenen, broeken en stokken en vooral veel warme kleding. Vertwijfeld bedenk ik dat ik met mijn hardloopschoenen en dunne broekje niet bijster goed gekleed ben. De blikken van onze mede-expeditieleden zijn dan ook veelbetekenend. Als ik Pedro vraag waar we precies heen gaan, wijst hij met zijn wandelstok in de verte naar een stevige berg waar grote wolken omheen hangen.

Het smalle pad kronkelt zich langs de berg omhoog, eerst nog door de bossen maar geleidelijk aan wordt de vegetatie dunner. Na een kleine anderhalf uur zien we in de verte een mooie gerestaureerde finca liggen. Het blijkt een van de hutten te zijn waar je als wandelaar gebruik van kan maken als je een meerdaagse tocht over Mallorca maakt. Dwars door het bergmassief loopt van oost naar west een prachtige wandelroute die je in zo'n vier dagen kan afleggen, waarbij je onderweg dus in deze hutten kan overnachten.
Het laatste kwartier naar de top voelen mijn benen aan als lood; de kou gaat dwars door mijn dunne jasje, maar ik loop stug door. Alles om maar een goede indruk achter te laten bij onze medewandelaars. Eenmaal boven is het uitzicht oogverblindend en omdat het erg helder is kan je zelfs heel in de verte de contouren van Barcelona zien. Meer dan drie uur zijn we bezig geweest om boven te komen, maar het was het waard.

Met verzuurde benen word ik de volgende dag wakker. Het is vandaag oudejaarsdag en we zijn uitgenodigd door vrienden om in hun huis in Palma te komen eten en om twaalf uur de champagne open te trekken. Zoals zoveel feestdagen is oud en nieuw hier op Mallorca vooral een familieaangelegenheid. Grote feesten zoals wij die in Nederland kennen, zoals op de Dam in Amsterdam, zijn hier onbekend; men viert het het liefste thuis.
Even voor twaalven gaat de tv aan en zien we op de Spaanse televisie het aftellen naar twaalf uur. Iedereen heeft ondertussen een glaasje met twaalf druiven gekregen voor Las Uvas de la Suerte, de druiven van het geluk, een typisch Spaanse traditie. Als de klokken op het beroemde Puerta del Sol-plein in Madrid de laatste twaalf seconden van het jaar aftellen, moet je elke seconde een druif opeten, zodat je glaasje precies om twaalf uur leeg is. De grap is dat het je bijna niet lukt om de druiven in twaalf seconden naar binnen te proppen,

zodat heel Spanje om twaalf uur met een mond vol fruit staat. Iedereen wenst elkaar een gelukkig nieuwjaar met volle mond terwijl men probeert alle pitjes uit te spugen.

Na twaalven lopen we het dakterras op en zien we het vuurwerk losbarsten boven Palma; een stuk minder uitgebreid dan in Amsterdam, maar toch een prachtig gezicht, helemaal omdat we ook nog eens uitkijken op zee en het deze nacht blue moon is, een bijzonder fenomeen waarbij de maan in één maand twee keer vol is, en dat gebeurt zelden op oud en nieuw. We proosten nogmaals op het nieuwe jaar en drinken met zijn allen ten slotte de twee flessen champagne op.
Ik klim op een randje van het dakterras en denk terug aan het afgelopen jaar waarin ik zoveel avonturen heb mogen beleven over de hele wereld. Ik staar in de verte en hoop in stilte dat volgend jaar net zo mooi zal worden...

Meer informatie

Beste reistijd
Mallorca is het hele jaar door een prima vakantiebestemming, maar de aangenaamste temperaturen vind je er in het voor-en najaar.

Museum Es Baluard
www.esbaluard.org

Castell de Bellver
www.mallorcawebsite.com

Bar Bosch
Placa Rei Joan Carles I
Palma de Mallorca

Restaurant Mistura
www.restaurantemistura.com

Tapasbar Tast
www.tast.com

Hotel Tres
www.hoteltres.com

Hotel Valparaíso
www.grupotelvalparaiso.com

Restaurant Wasabi
www.restaurantewasabi.es

Wasabi Blue
www.wasabiblue.es

Amsterdam Eiland

hotel

Een van de meest bijzondere hotels waar ik ooit heb geslapen staat op Amsterdam Eiland. Een piepklein eiland in de Indische Oceaan, dat samen met de Kerguelen en de Crozeteilanden, onderdeel is van de zogenoemde Franse Zuidelijke en Antarctische Gebieden.

Een van de moeilijkst bereikbare regio's op aarde, want de enige manier om er te komen is met het Franse bevoorradingsschip de Marion Dufresne, dat er maar liefst een maand over doet om deze locatie te bereiken. Om de drie maanden worden de eilanden voorzien van voedsel, brandstof en worden tijdelijke bewoners afgezet en opgehaald.
De eilanden worden bewoond door een mix van wetenschappers, militairen en logistiek personeel die maximaal een jaar blijven. Je moet wel uit 'speciaal hout' gesneden zijn om het hier te kunnen uithouden, want vliegtuigen kunnen er niet landen en behalve door de Marion Dufresne wordt het gebied zelden bezocht door andere schepen.
Amsterdam Eiland is het kleinste van de drie eilanden; er wonen zo'n vijfentwintig mensen op de 55 vierkante kilometer die het eiland telt. Bijzonder is de grote populatie robben die je overal tegenkomt: bij de landingsplaats waar de helikopter

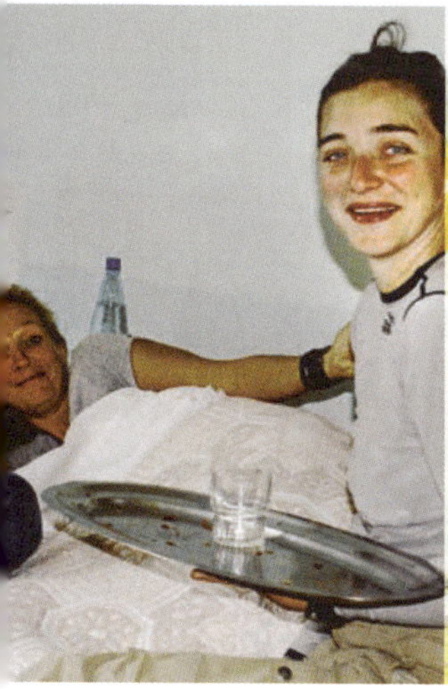

van de Marion Dufresne landt tot de heuvels achter het enige plaatsje Martin-de-Vivies.

Er komen maar heel weinig toeristen in dit bijzondere gebied, simpelweg omdat er op de boot erheen maar heel weinig plekken zijn. Je blijft vervolgens net zo lang als het schip nodig heeft om het eiland te bevoorraden en meestal is dat drie tot vier dagen.
Overdag kan je lange wandelingen maken over het ruige terrein, waar slechts sporadisch (geïmporteerde) bomen groeien. Ook kan je een bezoek brengen aan het onderzoekscentrum waar Franse wetenschappers belangrijke data verzamelen over de opwarming van de aarde. Het fascineert me dat je voor even deel uitmaakt van de wonderbaarlijke samenleving op dit eiland.
De (tijdelijke) bewoners zijn namelijk altijd blij om nieuwe gezichten te verwelkomen; drie dagen lang eet je met ze mee en zit je tot laat in de bar om verhalen uit te wisselen.
Omdat er maar zo weinig toeristen komen, is er geen echt hotel beschikbaar. In plaats daarvan worden alle bezoekers ondergebracht in de slaapbarakken van de bewoners. Het eiland heeft een klein ziekenhuis met slechts drie bedden, maar de Franse arts die er werkt is wel in staat in zijn eentje, eventueel met hulp uit Frankrijk via internet, de bewoners te behandelen en zelfs mensen te opereren.
Als er te weinig slaapplaatsen zijn voor reizigers, dient het ziekenhuis ook als alternatief hotel! En zo slaap ik drie nachten in een ziekenhuisbed, omgeven door beademingsapparatuur en hartslagmeters. Wat mij betreft was dit een van de meest bijzondere hotelkamers ooit...

Meer informatie
www.taaf.fr

Ibiza

Ga je in de winter naar Ibiza, dan zou je denken dat alle verhalen over de knalfeesten in de zomer, het hoogseizoen, gelogen zijn, zo rustig is het er. De vaste bewoners van het eiland gebruiken het laagseizoen om hun huizen en tuinen op te knappen en bij te komen van de drukke zomer. Het is nog steeds prima weer en omdat veel accommodaties leegstaan heb je het voor het kiezen. Wat mij betreft een goede bestemming om met een groep vrienden een finca te huren en kerst en oud en nieuw te vieren.

www.ibiza4all.nl

De Britse Maagdeneilanden

De Britse Maagdeneilanden maken als eilandengroep deel uit van de Antillen in het Caribisch gebied. Naast de hoofdeilanden Tortola, Virgin Gorda, Anegada en Jost Van Dyke vind je hier nog een stuk of vijftig kleine eilandjes. Het is wat mij betreft een van de mooiste gebieden voor een zeilvakantie. Omdat de eilanden best dicht op elkaar liggen heb je vrijwel altijd land in zicht. Ook als beginnend zeiler kan je hier prima varen vanwege de goede condities: het is veilig en de wind staat meestal gunstig.

www.columbusmagazine.nl

Madagaskar

Het beschermde schiereiland Masoala is met zijn groene bergen, witte stranden en dicht tropisch regenwoud misschien wel het meest onaangetaste en mooiste deel van Madagaskar. Het is alleen te bereiken door op de hoofdstad van het schiereiland, Maroantsetra te vliegen. Op het eilandje Nosy Mangabe, twee kilometer uit de kust, kan je met een beetje geluk de bijzondere halfaap, de aye aye zien: een aap met vleermuisoren, konijnentanden en skeletvingers waarmee hij insecten vangt.

www.masoala.org

Mexico

Heb je tijdens je reis door Mexico zin in rust, ga dan naar Isla Holbox, honderdzestig kilometer ten noordwesten van Cancún. Dit ongerepte eilandje bestaat uit een vissersdorp, onverharde weggetjes en slechts een klein aantal accommodaties en restaurants. In het vogelgebied Yum-Balam vind je ongeveer honderdvijftig vogelsoorten waaronder veel flamingo's en pelikanen. Leuk detail is dat het vervoer op Isla Holbox veelal gebeurt met golfkarretjes. Van massatoerisme is hier dan ook (nog) geen sprake.

www.holboxisland.com

Nieuw-Zeeland

Bezoek in het Nieuw-Zeelandse dorp Waitomo de Waitomo-grotten: een gigantisch grottenstelsel waarvan de meest bekende de Ruakuri- en Awanui-grotten, en de Glowworm-grot zijn. In die laatste wordt het 'plafond' door miljoenen gloeiwormen bedekt. De Kiwi's zouden de Kiwi's niet zijn als ze hier geen outdoorsport bij hadden bedacht. Zo kan je je liggend op een band laten meevoeren over de rivier die door allerlei donkere ruimtes, langs watervallen en via smalle doorgangetjes loopt.

www.waitomo.com